LING DAO SHI CHA 领导视察

春节期间，省长魏宏（右）率省委、省政府慰问团到甘孜州军分区慰问官兵　（王明阳/摄）

3月14日，省委常委、省委农工委主任李昌平（前排左二）到甘孜州九龙县调研新农村建设（王明阳/摄）

2月4日，州委书记胡昌升（右）在白玉地震灾区慰问受灾群众　　（袁飞/摄）

州人大常委会主任李康（右）在雅江县瓦多乡白龙村调研　　（杨锐/摄）

州委副书记、州长益西达瓦（右二）视察康定县郭达农贸市场　　（州商务局　提供）

州政协主席易凡（左）在泸定田坝村看望结对亲戚　　（王明阳/摄）

ZHONG YAO HUO DONG 重要活动

1月6日，甘孜藏族自治州第十一届人民代表大会第二次会议开幕　（王明阳/摄）

中共甘孜州委、共青团四川省委签订促进甘孜州青少年事业加快发展战略合作备忘录
（团州委 提供）

州佛协成立五十周年庆祝大会　　　　（曲西/摄）

5月26日，共青团甘孜州第十次代表大会在康定剧场举行　　　　（团州委 提供）

7月8日，“圣洁甘孜 走进广东”四川甘孜藏区投资合作推介会在广州市东方宾馆举行 （王明阳/摄）

“圣洁甘孜 走进广东”文体旅游产品签约仪式现场 （王明阳/摄）

9月17日，甘孜州首届旅游商品展销会在稻城亚丁举行　　（王明阳/摄）

2013年甘孜县招商引资签约仪式暨投资说明会在成都举行　　（州商务局　提供）

州领导胡昌升（左）、易凡（左二）等参观州佛协成立五十周年图片展　　（袁飞/摄）

7月25日，甘孜州老年大学挂牌成立　　（州行政学院 提供）

第七届康巴艺术节举行甘孜州专场演出　（州歌舞团 提供）

3月2日，全州公安机关首届文艺汇演在康定剧场举行
（州公安局 提供）

7月5日，首期“道德讲堂”在州国税局开讲
（朱艳秋/摄）

4月10日，康定县创建省级文明城市启动仪式在情歌广场举行
（吴东强/摄）

机关大讲堂
（州直机关工委 提供）

9月16日，稻城亚丁机场正式通航
（王明阳/摄）

红军飞夺泸定桥纪念馆命名国家国防教育示范基地　（邢延超/摄）

甘孜军分区组织民兵应急分队装运救灾物资驰援芦山地震灾区（邢延超/摄）

11月8日，甘孜州第23个“119”消防安全宣传日活动启动（州公安消防支队提供）

海外知名华文媒体采访州职业技术学校学生　　　（州外事办 提供）

"侨爱工程　点亮藏区牧民新生活计划"医疗义诊暨侨法宣传活动　　　（州外事办　提供）

公安民警深入牧区开展结对认亲工作　（罗军/摄）

给“结对亲戚”讲解政策　（州委宣传部 提供）

农村养猪专业合作社
（州信用联社　提供）

新都桥马铃薯机械化收获现场
（州农业局　提供）

州林科所在泸定县磨子沟村开展病虫害防治培训
（杨平/摄）

牧区安全饮水沟建设　（州水务局 提供）

通电了，藏家光明，牧民欢笑　（杨林/摄）

四川省特色老街——康定老街·溜溜城　　　（州文联　提供）

编辑说明

一、《甘孜州年鉴》是由州人民政府主办，甘孜州地方志办公室负责编纂的地方综合性资料工具书。本年鉴从2000年开始，逐年编纂、出版。

二、《甘孜州年鉴（2014）》以马克思列宁主义、毛泽东思想、邓小平理论、“三个代表”重要思想和科学发展观为指导，全面、系统地记载2013年1月1日—12月31日甘孜州政治、经济、文化、社会发展情况，为党政决策提供参考依据，为社会各界了解和研究甘孜州提供翔实的资料和最新的信息，并为编修《甘孜州志》积累资料。

三、《甘孜州年鉴（2014）》采用分类编辑法，卷首设特载、专文、州情概貌、大事记，卷中设中共甘孜州委员会、甘孜州人大常委会、甘孜州人民政府、政协甘孜州委员会、中共甘孜州纪律检查委员会、社会团体、法治、军事、经济管理、财政·税务、金融·保险、贸易·招商·旅游业、农业、工业、城乡建设·环境保护、交通、邮政·通信、科学·教育、文化体育·新闻出版、卫生、民族·宗教、社会生活、县·公园管理局、人物·荣誉、索引29个类目，全书采用类目—分目—条目三级结构层次，以条目为主，图表为辅，收录彩色图片36张。条目标题用【】标明。

四、“人物·先进集体”收录2013年度州、县党政军企事业单位领导名录，“逝世人物”收录2013年逝世的、有影响的甘孜州籍领导和干部，先进人物和集体排列按国家级、省级、州级为序。

五、《甘孜州年鉴（2014）》全书共40万字左右。年鉴中所用统计数据受来源和统计口径等因素影响有差异，使用时请以州统计局提供的统计资料为准。

六、本年鉴中所有“上年”均指“2013年”，“州”均指“甘孜州”。

七、《甘孜州年鉴（2014）》卷首总目设中、藏文，卷末索引采用主题分析索引法，按主题词首字汉语拼音字母顺序排列。

八、《甘孜州年鉴》在编辑出版中，得到了州、县各部门的支持，在此深表感谢。因编纂水平有限，错漏之处敬请各位读者、专家及领导指正，以便提高质量。

《甘孜州年鉴》编纂委员会

主　　　任：汪　洋

副　主　任：程永红　昌呷次称

委　　　员：（按姓氏笔画排列）

王成康　刘启蓉　杨正勇　拥　措

格　绒　郭秀英

《甘孜州年鉴》编辑部

主　　　编：刘启蓉

副　主　编：韩广富　孙义英

执 行 编 辑：朱英全　廖才蓉　吴东强

编　　　辑：喻元伟　罗　萍　泽郎初　李艳萍　舒大花

徐　霞　雷小红　李佳憬　郭寿康

藏　　　文：拥　措　汪青志玛

特约撰稿人

（以姓氏笔画为序）

兰　京　李　映　杨树清　肖达喜　杨　佳　杨善涛　侯鸿亮　王　鑫　李　洪　刘煊华
段慧超　银　萍　王明强　徐　佳　朱春雨　鲁正君　李　霞　吴怀钰　杨艳琼　王　林
杨思翰　王　昆　冉红梅　王学东　刘康勇　李　毅　林　杨　李明玉　江　勇　敬菊梅
郑　科　肖　荣　泽仁央金　张　嗥　张显兴　李　飞　赵玲燕　李念芬　陈晓敏　杨克勇
周德龙　梁学群　李　三　晏继品　杨治国　荆林庆　布拉西　廖移海　敬向峰　吴　杰
杨绍林　谢　敏　李琴英　曲　西　青　松　尼苦领前　贺　毅　佘和平　郑　芳　蔡其华
尹　洪　岳敦鹏　肖航宇　魏　玲　建　康　刘晓冬　洪　彬　洛松次仁　朱艳秋　黄世才
董碧霞　秦成杰　邹寅寅　程舟玉　徐　艳　任克荣　杨　军　罗春涛　向帮勇　李　忆
陈攀峰　廖彩虹　杨　锐　郭迅珲　张莉娟　李　黎　余　杰　赵　媛　黄礼霞　熊　军
向　婧　龚薪友　杨建美　宁　力　杨　佳　杨剑锋　冯　天

总　目

༄། །སྤྱིའི་དཀར་ཆག

དཀར་ཆག
目　录

དམིགས་བསལ་དུ་འགོད་པ
特　载

ཆེད་དོན་རྩོམ་ཡིག
专　文

ཁུལ་གྱི་གནས་ཚུལ་མདོར་བསྡུས།
州情概貌

དོན་ཆེན་ཟིན་ཐོ།
大事记

ཀྲུང་གུང་དཀར་མཛེས་ཁུལ་ལྷུ་ཡོན་ལྷན་ཁང་།
中共甘孜州委员会

དཀར་མཛེས་ཁུལ་དམངས་ཆེན་རྒྱུན་ཨུ་ལྷན་ཁང་།

甘孜州人大常委会

དཀར་མཛེས་ཁུལ་མི་དམངས་སྲིད་གཞུང་།

甘孜州人民政府

སྲིད་གྲོས་དཀར་མཛེས་ཁུལ་ཨུ་ཡོན་ལྷན་ཁང་།

政协甘孜州委员会

དཀར་མཛེས་ཁུལ་སྒྲིག་ཁྲིམས་ཞིབ་བཤེར་ལྷུ་ཡོན་ལྷན་ཁང་།

中共甘孜州纪律检查委员会

སྤྱི་ཚོགས་ཚོགས་པ།

社会团体

ནོར་སྲིད་དང་ཁྲལ་དོན།
财政·税务

དངུལ་རྩ་དང་ཉེན་འགོག་འགན་ལེན།
金融·保险

ཚོང་དང་ཚོང་འགུགས་ཡུལ་སྐོར་ལས་རིགས།

贸易 · 招商 · 旅游业

ཞིང་ལས།

农 业

བཟོ་ལས།

工 业

གྲོང་ཁྱེར་འཛུགས་སྐྲུན་དང་ཁོར་ཡུག་སྲུང་སྐྱོང་།

城乡建设 · 环境保护

འགྲིམ་འགྲུལ།
交 通

སྦྲགས་སྲིད་དང་འཕྲིན་སྐྱེལ།
邮政·通信

ཚན་རིག་དང་སློབ་གསོ།
科学·教育

རིག་གནས་ལུས་རྩལ་དང་གསར་འགྱུར་དཔེ་སྐྲུན།
文化体育·新闻出版

འཕྲོད་བསྟེན།
卫　生

མི་རིགས་དང་ཆོས་ལུགས།
民族·宗教

སྤྱི་ཚོགས་འཚོ་བ།
社会生活

རྫོང་གི་གནས་ཚུལ་མདོར་བསྡུས།
县·公园管理局

མི་སྣ་མཚན་སྙན།
人物·荣誉

དཀར་ཆག
索　引

དམིགས་བསལ་དུ་འགོད་པ

特　载

中共甘孜州委常委会2013年工作报告

——在州委十届五次全委（扩大）会议第一次会议上

中共甘孜州委书记　胡昌升

（2013年12月26日）

同志们：

常委会委托，我向全会报告工作。

州委十届四次全会以来，州委常委会在省委的坚强领导下，紧紧依靠全委会的同志，团结带领全州广大干部群众，坚持贯彻落实中央部署不走样，坚持推进群众工作全覆盖不减力，坚持主动创稳不动摇，坚持加快发展不松劲，坚持改善民生不懈怠，让全州各族群众真切感受到了党的温暖与关怀。

一、施治本之策，党群干群关系书写新的篇章

我们把群众工作作为破解经济社会发展难题的治本之策，不断加力深化群众工作。

走亲访亲开创了新境界。创新走亲访亲方式，20000多个结对认亲小分队跋山涉水、进村入寨走访结对亲戚，认真讲解政策，主动咨询服务，解决困难问题，化解矛盾纠纷。重大节日、重病住院必访等，已成为公职人员的自觉习惯；主动电话联系、问候干部亲人，已成为农牧民群众的自发行为；干部念亲人，群众盼亲戚，已成为一种社会常态。

真帮实扶实现了新提升。“爱心爸爸、爱心妈妈”的看望问候、疏导教育、倾情资助，让孩子们重获父母亲情。提高“三无”人员、农村“五保户”补助标准，为残疾人提供“量体裁衣”式服务。开展爱心慈善月和第二届爱心慈善日活动，筹集爱心善款5000多万元，“万名志愿者爱心行动”等志愿服务达30000余人次。300多座寺庙、4000多名宗教界人士积极参与爱心行动，社会各界在弘扬“甘以爱人、孜求慈善”精神中收获了人格升华。

引导服务凝结了新关系。州县领导干部经常走进寺庙，用理用法加强寺庙管理，用心用情解决寺庙僧尼实际困难。全州僧尼纳入低保近20000人、医疗保险30000多人、养老保险近万人，投入近1亿元加快寺庙“五通”工程建设。许多僧尼越来越支持党委政府的工作，宗教与社会主义社会相适应在不断加力推进。

共筑堡垒开拓了新领域。机关支部派员蹲点结对村协助村级组织换届，帮助后进党组织晋位升级。充分发挥党员积极性，万名机关党员与农牧民党员结对帮助，30000多名农牧民党员与广大农牧民群众结对服务，带动4000多名农村无业青年就业，激励村干部加入到结对认亲的行列，形成了扎根基层、植根群众、永远不走的乡村群众工作队。

利众惠民取得了新进展。真情落实惠民政策，用心发动群众积极参与，投资26亿元实施幸福工程。百姓安居解决了近20000户住房困难；劳务增收培训输出农村劳动力30多万人次；全民保障让农牧民基本生活和治病养老有了坚实依靠；教育助学实现幼儿保育费全减免并补助各阶段贫困生；健康关爱为近30000名白内障、包虫病患者实施免费治疗；文化共享使大部分乡镇文化站功能更加完善；农村甘露新增农牧区安全饮水500多处；远村点亮架设2000多公里输电线路进村入寨；交通便民新建300多公里通乡油路、通村公路；建成120个示范新村，受惠群众绽放出幸福的笑容。

宣传教育拓展了新主题。开展典型宣讲、“面对面”宣讲、服刑人员现身说法等宣讲近40000场，把政策、法律和信息送到了群众身边。制发手绘图册等辅导读本40万册、光碟4000张，编发藏语语音手机报，开通本土微博《微甘孜》，开展“干部风采”宣传、“一月一读报日”和“五下乡”活动，党的声音传遍高原山寨，爱国、守法、感恩、团结逐步转化成各族群众的行为自觉。

二、走强州之路，经济发展增添了动力和活力

我们着力底部突围，实现重点突破，全州经济保持平稳增长态势。预计全年实现地区生产总值201.4亿元，同比增长（下同）12%；全社会固定资产投资410亿元，同比增长25.7%；社会消费品零售总额57.1亿元，同比增长12.6%；地方财政公共收入22.6亿元，同比增长4.8%；城镇居民人均可支配收入21419元，同比增长9.5%；农牧民人均纯收入5348元，同比增长16%。

生态建设有力推进。确定每年3月11日为全州“生态日”。严格执行环保法规，切实加强项目环评审批审查和验收管理，节能减排工作有力推进。全面落实生态保护政策，严格资源开发过程的生态保护，有序推进川西藏区生态保护与建设工程，生态效益更加突显，生态基础更加牢固。

基础设施大力改善。铺筑干线公路千余公里，雅康高速二郎山隧道加快建设，格萨尔机场前期工作加快推进，亚丁机场实现通航。一批骨干中型水利工程、中小河流治理项目建设有序推进。“电力天路”和川藏联网工程建设顺利实施，无电地区电力建设和农网改造升级工程送电入户。抓好城市管网改造、垃圾处理等基础设施建设，因地制宜发展交通枢纽型、商贸物流型、旅游集散型、移民搬迁型、农产品加工型、牧民定居型集镇，新型城镇化迈出坚实步伐。

优势产业着力培育。加快推进“813”项目建设，积极打造重点旅游品牌。新增水电装机100万千瓦，长河坝等大型电站建设进度加快，建立水电资源共享机制；地热、风能资源开发利用积极推进。加快重点矿山改扩建，百亿矿业有序实施。建设农业高产高效示范片和现代农业产业基地，推进产村相融、农旅互动省级新农村建设成片示范县建设。推进中藏药种植基地和医药工业园区建设，加快特色藏药新产品研发。成立康巴文化研究院，启动精品唐卡复制工程，文化园区建设稳步推进。

开放合作加力深化。制定招商引资优惠政策，优化开放发展环境，实现招商签约项目上百个、金额近400亿。支持民营企业发展壮大，鼓励全民创业就业，促进民间资本能量释放。甘眉工业园区建设有力推进。借力省内对口援建市区县扩大开放合作，不断增进与周边地区的交流合作，深化厅州、校州互动合作，全方位开放格局加快形成。

三、尽为民之责，民计民生改善惠及各族群众

我们把改善民生放在为民尽责的最高位置，切实改善农牧民生产生活条件。

教育卫生事业加速发展。创建藏区一流教育，启动实施免费学前教育和免费特殊教育，推动义务教育均衡发展，办好中职教育，实施名师、名校、名校长工程，全州教学质量稳步提升。推进“健康甘孜2020”，全面实施基层医疗卫生机构国家基本药物制度，有序推进县级公立医疗改革，加快重点医院建设和推进乡镇卫生院标准化建设，全州医疗卫生条件不断改善。

扶贫开发进程不断加快。实施农牧区金融支持“扶贫惠农工程”，加快连片开发和整村推进，加强“四小”工程、异地搬迁和“干桥”工程建设，村容村貌有效改善。国家广电总局和省内对口帮扶力度不断加大，捐资助学、项目帮扶成效显著。主动对接浙江东西扶贫协作，项目正逐步落地。

社会保障体系更加完善。实施“就业促进”民生工程，动态消除“零就业”家庭。强化社会救助管理，城乡居民大病救助试点工作全面实施。企业养老保险扩面征缴稳步推进，城乡居民医保个人补助标准得到提高，城乡低保实现动态下的应保尽保，新型农村养老保险、城镇职工居民基本医疗保险、新型农村合作医疗保险参保覆盖面进一步扩大。

公共服务体系更加健全。“两馆”建设加快推进，部分文艺作品荣获省级以上奖项。全民健身运动不断发展，体育竞技获全省较好成绩。州县广播电视节目农牧区无线覆盖工程有序推进，“村村通”直播卫星和广播“村村响”工程加快实施。档案史志工作得到加强。及时开展白玉“1·18”、芦山“4·20”、得荣“8·31”抗震救灾，灾后重建正有序推进。

四、行长远之举，社会政治局势实现持续稳定

我们把主动创稳作为长远之举，深入开展铸忠诚警魂活动，启动实施法治甘孜建设，主动创稳迈出铿锵步伐。

反分维稳工作不断加强。切实抓好信息队伍建设，注重在群众工作中收集社会信息，提前预警防范，牢牢掌握反分维稳主动权。

平安创建活动不断强化。强力整治维稳重点县和大渡河沿线突出社会治安问题，收缴非法枪支400多支，查缴非法卫星地面接收设施3000多套，清理取缔非法民间组织32个，查破各类案件千余起，社会治安秩序明显好转。实施矛盾纠纷“攻坚破难”行动，落实社会稳定风险评估制度，扎实推进和谐边界建设，有力维护了全州和谐稳定。

社会管理服务不断深化。积极推行流动人口登记备案和双向管理，健全完善“四级”社会群体管理服务机制，启动社区网格化管理试点工作。抓好特殊群体帮扶，落实刑释解教人员、社区矫正人员帮教责任。创新易涉毒公共场所管理，从源头上加强禁毒工作。

寺庙依法管理不断推进。各县县委书记和县长到辖区内每座寺庙现场办公一次以上。寺庙管理长效机制建设切实加强。成功开展州佛协成立五十周年庆祝活动，开办僧人培训班四十期。整治寺庙突出问题，打击涉寺涉僧违法犯罪，清退未成年入寺人员，依法取缔寺庙私设“三员”，和谐寺庙创建有力推进。

五、聚各方之力，民主政治建设协调有力推进

我们把民主政治建设作为凝心聚力的根本途径，团结一切可以团结的力量，为经济社会发展提供不竭动力。

支持人大取得新成绩。进一步加强和改善对人大工作的领导，支持人大常委会围绕中心，服务大局，依法履职。加强立法工作，完善法规体系，推进依法治州。加强法律监督和工作监督，促进了发展，维护了民利。发挥代表主体作用，代表意识不断增强，代表作用发挥更有起色。人大常委会领导率先垂范，亲自组织开展专题调研、集中视察等活动，人大常委会履职水平不断提高。

支持政协作出新贡献。进一步加强和改进人民政协工作，积极搭建政协工作履职平台。规范明晰协商议政的内容、程序和方法，政协参政议政更加贴近中心，协商建言更加积极主动，工作视察更加深入务实，民主监督更加有力有效，自身建设更加规范有序。政协领导亲自带头，政协委员积极参与，以深入的调研切实推动群众工作全覆盖、连片扶贫开发和旅游全域发展。

推动统一战线凝聚新力量。积极培养和使用党外干部，坚持向党外人士通报全州重大工作，统一战线各界人士政治参与进一步扩大。完成县工商联换届，做好国外藏胞回国探访、投资捐赠工作。广泛开展民族团结教育，凝聚起各族各界的智慧力量。

推动群团组织焕发新活力。工、青、妇等发挥优势，积极开展活动，带动联系群体积极为经济社会发展做出新贡献，涌现出全国、全省先进集体和个人。科协、文联、红会、残联、社科联等群团组织立足职能创新工作，为推动发展、促进和谐付出了心血。

加强党管武装实现新提升。落实民兵应急队伍装备和基层武装部工作经费保障机制，基层武装机构建设得到加强，民兵预备役建设有力推进。扎实开展“双拥”工作，广大官兵和驻甘武警积极参加植树造林、助民劳动、护林防火、修桥补路等爱民行动，军政军民团结进一步巩固。

六、强固本之基，党的建设科学化水平得到提升

我们把夯实党的执政基础作为固本之基，为全州各项工作提供了强有力的组织保障和干部人才支撑。

思想政治建设有效加强。加强州委中心组学习，提高了政治理论水平和思想道德修养。深化“中国梦”宣传教育，大力弘扬“忠诚爱国、乐善互助、务实创新、坚韧奋进”的甘孜精神，凝聚起各族群众的奋斗热情。唱响主旋律，汇聚正能量，树推菊美多吉先进典型，并协助拍摄电影《天上的菊美》。牢牢掌握宣传舆论阵地，有力促进干部群众思想政治建设。

干部人才队伍建设得到加强。做好干部履职跟踪回访考察和意见反馈，鲜明以群众工作论英雄的用人导向，选好配强各级领导班子。关心关爱干部政策进一步落实，全方位、多渠道培养党员干部。援石援藏干部人才服务管理有力加强。推进实施“百千万康巴英才工程”，培养紧缺实用人才，教育卫生等人才队伍建设力度加大。启动实施“1+5”优秀年轻干部人才递进培养计划。

基层组织建设有力加强。村级组织换届有序推进。在“两新”组织、寺庙管理机构组建党组织200多个，加强无职党员设岗定责工作，发展新党员4000多名。开展基层组织综合集中整治，健全乡镇科学化运行机制，改善乡镇、村（社区）办公条件，推进基层活动阵地建设。远程教育在党员干部和基层群众中的教育作用进一步发挥。

干部作风建设大力加强。落实中央“八项”规定、省委“十项”规定，积极倡导行短文、开短会、讲短话，调研务实深入，反对迎来送往，厉行勤俭节约。深入解决“四风问题”，狠刹不尚实干、不懂规矩、落实不力、执行走样、赌博酗酒、奢靡享乐等不正之风，树立干部为民务实清廉形象。落实“三个必须、七个严禁”规定，切实捍卫甘孜形象。

党风廉政建设全面加强。加强纪检组织机构建设。创办《雪域卫士》及互联网站，廉政文化建设扎实推进。实行领导干部廉政档案电子管理。深化党风廉政建设和政风行风社会评价，严格执行“三早三卡”预警机制，落实领导干部重大事项报告和“三谈两述”制度。加强监督检查，启动行政权力电子监察系统建设。加大案件查办力度，始终保持惩治腐败的高压态势。

一年来，我们时刻铭记，“打铁还需自身硬”。始终做到在政治上忠诚可靠、从严自律，工作上勤勉务实、敢于担当，作风上拼搏实干、拒腐防变，每一项工作都主动接受群众的监督，每一项决策都落到了实处。

一年来，我们深切体会到，州委常委会各项工作之所以顺利推进，靠的是省委、省政府的正确领导、关心支持，靠的是州人大、州政府、州政协、甘孜军分区的精诚团结、和衷共济，靠的是各级各部门的扎实工作、超常付出，靠的是全州各族干部群众的齐心协力、倾情奉献。在此，我代表州委常委会，向为全州经济社会发展作出贡献的广大党员干部群众，向所有关心支持甘孜发展进步的朋友们和同志们致以最诚挚的感谢！

一年来，我们时刻提醒自己，基础差、底子薄、发展滞后、特殊矛盾和普遍矛盾交织，依然是我们的最大州情；解决基础设施滞后、培育产业壮大、提高城乡居民生活水平，依然是我们发展中的最大任务；维护民族团结、祖国统一和社会稳定，依然是我们的最大政治责任；部分基层组织缺乏凝聚力、号召力、战斗力，依然是我们党在藏区执政的最大短板；少数干部能力不足、执行不力、作风不实，依然是我们的最大困惑。这些迫切要求我们在今后工作中付出更大的努力。

政府工作报告

——在甘孜藏族自治州第十一届人民代表大会第三次会议上

甘孜藏族自治州人民政府州长　益西达瓦

（2014 年 2 月 25 日）

各位代表：

我代表州人民政府向大会报告工作，请予审议，并请州政协委员提出意见。

2013 年工作回顾

2013 年，我们团结带领全州各族干部群众，把握“加快发展、科学发展”工作基调，精准发力、重点突破、整体推进，统筹抓好发展、民生、稳定三件大事，奋力实施“底部突围”，经济社会发展取得新成效。实现地区生产总值 201.22 亿元，增长 12.1%；全社会固定资产投资 406.93 亿元，增长 24.7%；地方公共财政收入 22.12 亿元，同口径增长 19.1%；社会消费品零售总额 57.35 亿元，增长 13.1%；城镇居民人均可支配收入 21418 元，增长 9.5%；农牧民人均纯收入 5435 元，增长 17.9%。

过去一年，我们坚定不移地实施产业强州战略，产业结构更趋合理，美丽生态和谐幸福新甘孜发展势头更加强劲。

——以旅游业为主导的第三产业快速发展。2013 年是我州旅游产业发展史上投入最大、项目最多、营销最强的一年。我们牢固树立“全域资源、全面布局、全境打造、全民参与”的全域旅游发展理念，按照“两轴、三域、四重点”空间布局，强力推动旅游业快速发展。建设中的亚丁闪亮登场，海螺沟、甲居藏寨等重点景区建设加快推进；开辟 20 条旅游线路，推出亚丁冬季旅游产品；组建文旅发展集团、亚丁景区旅游开发有限公司，“阿西土陶”等 11 类文化产品开发上市。接待游客 638 万人次，实现综合收入 63 亿元，增长 75%。传统服务业与现代服务业加快融合。第三产业实现增加值 73.12 亿元，增长 10.9%。

——以能源矿产业为支撑的第二产业有序发展。坚持生态优先，科学有序推进能源、矿产业发展。能源产业完成投资 178 亿元，新增装机 100 万千瓦，在建装机 1000 万千瓦，太阳能、地热综合利用取得重大突破，实现增加值 30 亿元，增长 9.1%。“百亿矿业”取得新成效，探明矿产资源金属量 60 万吨，里伍铜矿等 5 个扩建项目全部上马，生产原矿 500 万吨，实现增加值 13.4 亿元，增长 16.8%。加快发展中藏医药业，理顺管理体制，基地建设、企业培育、产品研发取得新进展。大力推进园区建设，甘眉工业园区协议引资 52.32 亿元，入驻企业 3 家，实现异地税收分成零的突破；留存电量收益 5581 万元；康泸产业集中区列为全省“51025”重点产业园区，康东、康南、康北农产品加工区和九龙湾坝等工业园区建设前期工作加快推进。第二产业实现增加值 80.78 亿元、增长 17%，工业经济支撑能力进一步增强。

——以特色农牧业为基础的第一产业持

续发展。推动农旅结合，打造特色品牌，加快发展高原特色现代农牧业。全面落实强农惠农政策，兑现各类补贴18.24亿元。建成农业产业基地80万亩、药材种植基地1万亩、生态林果基地7.3万亩、标准化养殖小区33个。培育各类专合组织201个。雅江县荣获"中国松茸之乡"称号，认定无公害农产品基地23.64万亩，认证登记"三品一标"农产品18个。新建农田水利设施31处，增加灌面2.55万亩。农业生产实现"六连增"，粮食产量增幅全省第一。牲畜出栏率、商品率分别达23.9%、18%，肉产量6.1万吨，奶产量10.6万吨。狠抓现代林业重点县建设，建成林业产业基地7.3万亩，实现产值25亿元。第一产业实现增加值47.32亿元、增长4.1%，农牧业基础地位不断夯实。

过去一年，我们坚定不移地推进基础设施建设，发展条件持续改善，美丽生态和谐幸福新甘孜发展基础更加牢固。

——交通攻坚成效明显。开展交通攻坚大会战，投资突破100亿元。"25+1"项目全面开工建设，在建公路里程2100公里，完成路面工程1018公里。稻城亚丁机场正式通航，甘孜格萨尔机场场址、成康铁路项目建议书和雅康高速公路工可获批。9条公路纳入国家公路网规划，实现县县有国道目标。新建通乡油路256.9公里、通村公路1134.6公里，完成农村公路安保工程200公里。开工建设乡村客运站点47个，建成农村客运站点19个，开通客运班线45条。公路等级实现新突破，干线公路通畅能力大幅提高，路况水平提升幅度全省第一，群众出行更加方便安全。

——电网建设加快推进。实施"电力天路"工程，完成投资38亿元，丹巴、乡城500千伏输变电工程和2012年度无电地区电力建设、农网改造升级工程竣工投运；新都桥500千伏，雅江、茨巫220千伏和11条110千伏输变电工程开工建设；得荣、巴塘、稻城香格里拉110千伏输变电工程获准建设；理塘、白玉昌台等5条110千伏输变电工程前期工作加快推进。德格等10个县实现与主网相连，极大地缓解了群众用电难问题。

——通信条件不断改善。推进"智慧甘孜""无线城市"建设，新建光缆9943公里、通信基站2869个，通光缆行政村增至297个；城市宽带覆盖率达98%，全州互联网出口带宽达70G。整合通信资源，实施基础设施共建共享，完成理塘至亚丁"三杆合一"工程。完善通信环网，通信应急保障能力不断增强。

——新型城镇化统筹推进。坚持以人为本，努力探索具有甘孜特色的新型城镇化路子。突出规划引领，完成州域城镇体系规划和18县城市总体规划修编，编制34个新村建设规划。重点建好县城，实施城市建设项目40个，完成投资8亿元，对10个县城实施风貌改造和功能提升。努力做大乡镇，对13个集镇的基础设施和风貌进行改造提升；10个乡获准撤乡建镇。城镇化率达25.81%，提高1.4个百分点。切实做美村寨，建成新村聚居点224个，发展休闲观光农业示范村46个，改造提升农房1.95万户。城镇特色更加鲜明，新型城镇化建设成效明显。

——生态建设全面加强。强力推进生态立州战略，编制完成生态文明建设规划大纲和高寒草地生态修复工程建设规划。落实集体公益林生态效益补偿和草原生态补奖政策，启动实施川西藏区生态保护与建设工程。完成公益林建设4.8万亩、退牧还草450.1万亩、鼠虫害防治450.85万亩。加强耕地保护，整理土地2.3万亩，新增耕地1.55万亩，实现占补平衡。水资源开发利用、用水效率控制、水功能区限制纳污三条红线全面划定。落实环评前置综合决策机制，严格执行环保"三同时"制度，开展环评前置审查项目125个；州、县级环境监测站标准化建设全面启动；万元工业增加值能耗下降6.55%，各项污染物排放量控制在规定范围内；妥善处置康定塔公"10·13"突发环境事件。全州生态文明意识进一步强化，生态效益更加凸现。

过去一年，我们坚定不移地保障和改善

民生，群众幸福指数不断提升，美丽生态和谐幸福新甘孜发展成果更加惠民。

——教育事业优先发展。积极办好藏区一流人民满意教育，新建各类学校79所，启动建设区域性教育园区11个、示范性高中3所。在全省率先实施免费学前教育和特殊教育计划。落实教育惠民政策，兑现保障性学生资助3.8亿元。超额完成“9+3”招生任务，本土职业教育不断发展壮大。教师队伍建设全面加强，代课教师问题得到妥善解决。针对石渠教育发展滞后的实际，启动实施“强力推进石渠教育发展三年行动计划”。教学质量不断提升，2013年普通高考参考人数达4231人，录取率达96%。承办全省学校后勤保障现场会，我州后勤保障经验成为全省亮点。

——健康水平稳步提升。着力实施卫生发展十年行动计划和“健康甘孜2020”卫生事业跨越发展方案。12个县医院、6个县中藏医院竣工投用，州医院第二医疗区和37个乡（镇）卫生院标准化建设加快推进，南派藏医药传承创新基地开工建设。深入开展卫生下乡和柔性流动服务，义诊患者65.32万人次；全面推进11项基本公共卫生服务，筛查包虫病33.05万人次，免费治疗1.29万人次。人口计生惠民政策全面落实，人口自然增长率控制在6.36‰。兑现保险基金900多万元，在全省率先实施城乡居民大病医疗保险，全民医保体系向多层次、多维度扩展。

——社会保障更加有力。大力实施就业促进工程，新增就业8050人，城镇登记失业率控制在4.2%；转移输出农村劳动力8.9万人，实现劳务收入8.8亿元。大力实施全民保障行动，城乡居民医疗保险覆盖率达96%；新型农村和城乡居民养老保险覆盖率达64%；城乡低保28.33万人。福利慈善事业加快发展，举办首届爱心慈善月和第二届爱心慈善日主题活动，募集“爱心款”4263万元；敬老院新增床位210张，州老年大学挂牌成立。大力实施百姓安居行动，改造农村危房2.51万户、棚户区5076户，建成保障性住房600套，完成地质灾害避险搬迁1459户。深入推进扶贫和移民工作，投入扶贫资金6.5亿元，1.62万人实现脱贫；水电移民工作取得新进展，1998人享受移民安置后扶政策。建成安全饮水工程583处，11.64万农牧民喝上安全放心水。全力做好防灾应急管理，有效应对白玉“1·18”、芦山“4·20”、得荣“8·31”地震和海螺沟泥石流等自然灾害，紧急转移安置受灾群众6万人。启动灾区美好新家园建设，建成过渡安置房1302套，重建民房545套，受灾群众生产生活得到有效保障。

——文化事业更加繁荣。按照“建体系、添设施、搞活动、强队伍”的思路，推进文化事业快速发展。成功举办炉霍“寻亲感恩奋进”活动、巴塘连北京联谊活动，德格、甘孜、稻城、丹巴等群众文化活动1100余场次。州档案馆晋升国家一级馆，州档案馆、德格印经院列为省古籍重点保护单位；成立康巴文化研究院，举办首届康巴文化研讨会。开工建设18个县图书馆、文化馆，全州所有图书馆、文化馆（站）实现免费开放。启动文化数据库建设，建成广播电视视音频网站；推进“村村通”和州县广播电视节目无线全覆盖工程，广播、电视综合覆盖率分别达92.96%和92.51%。丰富多彩的文化活动，弘扬了民族优秀文化，创造了和谐甘孜氛围。

——人才科技不断加强。强力推进“百千万康巴英才工程”，招录、引进人才3677人，培训2.77万人次。创新人才培养方式，争取政策支持，计划四年订单定向培养1540名本（专）科本土人才，去年已招生203人。认真落实校（厅、局）州战略合作协议，243名干部上挂锻炼。实施科技项目51项，获专利授权119件，科技创新运用能力不断增强。

地方志、保密、邮政、气象、物价、妇女儿童等工作取得新成绩。

过去一年，我们坚定不移地坚持解放思想，改革开放取得新成绩，美丽生态和谐幸福新甘孜发展活力更加凸显。

——各项改革持续推进。推进项目建设管理改革，组建县级项目促进中心，建立重点项目管理和考核奖惩制度，开展工程领域中介机构清理和名录库建设，探索项目要件审批集中办理和容缺办理机制，2000万元以下幸福工程项目审批权下放到县。深化财税金融体制改革，出台财政管理改革的意见和州级财政资金审批管理办法，“营改增”为主的财税改革成功试点。健全资源开发惠民机制，完善水电资源开发惠民补助制度，出台矿产资源开发惠民帮扶资金征收使用管理办法。深化医药卫生体制改革，基层医疗卫生机构实行国家基本药物零差率销售，县级公立医院改革逐步实施。食品药品监管体制改革全面完成。

——开放合作不断深入。坚定不移地“走出去”，成功举办“圣洁甘孜走进广东”文化旅游暨投资合作推介活动，被广东影响力网络盛典评为“年度效果营销案例”，取得了前所未有的政治、经济和社会效益；参加第十四届西博会，组织文艺团队赴东欧、香港、台湾等地区开展对外文化交流65场次，对外影响力不断扩大。赴浙江对接东西扶贫协作，在人才培养、经贸合作等方面达成合作意向，争取帮扶资金7500万元；与15个兄弟市州和省级部门（院校）签订战略合作协议，区域合作、部门合作不断深化。实施“请进来”战略，成功举办首届旅游商品展销会，积极承办海外华文媒体、知名汉学家甘孜行等对外交流活动。完善招商引资优惠政策，引进项目114个，到位资金117亿元。

——财税金融平稳运行。严格预算管理，狠抓增收节支，收入总量稳步增长，税收质量稳定提升，税收收入占地方公共财政收入的比重达73%，提高9个百分点。支出结构更加优化，民生支出125.23亿元，增长30.84%，占地方公共财政支出的45.49%，提高2.04个百分点；“三公”经费支出2.07亿元，占地方公共财政支出的0.75%，下降51.52%。金融保险运行良好，年末各项存款余额442.99亿元、增长17.95%，各项贷款余额167.6亿元、增长11.8%；保险机构各项保费收入3.06亿元，赔付支出1.2亿元；社会融资总量达226.54亿元，增长15.38%。

过去一年，我们坚定不移地实施依法治州战略，法治甘孜建设迈出新步伐，美丽生态和谐幸福新甘孜发展环境更加优良。

——人文环境更加和谐。全力推进群众工作全覆盖，投资28.86亿元实施幸福工程，两万多个结对认亲小分队进村入户，解决群众生产生活实际困难1.36万件；组织开展了全州第九届村（居）民委员会换届选举工作；全面落实党的民族宗教政策，修订完成《甘孜州藏族语言文字条例》，扎实开展民族团结进步创建活动，平等、团结、互助、和谐的新型民族关系不断发展；寺庙管理长效机制基本建立，成功举办州佛协成立50周年庆典活动，落实寺庙基础设施建设资金500万元，5.27万名僧尼纳入社保统筹，依法管理宗教事务取得新进展。

——行政环境更加优化。自觉接受州人大及其常委会的法律监督、工作监督和州政协的民主监督，向州人大常委会报告工作18次，向州政协通报工作3次；办理人大代表建议113件、政协委员提案167件，办结率100%。推进依法行政，加快法治政府建设。坚持州政府常务会学法制度，健全政府法律顾问制度。推进政府信息公开，完善“开放式决策”长效机制。动态清理州级行政权力6344项，清理全州规范性文件1069件。推进并联审批，取消、调整行政审批项目75项。充分发挥审计监察预警作用，完成审计和审计调查项目565个，查处问题资金19.27亿元。严格执行作风建设相关规定，认真落实廉政建设“三早三卡”预警机制。加大问责查处力度，问责97人，政纪处分95人。

——社会环境更加稳定。旗帜鲜明地开展反分裂斗争，全面推进主动创稳。加强和创新社会管理，启动“法治甘孜”建设。“六五”普法举措更新、效果更实。“收枪治暴”

为主的重点领域综合治理成效明显。严格落实社会稳定风险评估制度。大力推进和谐边际建设。畅通群众诉求渠道，深入开展矛盾纠纷排查调处，信访总量连续6年全省最少。持续深化安全生产“打非治违”和综合整治，安全生产形势持续好转。国防动员体系、民兵预备役队伍建设、优抚安置工作不断加强，军政、军民关系更加密切。

各位代表，回顾一年的工作，我们深切体会到：只有坚定不移地走生态文明建设之路，才能实现可持续发展；只有坚定不移地走开放促开发之路，才能不断增强发展的内生动力和外部活力；只有坚定不移地走发展市场经济之路，才能不断提升经济发展质量和效益；只有坚定不移地走产业强州之路，才能最大程度把资源优势转化为经济优势；只有坚定不移地走创建和谐之路，统筹抓好发展、民生、稳定三件大事，才能实现好、维护好、发展好群众的根本利益。这些经验，是我们做好各项工作的法宝，必须长期坚持好、运用好。

各位代表：一年来的发展和进步，是党中央、国务院和省委、省政府深切关怀的结果，是州委坚强领导和州人大、州政协监督支持的结果，是全州人民团结拼搏、不懈奋斗的结果。在此，我代表州人民政府，向各位代表和委员，向全州各族人民、驻州解放军、武警官兵、政法干警、工商联、各人民团体、各界朋友和所有纳税人表示衷心的感谢，并致以崇高的敬意！

过去的一年，我们付出了艰辛努力，取得了较好成绩，但仍有不尽如人意之处，特别是地区生产总值、社会消费品零售总额、城镇居民人均可支配收入、农牧民人均纯收入增速目标没有实现。在此，我代表州人民政府，向全体代表、政协委员和全州人民表示深深的歉意。同时，我们也更加清醒地看到，全州经济社会发展还面临许多困难和问题：一是产业结构单一，水电产业一枝独秀的局面仍未改变，多点多极支撑的产业格局尚未形成。二是经济增长困难，发展内生动力不足，经济下行压力增大，增速出现回落，财政持续增收困难。三是发展环境仍需优化，社会建设和管理任务繁重，反分维稳形势依然严峻。四是干部作风仍需转变，市场经济意识还需增强，抓发展的能力尚需提升。对此，我们将在下一步工作中努力加以解决。

2014年工作安排

各位代表，今年是全面深化改革的开局之年，也是加快完成“十二五”规划的关键之年。做好今年工作，意义特别重大。我们要以邓小平理论、“三个代表”重要思想、科学发展观和党的十八大、十八届三中全会、州委十届五次全委（扩大）会议精神为指引，以举全州之力推进群众工作全覆盖为总揽，以全域旅游统筹全州经济社会发展，坚持“科学发展、加快发展、底部突围”工作基调，重生态、强基础、壮产业、惠民生、保稳定，促进经济社会持续健康发展。

结合我州发展不足的实际，按照不攀比发展速度和“换挡”不“失速”的要求，坚持“积极、客观、协调”的原则，今年全州经济社会发展的主要预期目标是：地区生产总值增长12%，全社会固定资产投资增长14%，社会消费品零售总额增长13%，地方公共财政预算收入增长13%，城镇居民人均可支配收入增长9.5%，农牧民人均纯收入增长16%。实现上述目标，我们必须以时不我待、只争朝夕的进取精神，自加压力、跳起摸高的责任意识，说了就算、定了就干的务实作风，奋力做好今年的各项工作。

一、以优化产业结构为重点，着力增强产业支撑

充分发挥市场对资源配置的决定性作用，统筹推进产业协调发展。

——优先发展旅游业。深入实施全域旅游发展战略，进一步强化旅游发展意识、创优旅游发展环境，夯实旅游发展基础，积极创建全国民族地区全域旅游试验区。按照“提升东部、突破南部、推动北部”的要求，编制《全域旅游发展规划》《环亚丁旅游圈发展规划》和《环格萨尔机场旅游经济圈发展规划》。全力培育“圣洁美丽甘孜·康定情歌故乡”品牌。打造精品景区，推进亚丁、海螺沟AAAAA级景区和泸定桥、甲居藏寨AAAA级景区建设，加快开发稻城亚丁卡斯谷、理塘格聂山、巴塘措普沟等重要景区；打造精品线路，抓好贡嘎东坡旅游线、康巴文化深度体验旅游线、藏羌走廊—美人谷风情旅游线、亚丁—康定中国最美景观大道落地自驾旅游线和川西旅游环线5条重点旅游线路的开发和市场推广；打造精品酒店，鼓励支持企业在乡（镇）和村寨建设摄影、爱情等主题文化酒店、小众精品旅游酒店和特色酒店；打造精品剧目，深入挖掘地方特色文化内涵，打造特色精品商演剧目。开展“最康巴”特色餐饮、购物、休闲娱乐等名店评选活动。积极发展乡村旅游、山地旅游新兴业态。力争接待游客800万人次，实现综合收入80亿元。加快现代物流、信息服务、住宿餐饮、文化服务等生产生活性服务业与旅游业融合发展，积极办好各县传统节庆活动，建设牧区消费体系，组织开展商品贸易下乡活动，积极引导消费需求增长。

——有序发展能源业。坚持抓大放小、科学有序，推动“两江一河”水电资源开发，加快开发太阳能、风能、地热等新能源。竣工投产洞松、溪古等电站，新增装机70万千瓦；加快推进黄金坪、长河坝、猴子岩等大中型电站建设，开工建设两河口电站和甘孜、色达光伏电站；力争核准苏哇龙、硬梁包电站；加快1800万千瓦电站前期工作，力争实现增加值34.1亿元，增长13%。

——稳步推进矿产业。坚持科学开发与保护生态并重，突出开发重点，整顿矿业秩序，整合矿业项目，重点推进50宗矿产勘查工作，新增探明矿产资源金属量40万吨；启动甘孜呷拉金矿废渣废石回收利用项目前期工作；加快推进雅砻江矿业、天齐锂业等矿山项目建设；竣工鑫源矿业、融达锂业、里伍铜业技改扩规，力争实现矿业增加值11亿元。甘眉工业园区力争引进10亿元项目2个以上，开工建设九龙湾坝等工业园区。

——努力壮大现代农牧业。抓住农牧民经营性、工资性、转移性、财产性“四大核心”收入，认真贯彻落实强农惠农富农政策，深入实施农牧民收入促进计划，促进农牧民持续稳定增收。农作物播种面积达到125万亩，力争粮食产量达到22万吨。围绕旅游调结构、建基地、出产品、抓市场，扶持发展涉农企业3个、专合组织50个、种粮大户500户。加强农业标准化建设，积极培育“三品一标”农产品，大力推进农业产业化经营。积极开发酒、肉、茶、菌、果五大产品，力争在内地大型超市开设出售我州特色产品的“康定情歌”专柜。加快推进农业机械化，提高农业技术装备水平，农业科技贡献率达到52%，综合机械化水平达到38%以上。不断夯实农业基础，开工建设泸定顺河堰等骨干水利工程；加强小水利工程建设，推广节水灌溉，提高农业灌溉能力。搞好农村土地承包经营权确权登记工作。抓好现代林业重点县建设，积极发展林下经济，建设林业产业基地5万亩。全面提高畜牧业经济效益，综合施策加大牲畜出栏出售力度，出栏率达22%，商品率达16%。

——加快发展文化产业。全力打造康定情歌文化园区，积极培育康东多元文化、康北格萨尔文化和康南香巴拉文化三大产业区。做大州文化演艺公司，推进商业化演出。启动丹巴、海螺沟、亚丁演艺中心建设。抓好阿西土陶、炉霍唐卡、白玉河坡和德格麦宿手工艺品、新龙药泥面具等文化产品的市场营销工作。力争文化产业实现增加值4.5亿元，增长18%，着力将文化产业培育成为我州新的经济增长点。

——大力发展中藏医药业。围绕“种植

规模化、研发系统化、生产标准化、服务特色化”的目标，努力把丰富的药材资源优势转化为产业优势。推动海螺沟“中国南派藏医药传承创新基地”建设，完成康定中藏药产业园规划前期工作，加快金马药业饮片厂和中藏药材基地建设，建成泸定中藏药产业园一期工程，加大各种制剂、保健药品的研发和运用力度，力争中藏医药业实现增加值2.3亿元，增长13%以上。

二、以改善基础设施为重点，着力破解发展瓶颈

坚持政府投资与市场投资两手抓，进一步完善基础设施，持续改善群众生产生活条件。

——全力打好交通攻坚大决战。坚持“建、管、养、运、美”并重，完善公路骨干网络体系。完成交通建设三年集中攻坚任务，实现全州现有国道和90%的省道达到三级以上标准。大力实施《甘孜州2013—2015年交通建设推进方案》。建成东海路、理亚路、岗白路等项目，完成俄岗路、甘君路等项目主体工程，加快建设雀儿山隧道、榆磨路等项目，全面开工雅康高速公路、跑马山隧道等项目，加快推进成康铁路、格萨尔机场、亚丁机场至格聂山公路等项目前期工作。建成通乡油路300公里、通村公路800公里。大力推进城乡客运一体化发展，建设农村客运站（点）44个。依法保护路产路权，提升公路现代化养护水平，提高道路安全畅通能力。

——强力实施“电力天路”工程。竣工新都桥500千伏，雅江、茨巫220千伏等81个输变电项目（含110千伏、35千伏）；开工乡城500千伏变电站扩建、长河坝电站500千伏等15个输变电项目。加快农村电网建设，确保无电地区电力建设“三年任务两年完成”；全面完成“远村点亮”行动，解决201个乡、1600个村、23.4万农牧民群众的缺电问题，彻底结束无电乡历史。

——加力提升信息化水平。实施通信基础建设两年推进方案，新建光缆3000公里、2G基站100个、3G基站250个，实现主要交通线路和主要景区信号连续覆盖；启动4G移动通信，新建4G基站230个；新增有线带宽接入端口2.3万线，力争出口带宽达到80G，让所有乡镇告别无宽带历史。强化信息技术开发利用，成立甘孜网校，建立城乡一体教育城域网，利用成都、康定优质教育资源，开展小学至高中远程网络教学；加快州远程医学中心建设，力争18个县级医院、州医院与华西等医院实现远程会诊；加快实施州县广播电视节目无线全覆盖工程，完成石渠等8县第一期工程建设。

——加快推进新型城镇化。围绕“五个统筹”“五个改革”，坚持以人为核心，努力构建县城、乡镇、村寨多点多极支撑，宜居宜业宜游的新型城镇体系。按照“完善功能、彰显特色、强化管理、提升品质”的要求建好县城，让所有县城逐步实现显山露水晒太阳，加水加绿加文化，让城市融入大自然，让居民望得见青山、看得见绿水、记得住乡情。力争康定撤县设市，加快推进泸定、丹巴、得荣、道孚等县新区建设。按照“完善设施、培育产业、扩大就业、塑造风貌”的要求做大乡镇，资金和项目向集镇倾斜，建设一批交通枢纽、商贸物流、旅游集散、移民搬迁、农产品加工、牧民定居型乡镇，着力提升重点集镇的公共服务能力，完成10个乡撤乡建镇工作，力争康定新都桥镇、稻城香格里拉镇纳入“全省百镇建设试点行动”。按照“传承文化、顺应自然、整洁环境、和谐共融”的要求做美村寨，整合资金1.2亿元，在国道317、318线及其连接线沿线打造幸福美丽新村19个，不断改善和提升乡村面貌。

——大力推进生态文明建设。把保护生态作为各项工作前置条件，切实加强生态文明建设。积极创建国家主体功能区建设试点示范地区，实施好川西藏区生态保护与建设规划，编制完成甘孜州生态文明建设规划。

加快实施国家重点生态功能区转移支付资金项目。细化落实节能减排目标措施。巩固退耕还林成果，实施好退牧还草工程，落实好生态奖补政策。加强沙化治理和水土流失治理，强化地质灾害防治和重点领域环境综合整治，严格保护重点生态功能区和饮用水源地。研究生态产业，发展生态经济，让蓝色星球上的最后一片净土更加圣洁美丽。

三、以实施民生工程为重点，着力增进群众福祉

按照“守住底线、突出重点、完善制度、引导舆论”的思路，努力解决群众最关心、最直接、最现实的利益问题。

——强力推进教育事业。深入实施新一轮教育发展十年行动计划，加快建设州高级中学，启动一批教育园区、一批片区寄宿制学校、一批乡镇幼儿园建设，完成建筑面积35万平方米。实施“三免一补”和免费学前教育等教育惠民政策，让所有学生不因家庭贫困而失学。提升学校规范化管理和优质化教学水平，完成康定、乡城两县义务教育均衡发展省级督导评估验收工作。抓好“9 3”免费中职教育工作。全力推进石渠县教育发展三年行动计划。全面加强教师队伍建设。加快推进教育信息化建设，不断提升教育教学质量，积极创建藏区一流教育州。

——大力发展卫生事业。继续实施卫生发展十年行动计划，全面落实“健康甘孜2020”卫生事业发展意见，着力推进医疗卫生“五大体系”建设，努力解决群众看病难、就医难的问题。开展大病医疗保险工作，住院实际报销比例力争达到65%以上。竣工州医院第二医疗区，启动建设稻城、理塘、甘孜3个县级区域医疗中心；建设标准化乡（镇）卫生院40所、标准化村卫生室100个。加快卫生信息化建设。全面推进国家免费孕前优生健康检查，提升出生人口素质，人口自然增长率控制在7.5‰以内。

——繁荣发展文化事业。发挥文化引领风尚、教育人民、服务社会、推动发展的作用，巩固和发展健康向上的主流舆论。建设12个县级图书馆、文化馆和8个县级综合档案馆，力争完成州民族体育馆主体工程，启动13个县级全民健身活动中心、康巴文化研究院“四大工程”和农牧民演艺（培训）中心等工程。广泛开展群众性文体活动，扎实做好送文化下乡工作。推进非遗名录、传承人申报和歌舞数据库建设。

——切实加强社会保障。按照“织好网、补短板、兜住底”的要求，进一步完善社会保障体系。实施更加积极的就业政策，新增城镇就业7000人。加大保障房建设力度，建成保障房2854套，改造农村危房1.2万户、棚户区5076户。加强社保基金管理，扩大参保覆盖面。完善医疗保险关系转移接续政策和异地就医结算制度。健全社会救助体系，做好农牧区“五保”和孤儿集中供养工作，抓好特殊困难群体救助管理，实现应保尽保。加强社会事务管理，探索社会化养老机制，让老年人老有所养、老有所乐。严格落实州长、县长负责制，编制完成“菜篮子”工程三年规划，健全蔬菜产品市场体系。加强物价调控，严厉打击操纵市场、哄抬物价、变相涨价等违法违规行为。

——抓好扶贫移民工作。推进新村、产业、劳务、移民和社会“五大扶贫”工程，启动区域发展扶贫攻坚规划，改善1.75万贫困人口生产生活条件。按照“户建卡、村造册、乡立簿、县归档”的要求，建立扶贫对象动态管理机制。抓好安全饮水工程，解决6万人饮水安全问题。抓好水电移民工作，加大移民后扶力度，不断提高移民生活水平。着力抓好得荣地震灾后恢复重建工作，推动得荣加快发展；加快实施泸定、康定等县灾后恢复重建项目，积极探索和创新防灾救灾工作新机制。

——强化人才科技支撑。坚持“前瞻布局、创新驱动、需求主导、重点突破”，以“强科技、兴产业、惠民生”为主线，以促进科技与经济社会发展紧密结合为重点，做好

“整合科技资源、提升创新能力、加速成果转化”三篇文章，着力培育企业创新主体，加速科技成果转化。大力实施“百千万康巴英才工程”，加大人才引进和开发力度。抓好订单定向人才培养，力争招生480人。

四、以深化改革开放为重点，着力激发市场活力

深入推进改革开放，以改革催生发展内生动力，以大开放促进大发展。

——全面深化改革。以经济体制改革为牵引，稳妥统筹推进各项改革。深化国有企业改革，完善国有资产监督管理体制；抓好金融机构改革，全面完成农村信用社“以州为单位统一法人”改革，加快构建地方金融体系；深化财税体制改革，完善政府预算管理体系，建立政府性债务风险防控机制；推进土地制度改革，深化城乡建设用地增减挂钩，探索建立城乡统一的建设用地市场；整合政务服务、工程招标、土地矿产出让、国有产权交易、政府采购等平台，组建州公共资源交易中心。启动资源型产品价格改革，完善资源开发利益补偿机制，调整优化销售电价水价结构；加快建立现代市场体系，支持非公有制经济加快发展；健全城乡统筹发展体制机制，积极推进农村产权制度改革，完善扶贫开发体制机制；深化文化体制改革，健全文化产品和要素市场，构建现代公共文化服务体系；加快教育领域改革，统筹推进医疗卫生体制综合改革；积极探索建立生态主体功能区建设各项制度。

——努力扩大开放。主动“走出去”，组织举办好圣洁甘孜走进北京、巩固广东、开辟浙江等文化旅游推介活动，积极参加中国国际食品博览会、中国西部国际采购商大会、第十五届西博会等活动。坚持“请进来”，举办好国内知名民营企业甘孜行、东方书画院甘孜展等活动，加快落实厅（校、院、市）州合作协议，加大同国内外大企业、大财团和商务机构的联系，开展登门招商、网上招商、代理招商，构建一套招商引资“关系网”，促进招商引资快速增长。

——大力发展民营经济。抓住“基地、企业、产品、市场、品牌”五大环节，立足“本土 引进”，坚持“平等 特殊”，突出“服务 法制”，按照“非禁即入、公平待遇”的原则，围绕“一头牛、一杯酒、一朵菌、一瓶水、一袋茶、一幅画、一盒药”，加大政策造商、产业造商、环境造商力度，培育一批市场前景好、发展能力强、带动致富快的民营企业，在全社会形成“合法经商光荣、拉动就业有功”的浓厚氛围。

五、以建设法治甘孜为重点，着力提升社会治理水平

深入实施依法治州战略，把维护社会大局稳定作为基本任务，把促进社会公平正义作为核心价值追求，把保障人民安居乐业作为根本目标，为经济社会发展提供有力保障。

——深化民主法制建设。切实贯彻州委的决策部署，自觉接受人大、政协和社会监督，认真办理人大代表建议和政协委员提案。积极发挥工会、共青团、妇联等群众组织的桥梁纽带作用。完善基层民主自治体系，确保基层群众依法直接行使民主选举、民主决策、民主管理和民主监督的权利。坚持以法治思维履行职能职责，深入开展“六五”普法，坚持依法行政、严格执法、公正司法，促进全民守法。

——坚决维护社会稳定。统筹抓好发展、民生、稳定三件大事，旗帜鲜明地开展反分裂斗争。认真落实民族区域自治制度，积极创建全国民族团结进步模范州。加强寺庙依法管理制度创新，推进寺庙法制化、民主化、社会化管理，发挥宗教在促进社会和谐方面的积极作用。加强社会治安综合治理，健全社会治安防控体系，依法严密防范和惩治各类违法犯罪行为。完善矛盾纠纷排查化解机制，拓宽和畅通诉求渠道，依法解决群众利益诉求。

——切实加强安全生产。牢固树立安全发展理念，落实安全生产“一岗双责”，逐步建立隐患排查治理和安全预防控制体系，强化安全生产综合监管，坚决遏制重特大安全生产事故。健全防灾减灾救灾体系，建设公共应急平台，抓好应急演练，提升突发事件的应急管理和处置能力。强化食品药品监管，让群众买到放心食品、安全药品。

我们将不断加强国防动员、民兵、预备役和人民防空工作，深入开展拥军优属和军民共建活动，巩固军政军民团结。

各位代表，做好今年各项工作，我们将严格执行中央“八项规定”，以整治“四风”方面存在的问题为导向，进一步加强政府自身建设。一是转变政府职能。以政府部门机构改革为重点，做好承接、取消、规范和下放审批事项，切实履行好公共服务、市场监管、社会管理、环境保护等职责，努力建设服务型政府。二是改进工作作风。坚持把党的群众路线教育活动与群众工作全覆盖相结合、与“走基层、解难题、办实事、惠民生”活动相结合、与保障和改善民生相结合，坚决反对形式主义、官僚主义、享乐主义和奢靡之风，努力建设务实型政府。三是加强廉政建设。认真贯彻廉政准则，全面落实党风廉政建设责任制。强化财政资金监管，做到收入一个“笼子”、预算一个“盘子”、支出一个“口子”。严控“三公”经费，实现州县“三公”全部公开。加大行政问责力度，确保政令畅通。以零容忍的态度查处贪腐行为，做到有腐必反、有贪必惩，努力建设廉洁型政府。

各位代表！甘孜州正在以前所未有的信心和魄力阔步前进。让我们在党的十八大和十八届三中全会精神的指引下，在省委、省政府和州委的坚强领导下，鼓实干之劲、造发展之势、聚和谐之力，为建设美丽生态和谐幸福新甘孜而努力奋斗！

名词解释

1. 全省“51025”重点产业园区：指全省通过5年的努力，力争形成5个营业收入超过2000亿元的产业园区、10个营业收入超过1000亿元的产业园区、25个营业收入超过500亿元的产业园区。

2. “三品一标”：指无公害农产品、绿色食品、有机食品和农产品地理标志。

3. “三公经费”：指因公出国（境）、公车购置与运行、公务接待所产生的消费合称。

4. “电力天路”：指根据我州电网建设“十二五”发展规划，建设以特高压电网为龙头、500千伏电网为骨架、220千伏电网为支撑、110千伏及以下电网为基础的电网工程，切实解决农牧区生产生活用电、电力外送和能源保障能力问题。

5. “五个统筹”：指城乡规划、基础设施、产业发展、公共服务和社会管理。

6. “五项改革”：指农村产权改革、用地改革、社保改革、户籍制度改革和金融改革。

7. “三免一补”：“三免”指免除学杂费、教科书费、作业本费，“一补”指补助寄宿制学生生活费。

8. 医疗卫生“五大体系”：指标准化医疗服务、均等化公共卫生服务、一体化医疗保障、规范化药品供应保障和特色化中藏医服务。

9. 康巴文化研究院“四大工程”：指数字印经院、格萨尔展览馆、《大藏经》复刻、德格雕版印刷博物馆。

ཆེད་དོན་རྩོམ་ཡིག

专 文

群众路线促和谐

四川甘孜藏族自治州110万人口，以藏民族为主，绝大部分信奉藏传佛教，保稳定、促和谐是各级干部面临的首要问题。近年来，甘孜州坚持走群众路线，举全州之力开展“六大活动”，党群、干群关系空前和睦融洽。

做群众工作首先要注重联系群众的广泛性和普遍性，我们动员全州5.1万多名州、县、乡各级干部职工“结对认亲”，带着党和政府对广大农牧民群众的深情厚谊，踏冰冒雪，进村入户，与206954户农牧民结为“亲戚”，成为党和群众之间的“连心桥”，以最直接、最真诚、最有效的方式“访民情、解民忧”，让工作没有盲区、不留空白，做到全域覆盖、全程互动。

寺庙是基本的社会单元，僧人是基本群众。我们开展“同心同向”活动，与僧尼真诚交心谈心，积极引导宗教界广大教职人员真心拥护党的领导，拥护社会主义制度，与党和政府在思想上同心同德、方向上同心同向、行动上同心同行。全州43名州级干部、700多名县级干部和900多名县级部门负责人联系532座寺庙及5000多名宗教界代表人士，将困难僧尼纳入城乡“低保”供养，发放救助资金，对僧尼进行医疗救助，改造危房寺庙，为寺庙通路、通电、通水、通光纤和通广播电视。依法管理寺庙，维护宗教信仰正常秩序，全力推进藏传佛教寺庙管理长效机制建设，规范宗教事务活动，破解了宗教插手司法、干预行政的难题。

我们把帮扶结对困难群体作为群众工作全覆盖的重点，开展“爱心帮扶”活动，全州1089名副县级以上的干部与3011名孤儿、3027名科级干部与2789名城镇“三无”人员进行爱心结对。同时还对农村1.2万多名农村“五保户”、残疾人和特困群众进行爱心帮扶，改扩建中心敬老院，对残疾人的危房进行了改造，发放资金，扶助1800名智障和重度残疾人居家托养。广泛筹集慈善基金，大力弘扬慈善爱心文化。

党的基层组织是团结带领群众的战斗堡垒，我们开展“共建共创”活动，采取“一对一、一对几”的方式，由1657个州、县、乡机关支部与2734个村、社区党支部结对开展“共建共创”活动，大力培养发展农村牧区新党员。去年全州发展党员4931名，其中发展农牧民党员3190名。通过制定共建措施、共同晋位升级、关心帮扶贫困党员、建立健全党内活动制度等活动，增强农牧区基层党组织的凝聚力、创造力和战斗力。

开展“爱国、守法、感恩”为主题的宣传教育，筑牢“反分维稳”思想阵地，是群众工作的重要内容。我们精选一批基层群众自编自创的各类文艺节目，送到全州的村落藏寨。组建宣讲团，优秀共产党员菊美多吉事迹报告和服刑人员的“现身说法”，反响强烈。编印了《面对面、手拉手、心贴心》《让爱国精神铸就民族之魂》《用法礼奠定人生的基石》《用感恩点染精神的底色》等宣传教育读本40余万册，使主题宣传教育深入人心。

面对藏区饮水难、行路难、用电难、上学难、就医难等群众反映强烈的现实问题，我们实施了全面惠及全州农牧民群众的民生“幸福工程”，千方百计优化州县财政支出结构，积极争取对口帮扶单位大力支持，筹措资金80多亿元，整合各种资源，争取再用两年时间完成十大民生工程，筑牢民族和谐稳定的民生基础。

“积力之所举，即无不胜也；众智之所为，即无不成也。”群众路线永远是我们的法宝。

摘自2013年第11期《求实》杂志

（胡昌升）

牢固树立五种理念
加快推进全域旅游发展

旅游是富民产业、朝阳产业，也是甘孜州最有特色、最具优势、最为生态的绿色资源。新一届州委、州政府在认真审视州情、继承和发展历届班子工作思路的基础上，确立了“生态立州、产业强州、科教兴州、依法治州、和善安州”的经济社会发展总体战略，制定了“优先发展旅游业，有序发展能源业和矿产业，加快发展高原特色现代农牧业、特色文化业和特色中藏医药业”的“一优先、二有序、三加快”产业发展思路，提出了旅游全域化、新型城镇化、农牧业现代化“三化”联动的发展路径，作出了建设“美丽生态和谐幸福新甘孜”的战略定位。把生态建设作为立州之本，把旅游作为优先发展的产业，摆在了前所未有的位置。

根据州委、州政府的总体部署，甘孜州的旅游发展务必牢固树立“五种理念”，按照“两轴、三域、四重点”的布局，坚持“先东南、后北部，先沿路、后深入”的原则，力争实现“上天入地”（上天就是力争在本届政府任期内，在旅游产业发展上，实现上市融资。入地就是要抓住交通改善、机场通航的机遇，完善条件，提升服务，发展企业），努力建设“中国全域旅游示范区”和“世界最佳旅游目的地。”

第一，树立“全域旅游”的理念，克服片面发展倾向。全域旅游是甘孜未来发展的希望所在，必须把“全域资源、全面布局、全境打造、全民参与”的理念贯穿到经济社会发展的各个行业、各个方面、各个领域。一是必须落实旅游优先发展的要求。在战略上把“生态立州”“建设美丽甘孜”作为最根本的原则，在战术上把“优先发展旅游”作为最根本的举措，确保旅游发展优先规划、优先投入、优先实施。全州各行各业都要自觉围绕旅游发展、服从旅游发展、服务旅游发展，做到结构围绕旅游调、设施围绕旅游建、产品围绕旅游卖、工作围绕旅游干。二是必须树立全域旅游资源的意识。甘孜州的每一株草到每一棵树、每一滴水到每一条河、每一块石头到每一座山、每一个人到每一栋建筑，都是重要的旅游资源，都要严加保护、科学开发。三是必须营造全民参与的氛围。按照“人人都是旅游环境、人人都是流动的风景”的目标，编印学生读本（小学、中学）、群众读本、干部读本，强化宣传教育，使全域旅游观念内化于心、外化于行，真正做到全民动员、全民参与、全民投入，使旅游业成为全州人民共同的事业。

第二，树立“做旅游就是做艺术”理念，克服简单粗糙倾向。甘孜州旅游资源具有明显的文化性、独特性、唯一性，必须要用艺术的理念来定位旅游、发展旅游。一要用艺术的感悟去认识。从审美的视角去认识甘孜州的传统文化、自然景观和人文风情，准确把握甘孜州旅游的特点和优势，找准旅游的差异性和吸引点。二要用艺术的眼光去保护。整个甘孜州就是一座传承千年康巴文明的文化宝库，就是一个体现大自然鬼斧神工、天作地和的大观园，一旦破坏，玉石俱焚。我们必须以保护艺术的理念，在保护中开发、利用和发展。三要用艺术的思维去发掘。坚持把文化作为旅游的灵魂，坚定不移地走文旅结合的发展路子。从自然地理、人文历史中深度发掘、提炼具有地域特色和鲜明个性的文化元素，巧妙艺术地将其融合、体现于旅游载体之上，切实增强甘孜州旅游的品质、魅力和吸引力。四要用艺术的手法去打造。在甘孜州发展旅游，实际上就是在15.3万平方公里的大地上作画，要像艺术创作一样，精心谋划、精工细作，切实做到“护其貌、美其颜、扬其韵、铸其魂”。五要用艺术的灵感去组合。要像串珍珠一样，把分散的雪山冰川、森林草原、湖泊温泉、民俗文化、歌舞娱乐、宾馆酒店等旅游资源和产品有机组合起来；要像调酒师一样，浑然一体的调制出自然景观与人文风情的完美结合、传统文化与红色文化的完美结合、湖光山色与现代服务的完美结合、享受旅游和娱乐购物的完美结合；要像设计师一样，关怀备至地设计出登山后能够泡温泉，饱览美景后可以享受美食，摄影创意后可以上网传播等精品旅游套餐，灵活多样地满足游客的口味、品味和需求。

第三，树立“做旅游就是做细节”理念，克服粗枝大叶倾向。甘孜州的全域旅游才刚刚起步，更应该把各项工作往深里做、往细里做。一要把“六大要素”做深做细。围绕“吃有特色”，大力发展具有地方特色的系列饮食产品，大到酒店特色菜肴，小到农家小炒，都要深入考究，力求游客餐桌上的菜品80%以上都是本地特色食品。围绕“住有档次”，大力发展星级酒店、主题文化酒店和主题文化民居接待，着力提升从业人员素质，大到房间供水供电，小到一针一线，都要严格要求；围绕“行有保障”，着力构建航空、公路、铁路“三位一体”的立体交通网络，完善交通组织方案，大到客运市场建设，小到路标路牌，都要规范；围绕“游有看点”，精心设计旅游方案、完善旅游设施，大到景区景点，小到一花一草，都要精心打造；围绕“购有产品”，着力开发一批民族特色旅游纪念品和品牌专卖店，大到商场超市，小到小商小贩，都要组织；围绕“娱有品位”，完善文化娱乐设施，推出具有民俗风情的旅游娱乐项目，大到演艺中心，小到街头卖艺，都要繁荣。二要把旅游市场做深做细。区分坐飞机来的、自驾游来的、组团来的、骑自行车来的、踩“风火轮”来的、走路来的等不同类型的游客，研究寻异、求知、探险、创意、舒缓压力、心灵抚慰等不同层次的旅游需求，分别设计、提供不同类型的旅游产品和服务，大到医疗救急、小到自行车维修，都要充分考虑。三要把旅游线路做深做细。着力克服注重地面、忽视空中，注重宣传营销、忽视游客组织，注重本地本区、忽视整体全局，注重眼前得失、忽视长远发展等问题，打破行政区域界线，构建和融入跨县、跨州甚至跨省的旅游大环线。要借鉴九寨沟旅游空中组团的经验，利用康定机场稳定通航的有利条件，打造康定机场至塔公草原至折多山至跑马山至泸定桥至海螺沟至红石滩再回到机场的“8”字形环贡嘎山精品线路；利用亚丁机场即将通航的机遇，打造南路香格里拉生态旅游圈；积极谋划北路格萨尔文化旅游圈的发展，启动北路特种旅游。通过旅游环线吸引和组织游客，通过游客进入倒逼旅游设施完善。

第四，树立“后发也要高起点”理念，克服因陋就简倾向。后发既是劣势，也是优势。促使劣势向优势转化的关键点，在于汲取先发的经验教训，从一开始就做到高起点谋划、高标准建设、大手笔打造。一是高起点规划。把“生态优先、天人合一”作为规划的指导思想，把“以人为本、民族文化”作为规划的核心要义，把“崇尚自然、返璞归真”作为规划的价值取向，从规划开始就要使甘孜州旅游符合世界旅游发展趋势，走上科学持续的发展道路。二是高起点打造。旅游业是后水电开发时期转型发展的主攻方向，全州上下都要把钱用在刀刃上、投在旅游上，按照规划设计要求，确保一次性投入到位，做到高标准建设，避免低水平的重复建设；要突出地域文化特色、坚持生态环境保护，彰显文化性、独特性、唯一性，做到人无我有，人有我精。三是高起点营销。瞄准沿海市场、全国市场、国际市场，加快传统媒体向网络媒体、新兴媒体转化，创新营销方式，努力实现点对点的推介。四是高起点管理。在和国际接轨的基础上，制定切合甘孜州实际的旅游行业管理标准体系，推进旅游管理规范化、标准化、流程化、科学化。

第五，树立“做旅游是一个过程”的理念，克服急功近利倾向。发展旅游是一个漫长的过程，不可能一蹴而就。首先，旅游自身发展规律是一个漫长的过程。任何一个景区，其基础设施的完善、游客的认可、知名度的形成，都不可能在短时间内完成。九寨黄龙景区的打造花了三十多年的时间，经历了九环线、九黄机场、全省旅游发展大会三次大的提升，才有了今天的发展，而且至今都还在不断完善当中。其次，实现全域旅游是一个漫长的过程。甘孜州地域广袤、旅游资源众多、发展基础参差不齐、发展资金极其有限，实现全州全域旅游发展，需要一个较长的时间过程。必须按照“先东南、后北部，先沿路、后深入，在加快东南部的同时稳步推进北部”的思路梯次推进。再次，完善基础设施是一个漫长的过程。既要突出重点，首先解决交通、住宿等基础性设施，又要整体推进，完善“吃”“游”“购”“娱”等必要设施，这也需要一个较长的时间过程。最后，政府对旅游工作的统筹也是一个漫长的过程。旅游是覆盖面最大、牵扯面最广的第三产业，涉及经济社会发展的各个领域各个行业，政府要把这些方面有效统筹起来，也需要一个较长的时间过程。在这个过程中，尤其要注意处理好政府主导、企业主体的关系，依靠企业发展旅游市场，政府要把精力放在营造环境上。一是营造生态环境。任何情况下都要坚持生态优先，“甘孜州绝不允许有裸露的大地”。二是营造治安环境。整治社会治安，维护社会稳定，确保游客生命财产安全。三是营造服务环境。围绕“六要素”完善旅游发展应该具备的软、硬件设施，确保所有的机关都围绕旅游开展工作。

摘自 2013 年第 10886 期《甘孜日报》

（益西达瓦）

把人民放在心中最高位置
——举全州之力推进群众工作全覆盖综述

时空，往往对接出最精彩的乐章；风景，常常剪影为最壮观的彩虹。无论是乡土情结或者是责任驱使，也无论是春夏秋冬或长歌短吟，这里，却以润物细无声的工作为社会和谐稳定而奠基；这里，5万多名干部职工在平凡的岗位中用真心和真情，与群众面对面、手拉手、心贴心架起了通往群众心声的桥梁。轰轰烈烈的群众工作全覆盖，在甘孜大地奏响了和谐发展的最强音。

“没有一种力量，比来自于群众更强大”

基层群众的所需所盼到底是什么？干部怎样直接联系服务群众？怎样才能让干部群众心连心？这是州委高度重视，十分关注的问题。甘孜州作为四川藏区的重要组成部分，更是反分维稳的前沿阵地，如何才能实现跨越发展和长治久安？这更是州委急需解决的问题。“去民之患，如除腹心之疾。”面对藏区的稳定，经济的发展，民生的改善等一系列问题，州委书记胡昌升夜不能寐。

人们依然记得，2012年2月，胡昌升同志来州工作之初，克服各种困难深入基层，调查研究，不到60天便行程1万多公里，走遍全州18个县。4月27日担任州委书记后，他大部分时间“浸泡”在基层，轻车简从、起早摸黑、废寝忘食，走农家牧区、进学校寺庙、到机关社区，与普通群众、基层干部、寺庙僧人真情面对、坦诚交流、促膝谈心，问方针政策的落实情况；问百姓的生产生活状况；问群众的所思、所盼、所急；问化解矛盾、破解难题的妙招良策……

“与过去相比，现在我们拥有的经济实力和财力大大提高了，我们掌握的各方面资源大大增加了，我们可以运用的科技手段大大丰富了。这些，理应让我们能更好地与群众沟通交流、为群众排忧解难，理应成为我们做好群众工作的有利条件。然而，一些人由于群众观念淡薄、立场偏移，或者工作意识落后、方法陈旧，没能把良好条件、优质资源用在群众工作上，甚至把这些可贵的资源看成烫手山芋。在他们眼里，经济的发展带来协调利益的难题，便捷的交通提供越级上访的便利，法律法规只是少数人‘给领导出难题’的工具，‘交通方便了，我们的干部反而离群众远了；通讯发达了，反而和群众交流难了；干部文化水平提高了，讲的话反而让群众听不懂了……’”胡昌升在调研中听到许多基层群众这样的声音。

古人云：“民可近，不可下”“民为邦本，本固邦宁”，意思是说人民应该被亲近，不应该被远离；人民是国家的根基，只有根基牢固国家才会安宁。一直以来，立党为公、执政为民是我们党的本质要求。

“没有一种根基，比扎根于人民更坚实；没有一种力量，比来自于群众更强大；没有一种执政资源，比民心所向更珍贵持久。举全州之力推进群众工作全覆盖，是维护甘孜社会政治稳定的治本之策，是破解甘孜发展困局的‘手术刀’，是建设和谐幸福甘孜的‘开山斧’。”“全州公职人员绝不能轻视民生、疏远民心、堵塞民情、践踏民意，必须坚定不移地推进群众工作全覆盖。”通过不断调研和思索，胡昌升同志在群众中找到了破解甘孜发展的一剂良方。为此，去年6月，州委十届三次全委（扩大）会议上作出了以“结对认亲、爱心帮扶、同心同向、幸福工程、共创共建、宣传教育”6大主题活动为主要内容的群众工作全覆盖在甘孜大地拉开帷幕。

忽如一夜春风来，甘孜处处气象新。各级机关干部职工积极响应州委决定，迅速走出机关大楼、深入基层、走到田间地头，来到学校厂矿，跋涉高寒牧区，与各族群众同吃、同住、同劳动，了解基层干部群众的所思所想，反映他们的所愿所盼。通过体察群众疾苦，倾听群众呼声，为群众排忧解难，化解社会矛盾于萌芽，创造和维护了全州社会和谐稳定，极大地提升了我州社会管理的有效性和服务群众的针对性。

党的十八大报告强调，“要多谋民生之利，多解民生之忧，解决好人民最关心最直接最现实的利益问题，在学有所教、劳有所得、病有所医、老有所养、住有所居上持续取得新进展，努力让人民过上更好生活。”字里行间流露着党中央对民生的关切、对人民的感情。

“始终和人民群众坐在一条板凳上。”密切联系群众是我们党最大的政治优势。在开展群众工作全覆盖过程中，州委常委带头走出机关、深入一线，住农家屋、吃农家饭，走访调研，积极访民情、听民意，办实事、解忧难，与农牧民群众肩并肩劳动、面对面谈心，深入了解群众所思所忧所盼，与基层群众共同谋划加快农牧区经济社会发展、增加农牧民收入和改善农牧民生活的思路和方法。各级领导干部率先垂范，带领干部职工全员参与直接联系服务群众工作，紧密结合部门职能和工作实际，深入基层一线，在走访座谈中掌握民情民意、在共同劳动中感受群众辛苦、与基层干部一起帮助群众排忧解难，广大干部职工带着感情和责任去了解基层群众的生活条件、生存状态和愿望诉求，把州委的政策部署带下去，将基层的意见建议带上来。一篇篇调研报告文风活泼，一句句感慨话语发自肺腑，一个个办法措施务实管用，干部职工的心与群众的心贴得更近，干部的根扎牢在基层广阔天地，受到了群众的欢迎，实现了联系全覆盖、工作全覆盖。截至目前，全州有50833名干部职工深入基层，为基层群众解决实际困难14115个（件），化解各类矛盾纠纷4000余起。

“面对面”结对，在联系群众上用真感情

去年11月1日，道孚县鲜水镇前进一村村民青初听说州委书记胡昌升又来到了道孚，无论如何要邀请“亲戚”来家里做客。“青初大妈，我看您来了，您还好吗?”远远看到伫立在门口迎候的青初，胡昌升急步上前紧紧握着她的手，嘘寒问暖，拉起了家常。

“妈妈听说您来了，天不亮就起来蒸好包子，打好酥油茶，一定要请您来家里吃早饭。”青初的女儿说。

“这藏式包子像弯月亮，汉式包子像圆太阳，放在一起就是团结包子，我是藏族、您是汉族，我们永远都是一家人。”青初指着桌上的包子说。

豁达开朗的青初，一句话引得大家开怀大笑，整个房间情意浓浓，暖意融融。

“德莫高于爱民，行莫高于利民。”在举全州之力开展群众工作全覆盖中州委提出：“千山万水认亲戚，结对认亲全覆盖，努力建设和善之州!”要求采取属地就近结对、对口联系结对、组织调配结对和干部亲属结对方式，按照乡镇每名干部职工10至12户、县级机关4至8户、州级部门2至6户与农牧民结对认亲，全州5.1万名公职人员与206954户农牧民结对认亲，全力访民情、顺民意、解民忧、促民安、助民富，以最直接、最真诚的方式去温暖农牧民，让他们真切感受到党就在身边，干部就是亲人。

“州委书记率先垂范，用心用情深入基

层，这不仅是一个导向，更是我州开展群众工作全覆盖的最好动员令。”这已经成为广大干部群众的一种共识。

最偏远的地方，也不会被忘记；最细小的琐事，也不会被忽视。困难人家、偏远乡村……访民情、汇民智、释民惑、解民忧、惠民生，甘孜大地活跃着干部职工结对认亲，走访调研的身影。

“要确保做到心到情到身到，走亲戚问冷暖，叙真情解难事，以最直接、最真诚、最有效的方式温暖全州20万余户农牧民。”州委要求，要把那些矛盾多、条件差、困难大的地方，把那些工作推不开的地方，把那些领导干部长期走不到的地方，作为走访的重点和联系点，确保访民不扰民，走访不走秀。

石渠县蒙宜乡新荣一村村民扎西与蒙宜乡干部洛绒认上亲戚后，感叹地说：“以前一年到头难得见到一两回乡干部，现在州、县、乡的干部隔三岔五的在村里帮大家解决问题，干部的好作风又回来了！”

“我们动员每名公职人员直接联系每户农牧民，这就架起了五万多座‘连心桥’，有了五万多支‘晴雨表’，有了五万多维护和谐大局的‘动力源’，整个甘孜就成为一个‘牵一发而动全身，一荣俱荣一损俱损’的价值共同体和命运共同体。”说起为何要结对认亲，胡昌升道出真谛。

“为一官不荣，失一官不辱，勿说一官无用，地方全靠一官；吃百姓之饭，穿百姓之衣，莫道百姓可欺，自己也是百姓。”这是河南省内乡县古衙里的一副对联，它告诉我们人民群众是我们的衣食父母，我们必须尊重群众。把年老者当前辈，把年长者当父母，把年近者当兄弟，把年小者当儿女。父母孝敬为上，兄弟情同手足。干部同群众心相连，情相通，一家人。

泸定县田坝村冯兴林说：“我的亲戚来了，询问了家庭状况，帮我分析原因，拟定增收思路，估计今年人均增收100元没得问题。”

“面对面”结对认亲，在联系群众上用真感情。干部职工走出机关，走出办公室，从群众有事找上门，到干部主动下去办实事，直接面对群众，直接面对矛盾和问题，本身就是一个锻炼。通过和群众交流思想、沟通感情，能够进一步融洽、密切党群干群关系，进一步转变干部作风，激发工作热情和活力，升华思想境界。

德格县农牧科技局一名干部深有感触地说：“不深入群众，不知道我们的问题所在；不与百姓交谈，不知道我们的差距所在；不开展群众工作，不知道我们离群众的要求有多远。”

开展群众工作半年来，全州各级干部职工跋山涉水深入325个乡镇2734个村（社区），登门认亲、访亲、电话问候“亲戚”61.92万户次，向90余万农牧民宣传了党的富民惠民政策；组织学习国家法律法规、会议精神8390场次；调解矛盾纠纷4261起，收集群众反映的困难、问题26354个，解决问题23429个，帮扶现金、物资1594.97万元，技术指导8337批次。

结对认亲不仅只是一种形式，它也会产生倍增的效益，更是一种巨大能量。全州5.1万名公职人员与206954户农牧民群众结成亲戚，那么许多干部与干部之间也有了亲戚关系，许多农牧民与农牧民之间仍然有着亲戚关系。这种能量很快在全州得到巨大裂变，犹如星星之火，迅速燃遍整个甘孜大地。这燎原之火已经成为“坚决捍卫甘孜形象，坚决捍卫甘孜荣誉，坚决捍卫甘孜未来”的牢固基础，已经成为甘孜藏区跨越发展和长治久安的铜墙铁壁。

“手拉手”行动，在帮扶群众上察民情

州委要求，要构建纵到底、横到边的爱心帮扶体系，特别是对困难弱势群体，既要在生活和社会保障上给予他们家的温暖，也

要在心灵上格外的关心抚慰。要为每名孤儿安排一名副县级以上干部当“爱心妈妈（爸爸）”，为农村五保户提供生活补助、集中供养等服务，为残疾人提供社会保障、居家托养等方面的扶助，为困难群体重大疾病患者实施医疗救助。要建立慈善爱心基金，将11月19日设立为“慈善爱心日”，宣扬慈善爱心文化。通过爱心帮扶，努力建设“乐善之州”，让康巴大地浸润爱心、传递爱心、激荡爱心，永远沐浴爱的阳光！

“群众工作全覆盖真是好，这是一件最大的好事，能帮老百姓办事，也方便了老百姓办事，村民们很拥护，如此一来，干部也能真正深入群众，真正为老百姓办事，干部与群众的关系会变得更加密切。”康定县炉城镇大坪村村民熊喜全说起群众工作赞叹不已。

扶危济困是中华民族的传统美德，更是党委政府义不容辞的责任和义务。通过“爱心帮扶”全面构建起干部与群众之间全方位覆盖、零距离接触、点对点服务的工作格局。短短半年，干部职工看望帮扶亲戚3.15万人次，“爱心”爸爸妈妈关心、呵护结对子女1万余次；免费为3749名60岁以上残疾、“三无”人员和“五保户”配置辅具5563件；走访慰问残疾人1万余人次，投入150.6万元对126户残疾人家庭实施危房改造；筹集爱心善款765.5万元；完成3所中心敬老院改扩建任务，新增床位230张；为1800名符合居家托养条件的精神、智力和重度残疾人兑现托养补助金108万元。

“群众工作全覆盖，干群关系大改善……喜怒哀乐有人问，冷暖疾苦有处言……”丹巴县太平桥乡农牧民群众自编“啦啦调”山歌传唱群众工作好政策，真实反映了全州农牧民对群众工作的热烈欢迎和真情拥护。

“心贴心”交流，在同心同向上融真情

“藏传佛教发展的历史告诉我们，宗教必须与社会主义社会相适应，这是宗教发展内在的必然规律。在中华人民共和国的土地上，我们都必须接受中国共产党的领导，每个人的一切行为都受《宪法》约束，而绝不能把依法管理和信仰自由对立起来。国家依法保护正常的宗教活动，始终坚持依法管理这条底线，任何人都不得利用宗教破坏社会秩序，破坏他人的身体健康，妨碍国家的教育制度等。”“僧尼首先是公民、是基本群众，干部要学会与高僧大德交朋友，并切实做好僧尼家属的工作，让僧尼与党委政府同频共振，共谋发展大计，共创和谐稳定。”在对寺庙的调研中，州委书记胡昌升多次强调。

在开展群众工作全覆盖中，州委要求州级领导、州级部门主要负责人要联系1座寺庙（教堂）及其宗教界代表人士，各县要确保辖区内每座寺庙教堂及其代表人士都有本县副县级以上干部联系。要大力实施“五通”工程，解决寺庙通水、通电、通路、通讯、通广播电视等现实问题。要大力开展建一条纽带、开一次恳谈会、送一份关爱、建好一批项目、创新一项机制、建设一支队伍、表彰一批先进等“七个一”活动，与宗教界代表人士真诚交友、增进感情，共同推进寺庙管理制度创新。要积极引导广大宗教界人士真心拥护中国共产党的领导，与党委政府保持政治上同心同德、思想上同心同向、行动上同心同行；积极引导宗教与社会主义社会相适应，维护宗教信仰正常秩序，逐步建立新型和谐的政教关系，努力建设“团结之州”！

各级领导实地察看和了解了寺庙基础设施建设、饮水、医疗等方面存在的问题，尽最大努力帮助僧尼解决实际困难，向寺庙赠送茶叶、大米、清油等慰问品，受到了寺庙的欢迎和拥护。

德格县满金寺寺管会在了解“同心同向”活动后，撰写了长达4页的心得体会，主动向党委、政府和联系单位畅谈感想、表达谢意、提出建议。

“党委重视、政府给力，领导关心、干警

齐心，政策掌握了，问题解决了，我们还有什么理由不坚决跟党走呢？”丹巴县顶果山寺寺管会成员言发肺腑。

目前，全州768名州、县领导联系530座寺庙教堂及3011名宗教界代表人士交心谈心5000次，完成3万余名僧尼信息采集，为1188名僧尼和138名活佛颁发证书；将10621名寺庙困难僧尼纳入农村低保或五保；投入1285万元用于33座寺庙危房改造和51座寺庙“五通”建设；完成35座寺庙依法管理制度创新。

幸福工程，让人民共享发展成果

一切以群众满意为标准，看着群众“脸色”想问题做决策办事情，把好事办实，实事办好，这是州委书记胡昌升对全州领导干部的一贯要求。

牢记使命，带着重托。州委、州政府主要领导多次强调，让全州人民生活得更幸福、更有尊严，这是我们做好一切工作的出发点和落脚点。自去年开展群众工作以来，全州各级领导干部一切想着群众，一切贴近群众，一切依靠群众，一切服务群众，坚持把群众满意不满意、高兴不高兴、答应不答应作为一切工作的根本标准，把知民情、解民难、办民需、化民怨、保民安、帮民富，作为一切工作的出发点和落脚点，带头落实接访、下访、约访制度，主动征求群众的意见，体会他们的感受，接受他们的监督。现在的甘孜大地，风清气正，政通人和，心齐劲足。

民生连着发展，民生连着民心。在开展群众工作全覆盖活动中，针对“行路难、住房难、用电难”等群众反映强烈的问题，州委决定，今后三年，全州将投入85亿元资金，集中力量重点实施百姓安居、劳务增收、全民保障、教育助学、健康关爱等，明确了各阶段的具体目标和任务。成立了9个推进组负责10项幸福工程。截至目前，全州完成农村危房、棚户区改造9005户，发放住房租赁补贴3200户；完成地质灾害避险搬迁628户；新增城镇就业、下岗再就业和失地无业农民再就业4242人；开展农民工技能、实用技术培训12.6万人次；新型农村养老保险覆盖34.25万人，城镇居民基本医疗保险覆盖8万余人；筛查贫困白内障患者7510例，手术治疗1529例，筛查包虫病患者20万余人，免费治疗包虫病患者1.26万例；新建农村安全饮水工程686处；完成9680套太阳能便携式直播卫星设备发放安装和5008套村村通直播卫星设备发放安装；续建通乡油路工程路基574.9公里，续建通村公路1282.3公里；开通27个乡行政村客运班线，完成6个乡村客运站点建设；开工建设稻城邓波等24个35千伏、10千伏输变电工程。一项项民生工程温暖着广大群众的心。

共建共创，固本强基筑牢堡垒

基础不牢，地动山摇。基层党组织就是地基，每一名党员就是基石。州委书记胡昌升在与乡镇村各级干部谈心时多次强调：“乡村党组织是我们党的执政基石，乡村干部是党在基层十分重要的力量，支部是核心、支部是希望、支部是根基，必须政治立场坚定，政治态度坚决，希望村党支部和村委会敢于亮明身份，让群众觉得你们就是靠山、你们就是主心骨，只有团结群众、发动群众、相信群众、为群众服好务，真心实意为群众解决困难和问题，真正把各项工作做好、做得让群众满意，群众才会拥护你、信任你、支持你。”

为确保“共建共创”全覆盖，州委要求，全州1657个机关、企事业单位党支部要结对2709个村、社区（居委会）党支部。深入开展共建共创，签订共建责任书，制定共创措施。进一步健全支部工作制度，运用机关支部党建工作经验和人才素质总体较好的优势，积极帮助农村支部党员提升党性修养，全力做好贫困党员帮扶和新党员培养发展工作，彻底解决基层党组织和党员干部青黄不接的问题，实现共同提升基层党组织的凝聚力、创造力和战斗力。

半年来，全州确定党建指导员1657名、联络员4072名，制定共建措施500余条，建立完善制度3778个；慰问贫困党员1.13万名，制定贫困党员帮扶计划2513项、实施1234项、完成577项；召开专题生活会4216场次，党组织书记上党课3708堂，与党员谈心谈话6713次；落实党组织活动经费251.32万元，新配党务干部935名；党建述职1632场；新建党组织73个；培养入党积极分子8054名，其中，农牧民入党积极分子5052名，同比去年增加36%；发展党员4931名，其中，发展农牧民党员3190名，同比去年增加71%。

海管局新兴乡跃进坪村党支部书记告诉记者："党支部结对共建共创好，结对支部到我们村来了解情况，开了6个小时的讨论会，帮我们拟定了发展思路，还为我们4个村筹集了60万元资金，帮我们开展实用技术培训，真的办了大实事。"

宣传教育，
凝聚团结奋斗的爱国热情

"感恩的心，感谢有你，伴我一生，让我有勇气做我自己，感恩的心，感谢命运，花开花落，我一样会珍惜……"如今，走在牧区的广场、牧民定居点上，随时随地都能听到农牧民传唱《感恩的心》，优美的歌声，朴实感人的歌词，传递出当地农牧民群众心中的感恩之情。

歌声传递出感恩的情怀，歌声传递出奋进的力量。唱响感恩党、感恩祖国、感恩社会、感恩人民的时代强音，一首首美妙的歌曲为甘孜大地奏出昂扬的旋律。

为激发我州藏区广大干部群众的感恩情怀和建设热情，确保"宣传教育"全覆盖，全州发挥新闻媒体和宣传队伍的作用，大力开展群众愿意听、听得懂、记得住的典型宣讲活动，重点让党的惠民政策入脑入心。

"全州各级各部门务必要充分认识送文化下乡活动的重要意义，及时成立相应机构，做好责任分工，以务实的作风、端正的态度、精心的组织、科学的规划做好各项服务基层群众文艺活动的工作。同时，各级宣传部门还要切实做好宣传工作，充分借助各级各类媒体的优势，做好活动宣传。""群众文艺必须符合人民的文化需要，只有为人民而歌，为人民而舞，创作出人民喜闻乐见、容易接受的优秀节目，才能真正获得人民肯定。同时，文艺质量的好坏，不能只由评委和领导来评说，只有自觉接受人民的监督和检验，才能充分认识到自身的不足和缺点，这既是群众文化生活的需要，也是文化发展的客观规律所决定的。"州委常委、宣传部部长毕世祥对活动提出要求。

开展群众工作以来，以广场、舞台、移动帐篷、文化流动车为载体，通过编印学习读本，开展送科技、卫生法律下乡活动和每村每寺每校一月一读报日活动，让广大群众知国情、晓法律、懂政策、感党恩。全州共发放报刊、宣传手册等资料30余万份，发放《中共甘孜州委十届三次全委（扩大）会议》视频藏、汉双语光碟800余套；各级党组织先后召开专题学习会4000余场、座谈会1200余场、讨论会800余场；开展"爱国守法感恩"主题宣讲2036场、读报活动5004场次；送优秀文艺到基层501场，观众达53.5万余人次；发放科技宣传资料14万余份；下乡巡回义诊患者54万人次；送法下乡2231场次，接受咨询3.7万余人次；编印中小学生宣传教育读本15万册；在广播、电视、藏语手机报等媒体刊播相关新闻1500余条；在中央、省电视台和《四川日报》等媒体刊载相关新闻500余条。

通过宣传教育活动的开展，全面展示了藏区经济社会发展的巨大成就，教育引导藏区广大农牧民群众和僧尼自觉拥护党的领导，

凝聚团结奋斗的爱国热情，增强学法守法护法的法制自觉，深化知恩感恩的道德情怀，形成爱国爱教、遵纪守法、感恩奋进的和谐氛围。

群众工作全覆盖，架起了党群干群沟通的桥梁，畅通了社情民意反映的渠道，构建了收集和解决矛盾问题的新机制。为确保群众工作全覆盖活动的开展，全州各县、各部门、各乡镇先后召开检讨纠错会议490余场，查找问题2000余个、提出整改措施3000余条、破解工作难题1446个。州县成立督查指导组145个，明察暗访824次，查处共性问题6类28个、个性问题12类94个。州、县举办骨干师资、藏语口语等专项培训3452班次。通过精心部署，强力推进，群众工作全覆盖逐步在康巴大地落地生根。

真情赢得信任，真心换得民心。扎在基层，有效历练了干部作风，解决了农牧群众一批实际困难，增进了干部群众间的深情。“不开展群众工作，真的不知老百姓有多真诚，开展以后，我才知道老百姓多么容易被感动，听到他们质朴的语言，我收获的是喜悦。”泸定县冷碛镇党委书记任义更是感慨万端。

“求木之长，必固其根。欲流之远，必浚其源。”人民群众永远是党的智慧和力量的源泉。只有真正把群众当主人、当亲人、当老师，拉下面子、放下架子、俯下身子，问政于民、问计于民、问需于民，才能走出一条发动群众、依靠群众共同维护和谐稳定的新路子。

（袁　飞）

“圣洁甘孜走进广东”启示录

启示一：面对大海，我们怎样吆喝?

“我们来到广州，就是为了卖蓝天、卖空气、卖白云，也就是卖旅游。”7月2日至9日，由州委、州政府主办的“圣洁甘孜，走进广东”活动在广州圆满举行，活动期间州委副书记、州长益西达瓦在接受记者采访时如是说道。

“卖蓝天、卖空气、卖白云。”不管卖什么，其实就是做生意。作为改革开放的前沿，30多年来，广东人把各种生意做到了极致，而要与广东人做生意，这对康巴人来说，谈何容易。

“敢在广州人面前做生意，这真是‘关公面前要大刀’。”对于这次活动，有人发出如此感慨。然而，更多的人却认为这是一种挑战自我，敢于创新之壮举。

广东的实践证明，一个地区的发展，关键在干部、在思想、在观念、在思路。干部是发展的决定因素，思想决定观念，观念决定思路，思路最终决定出路。在改革开放之前，广东和全国许多地区一样，也是一个贫穷落后之地。1978年，中共十一届三中全会在北京召开，作出了把全党工作的重点转移到社会主义现代化建设上来的战略决策。在30多年波澜壮阔的改革开放伟大进程中，历来敢为人先、开拓进取的广东人以“杀出一条血路”的气概披荆斩棘，率先探索出一条发展中国特色社会主义的新路。短短几年，就把一个边陲小镇、荒滩秃岭变成了高楼大厦林立的现代化城市和新型工业区。

广州是广东省省会，地处珠江三角洲核心区，毗邻港澳，是中国第三大城市，中国的“南大门”，是国务院定位的国际大都市和国家三大综合性门户城市之一，是世界著名的港口城市，国家的经济、金融、贸易和会展中心，中国南方的政治、军事、文化、科教中心，国家综合交通枢纽，社会经济文化辐射力直指东南亚。广州被誉为岭南文化中心地、古代海上丝绸之路发祥地、近现代中国革命策源地、当代改革开放前沿地，是跨国公司全球布局的重要战略节点，世界500强企业有228家在广州投资，44个国家在广州设立领事馆。

特别是改革开放30多年来，广州发生了翻天覆地的变化，经济社会发展取得了令人瞩目的成就。2012年广州市实现国内生产总值1.36万亿元，人均国内生产总值约为10.86万元（17274美元）。城镇居民人均可支配收入38054元，农民人均纯收入16788元，全年完成固定资产投资3758.39亿元，社会消费品零售总额5977.27亿元，城镇消费品零售额5903.16亿元，乡村消费品零售额74.11亿元。

这就是今天的广州，这就是改革开放的前沿阵地。

而我们的现实又是怎样的呢？甘孜位于四川省西部，地处川、滇、藏、青四省区六地交界处，是全国第一个成立的专区级民族自治州，也是中国第二大藏区的重要组成部分。2012年，全州实现地区生产总值175亿元，完成固定资产投资326亿元，实现地方公共财政收入21亿元，社会消费品零售总额51亿元，城镇居民人均可支配收入19000元，农牧民人均纯收入4610元。

“自己和自己比，这些年我们的确取得了很大的成绩，但和发达地区比，我们差得太远了！”州商务合作局局长李凡深感压力巨大。

要做生意，不仅要有本钱，要有精明的头脑和敏锐的眼光，更要有敢于吆喝的胆量和勇气。然而，面对如此强大的广州，我们的本钱在哪里？我们的信心在哪里？我们吆喝的底气又在哪里？

“不比不知道，一比吓一跳。”与广州比实力，我们相差十万八千里，同在一片蓝天下，差距却是天壤之别。我们发展滞后的主要原因，既有国家投资不足的宏观因素，而更重要的则是思想观念薄弱和自身筹资能力有限等微观因素。

与广州比资源，我们虽然有得天独厚的自然资源和文化优势，但是，广州却有着明显的区位优势，更为可贵的是他们有着先进的发展理念和一流的管理。

与广州携手，并非我们一厢情愿，更不是自娱自乐。

“这次两地加强合作交流，对增进广州和甘孜州的了解，增进两地人民的感情，促进两地在文化、旅游、产业等方面的合作具有重大的历史意义，这是一次历史的携手，这说明我们很有缘分，更有合作的基础和空间。”广东省委常委、广州市委书记万庆良真情流露。他还表示：“将以更加积极的态度，从各个领域与甘孜州携起手来，促进合作，互利共赢，共同发展。”

与广州合作，我们怀揣梦想，情真意切。

“广州是全国改革开放的先行区和示范区，是我们的样板，我们来到广州就是寻求支援，充分希望广东的企业家到甘孜投资合作，共同发展。选择广州这只是第一站，我们要把甘孜州推向全国、推向世界，实现藏汉民族大团结，共同推进和谐社会建设。通过学习，我们认识到只有走出去才能看到差距，我们将利用资源优势，让广州的企业做大做强，共同推进两地发展。”州委书记胡昌升一语中的。

携手也好，合作也罢，双方之所以能够一见钟情，一拍即合，那是因为一个看重巨大的资源，而另一个看重的则是巨大的市场。

万庆良坦言，“甘孜州地大物博，资源富集，甘孜藏区与广东旅游资源具有较强的差异性和互补性，旅游合作的前景美好广阔！”

胡昌升则认为，“广东是全国最大的旅游

市场之一，而甘孜州在全国是世界级旅游资源最丰富的地方，只有市场与资源有机对接，才能实现共同发展。”

也许这就是我们敢于走进沿海开放城市的本钱和信心，这就是我们敢于直面大海吆喝的胆量和勇气。

“不怕起步晚，就怕起步低；不怕干不好，就怕没想法；不怕经济落后，就怕观念落后。”已经成为全州人民的共识。面对广州全面飘红的统计数据和铺天盖地的媒体赞誉，我们感到了强烈的危机感、紧迫感和使命感。

面对全国万马奔腾的发展局面和强大的广州，今天的甘孜人民正在进一步破除传统僵化思想、小富即安的思想和坐井观天的井底之蛙思想，我们没有安于现状，敢于在发达地区吆喝，敢于瞄准改革开放的前沿，说明我们有了底气，正在谋求自身的突破与升级。

握手广东，只是我们奋力实现“中国梦”这支雄壮乐曲的前奏。前奏一经响起，所有的音节都不可抑制地喷薄跳荡而出。

甘孜州已经开始调整布局，列开阵势，迈出了“底部突围”的铿锵步伐，正以一种前所未有的气魄拥抱开放的春天。

启示二：面对大海，我们怎样吆喝？

走进山里的人都有一种共同感觉：站在山脚下，你会被群山包围，障目塞听；登到山顶，才能视野开阔，“一览众山小。”正所谓站得高，看得远。

作为“圣洁甘孜，走进广东”系列活动之一，甘孜州党政代表团在广州开展了为期3天的学习考察，在随团采访中，我好奇地问导游，广东平均海拔是多少？不料引来车内一阵笑声。

“广东没有海拔。”有人告诉我。

“甘孜州的平均海拔是多少？”导游反问道。

“3500米。”听到我的回答，导游十分惊奇，抬头望着天空，仿佛计算着高度。

3500米！对于平均海拔43.4米的广东省来说，“真是不可思议。”而对海拔只有4.2米的广州市，那更是天方夜谭。

看着导游抬头仰望，一种自豪感在我心中油然而生。虽然我们发展差距甚大，至少这个高度还是让人感到敬畏。

正是因为这样的高度，让这里在全世界具有不可比拟的独特性和唯一性，甘孜州位于“世界第三极”，青藏高原东南缘，地处长江、黄河源头，横断山脉的北段，川、滇、藏、青四省区结合部，辖区面积15.3万平方公里。这里拥有世界顶级的旅游资源，雪山峰峦叠嶂、草原繁花似锦、河川奔腾汹涌。香格里拉之巅贡嘎山巍然峻拔，香格里拉之魂稻城亚丁被誉为“蓝色星球上的最后一块净土”，世界罕见的海螺沟低海拔冰川与温泉、森林共生，中国最美乡村丹巴凸显“古碉·藏寨·美人谷”的迷人魅力。大自然的造化让甘孜处处是田园牧歌式的画卷，处处是诗意般的栖身，处处是梦幻般的家园。

正是因为这样的高度，让这里成为长江上游重要的水源涵养地和第一道生态屏障，香格里拉的核心区、全国生态能源的富集区、生物多样性保护区，也是世界上自然生态最完整、气候垂直带谱与动植物资源垂直分布最广的地区。

正是因为这样的高度，让这里独特而又多元的文化底蕴更加丰厚，自古以来，甘孜州就是西南边陲之重镇，川藏要道之咽喉，汉藏通商交往的必经之地，多民族的长期交融交汇，造就了多彩纷呈的甘孜地域文化。一曲《康定情歌》蜚声中外；巴塘弦子、甘孜踢踏、石渠真达锅庄，尽显藏文化的神韵；世界历史中最长的史诗《岭·格萨尔史诗》，述说着藏族先民追求和平的艰辛历程；藏族古文化中心之一的德格印经院留存着世界最完整的藏族文化和派系最全的藏传佛教文化典籍。

正是因为这样的高度，让这里成就了中国革命的胜利，留下“十三根铁索托起共和国”的千古绝唱，书写着红二、四方面军甘孜大会师揭开中国革命史的新篇章，传颂着朱德与格达活佛的深厚友谊。

正是因为这样的高度，让康巴人有了一种坚毅豪爽、勤劳勇敢、热情好客的民族性格。

也正是因为这样的高度，让康巴人受到了制约，吃尽了苦头。

站得高未必望得远。如果站在高处，只顾自我陶醉，那又何来“望远”的眼光？千百年来，我们更多的是习惯于大山的逶迤连绵，悦耳于林间的松鸣谷应。尽管我们的先人一次次地迁徙，但始终摆脱不了大山的重压，始终眷恋着田园牧歌式的男耕女织，也始终无法超越土地的禁锢和束缚。

俯瞰壮观的河山，我们突觉自己的渺小，眺望远方的山峰，才知道什么叫“山外有山”。站的不高，又怎能从发展中看到巨大的潜力?！看得不远，又怎能从前进中汲取巨大的动力?！胸怀太窄，又怎能获得巨大的热情?！眼光太短，又怎能从天下大势中看到自己的不足和差距?！

面对自然环境，我们无法选择上苍的安排，但是，我们能够决定和改变自己的命运。

站得高，才能看得远，首先要解放思想，要有敢想、敢做、敢于承担的精神，把思想解放、境界提升体现在破解制约发展的瓶颈上来。要实现跨越追赶，“底部突围”，我们就必须积极解放思想，谁思想解放得早、解放得快、解放得彻底，谁就能抢占发展的先机。解放思想，就要不断思考、锐意进取，把思想解放、境界提升体现在凝聚科学发展跨越发展共识上来。要解放思想、凝聚共识，就要坚决破除“无过即是功”的心态，坚决抵制“无作为”的思想；就要切实增强忧患意识、危机意识，有一种不进则退，慢进也是退的压力。

如何解决站得高，更要看得远的问题，就甘孜发展而言，自己与自己的过去比，可谓翻天覆地；倘若站在全省、全国的高度，“跳出甘孜看甘孜”，又可谓差距很大。国情、省情、州情都不允许我们躺在温饱的“自留地”上沾沾自喜，盲目乐观。

“我们不能人在高原，心在井底，坐井观天，这样是很危险的。站得高，更要看远方，只有走出去才能看到差距。认识上的落后比指标上的落后更可怕，理念上的落后比实体上的落后更可怕，精神上的落后比现实上的落后更可怕”。州委书记胡昌升告诫大家。

“十年前，我到广东，感受到了改革的气息，这次到广东，我们看到了差距，最大的差距是观念的差距、投入的差距、人才的差距。”考察中海螺沟景区管理局局长谭智全深有感触。

登高而望远，观海而知深。站得高，才能看得远；眼界开阔，方能挣脱故步自封的束缚。想要站得更高，不仅需要努力向上攀升，更需要在这个过程中对自身不懈提升。

“思想的解放程度决定了发展的速度，观念的更新步伐加快发展的质变。所到之处，深刻感受到广州在工业经济集群、特色城镇打造、新型农村社区建设等方面发展定位准、思想解放程度高、创新进取意识强、谋划发展视野宽。”学习考察期间，甘孜县委书记张永德感受颇深。

站得高，才能看得远，就是要让我们的思想站上一个历史的更高点，让我们的目光更加开阔，我们就可以看清一片更加催人奋进的新天地，看清全州人民锐意创新的激情和加快发展的渴望，从而更多地感受到州委制定的“建设美丽生态和谐幸福新甘孜”的战略意图和“生态立州、产业强州、科教兴州、依法治州、和善安州”的发展思路。

建设开放的甘孜，甘孜必须“走出去”。“圣洁甘孜走进广东”让我们重新站在了一个新的高度上，甘孜人终于迈开了步子，第一次看到大海，听到了大海那惊涛裂岸的热切呼唤，为甘孜走向全国、走向世界铺设了道路，架起了一座友好之桥、经济文化交流之桥，更让我们的眼界变得更加敞亮了。

这是一次思想和观念上质的跨越，更是

迈向跨越发展，长治久安坚实的一步，我们有理由相信，甘孜的发展势头将会因此而百舸争流、风正帆悬。

启示三：他山之石　可以攻玉

7月7日至9日，甘孜州党政代表团来到广东省，深入广州市开展以文化、旅游项目为重点的学习考察，所到之处，扑面而来的是珠江暖风和南海热潮，面对广东敢想敢干、跨越发展的骄人业绩，甘孜州代表团成员深受触动、深受启发。

他山之石，可以攻玉。甘孜州党政代表团这次广东之行是一次破冰问策之旅，无论是广东敢为人先、勇于进取，形成快人一拍的发展优势，还是抢抓机遇、后来居上，形成高点定位的后发优势，都是一部解放思想的生动教材。

“圣洁甘孜走进广东”是甘孜州建州以来第一次大规模地走向沿海开放城市，特别是由各县委书记或县长、海螺沟景区管理局局长、旅游文化局局长等人员组成的党政考察团，堪称历年来甘孜党政领导班子最大规模的一次集体外出学习考察。州委、州政府之所以下大决心，花大价钱组织这样的学习考察，目的十分明确，就是要以更开阔的视野和更宏大的战略积极“走出去”，为在新的更高起点上寻找“他山之石”。考察中代表团成员抓住机会，认真倾听，用心感受。所到之处，理念之新、气魄之大、速度之快、活力之足无不令代表团成员倍感震撼，备受启迪。

置身广州，我们受到一种蓬勃向上，一日千里发展气氛的熏陶；置身广州，我们受到强烈的机遇意识和竞争意识的冲击。甘孜州党政考察团的成员由衷地发出这样的感慨：广州就像一所大学校，我们这次参加了一个学习班。

有谁会想到，昔日的一座纺机厂会“蜕变”为美丽时尚的创意园，成为集聚服饰创意的高端要素和引领文化时尚的前沿阵地，这就是广州 TIT 创意园。它的前身是建于1956年的广州纺织机械厂，根据广州市“退二进三”政策，本着“修旧如旧”的原则，由广州纺织工贸集团投巨资进行改造。产业园负责人介绍说，TIT 创意园不只是一个产业转型升级的成功样本，也是一个“三旧”改造的经典范例。通过改造，企业实现了从销售产品到销售文化、销售创意的跨越式大发展。

进入新时期，广州和全国各城市一样，面临着日益突出的人口、土地、资源和环境的矛盾。据介绍，在广州城市总规的规划图中，根据不同区域分为战略发展、重点开发、优先更新、生态改善地区等区域。

广州在2200多年历史的发展中，形成了新旧两条中轴线。其中，新中轴核心区建设最突出的特点是地下空间与交通组织系统的完美结合。核心区地下空间分三层。负三层是地下集运系统，负二层是停车场，设有停车位2300个，负一层是公交车和车行隧道以及商业设施，核心区地下空间设有旅客自动输送系统。同时人车分流，地下空间有独立的人行系统，地面广场也有多个出入口及道路与周边建筑相连。而建筑物与建筑物之间还建有二层连廊，行人可以通过地下、地面、空中立体的行人通道到达目标地点，十分便捷。甘孜州代表团来到这里，从北往南依次走过市民广场、中央广场、双塔广场、文化艺术广场、庆典广场，切身感受到了规划为市民和游客提供了充足的休闲观光空间。

花城广场是广州市的城市新中轴，由核心商务区、海心沙岛、广州塔三个重要节点和城市广场公园组成，是广州新城区的标志。走进这个占地58万平方米的广州“城市客厅”，被称作“小蛮腰”的广州塔高耸入云，海心沙亚运公园近在咫尺；在广场超过40万平方米的城市绿化景观中，各式各样造型新颖、别具风格的公共文化设施、商务大楼林立其间，一条现代时尚、活力四射、绚丽多彩的新城市中轴线展现在代表团成员的眼前。

作为广州“羊城八景”之一，珠江夜游是广州旅游一张靓丽的名片。珠江两岸的名胜古迹和特色建筑物数不胜数。以举办亚运为契机，广州不懈追求“天更蓝、水更清、路更畅、房更靓、城更美”，城乡环境面貌实现了“大变”的目标。

州人大常委会主任李康感叹道：“广州注重发挥地方立法作用来推动城市建设，优化城市规划和管理，并将立法与执法环环相扣。甘孜州要充分发挥立法权的优势，注重法规的细化、配套和完善，进一步优化法治环境。”

广州是国家中心城市，综合经济实力位居全省之首、全国第四，一直以来，广州都是广东乃至全国改革开放的先锋，在科学发展的具体实践中探索了很多鲜活经验，为全省乃至全国的发展起到了重要的示范和带动作用，值得我们认真学习借鉴。

“州委、州政府安排这样高规格的外出学习考察，用意何在？就是要找到我们真正的差距。”州政协主席易凡表示，面对差距，我们不能夜郎自大、无动于衷，也不能妄自菲薄。要把这些问题想明白之后，才能扎扎实实把这些事情做好。

行走在盛夏的广州城市街道，满目尽是葱翠、茂密的常青植物，道路两边树木成荫、花团锦簇的景象映入眼帘，犹如置身一幅风景画中。漫步在夜幕降临的广州花城广场，眼前呈现的是火树银花不夜天、流光溢彩醉游人的景象。

无论是“TIT”创意园区，还是地下空间与交通组织系统的完美结合，它们都是一个集创新、创意、生产、生态于一体的新兴产业，其高端的产业发展和人居环境理念，既有助于提升整体产业水平，又有助于打造一个宜居宜业的城市环境。

“广州的城市管理和花园城市的发展过程，对我们启发很大，广州市确实是鲜花的城市，他们尊重科学、用心经营城市的理念以及在城市绿化、市政管理等方面更是值得我们学习借鉴。参观了‘TIT’创意园，特别是广州在充分利用地下空间与交通组织系统方面更让人感到震撼，这些宝贵的经验完全值得甘孜州和康定县学习借鉴。”参观中康定县政府县长甲么和许多人一样，早已被广州在城市建设中注重规划建设的大手笔、大气魄、大视野所震撼。

广州的经验告诉我们，一个地区、一个城市的崛起离不开改革创新。广州与甘孜州发展的差距不能成为我们学不来、无法学的理由；借口甘孜发展条件、基础比别人差而不愿学是一种自甘落后的表现。看起来激动，做起来被动，停下来不动更是空谈误事的表现。如何加快发展、跨越发展？广州“排头兵”的经验就是我们学习的样板。

（袁 飞）

ཁུལ་གྱི་གནས་ཚུལ་མདོར་བསྡུས།
州情概貌

·历史、地理和气候·

【建制沿革】　远古时代，甘孜州已经有原始人类在这里劳动、居住和繁衍。汉武帝时康东即与中央政权发生联系。隋代，迁徙到境内的羌人诸部先后归附隋朝。唐时设羁縻州。元时起在州内推行土司制分封当地首领担任官职，受命于朝廷。民国28年（1939年）西康建省，省会康定。1949年12月9日西康和平解放，1950年11月24日建立西康省藏族自治区。1955年3月改西康省藏族自治区为西康省藏族自治州，同年10月1日更名为四川省甘孜藏族自治州，辖21个县。1979年1月1日撤销义敦、乾宁、邓柯3县建制，辖18个县。2013年，辖18个县、1个海螺沟景区管理局。

【地理位置】　甘孜州地处北纬27°58′～34°20′、东经97°22′～102°29′。位于四川省西部、青藏高原东南缘，是四川盆地西缘山地向青藏高原过渡的地带，东邻阿坝州和雅安市，南接凉山州和云南迪庆州，西邻西藏昌都地区，北接青海玉树、果洛两州。全州总面积15.3万平方公里，南北长约663公里，东西宽约490公里，平均海拔3500米。地势北高南低、中部突起，最高峰为贡嘎山，海拔7556米。

【自然资源】　全州有草原946.67万公顷，其中可利用草地826.67万公顷，是川西北牧区的重要组成部分。由于地处长江、黄河的源头地区，金沙江、雅砻江、大渡河由北向南纵贯州境西、中、东部，州境内总流长1739.3公里，总流域面积达15万平方公里；有大小湖泊2471个，地下水约为207亿立方米左右，水资源总量达1397.83亿立方米，水能蕴藏总量达4119.2万千瓦，占四川省的29%。境内有色金属和贵金属品种多、储量大，已初步探明超大型和大型矿床30余处，中型矿床40余处，小型矿床近百处。境内森林面积占全省森林总面积的20%，有野生动物30目88科652种，属国家一级保护动物20种，二级保护动物51种；有药用植物2235种和出产于天然牧场及良好生态环境中的松茸、白菌、花椒、核桃、雪山大豆等农副特产品。

甘孜旅游资源富集，四川尚未开发的世界级旅游资源有50%集中在甘孜。东部有环绕“蜀山之王”——贡嘎山形成的自然景观，南部以稻城亚丁为核心形成的“中国香格里拉自然生态旅游区”，北部以德格印经院和格萨尔故里为中心的康巴文化旅游区，雄奇秀美的自然景观与红军长征文化、独特的康巴文化和绚丽的民族风情有机结合、交相辉映，共同构成了中国西部自然生态和康巴文化旅游的最终目的地。截至2013年年底，全州有世界级自然遗产和国家级非物质文化遗产21个、世界“人与生物圈”保护网络成员1处

（亚丁生物圈保护区）、国家AAAA级旅游景区3个（海螺沟、木格措、稻城亚丁）、国家级自然保护区6个、国家森林公园3个（海螺沟、措普沟、荷花海）、全国重点文物保护单位14处，已开放的藏传佛教寺庙和伊斯兰教、基督教、天主教等各类宗教活动场所500余处。

·资料链接·

甘孜州国家级自然保护区名录

表1

序号	保护区名称	行政区域	面积（公顷）	主要保护对象	类型	始建时间	主管部门
1	贡嘎山	泸定县、康定县、九龙县	400000	高山森林生态系统及珍稀动物	森林生态	1996.3.1	林业
2	察青松多白唇鹿	白玉县	143683	白唇鹿、雪豹等野生动物	野生动物	1995.1.1	林业
3	长沙贡玛	石渠县	669800	高寒湿地生态系统和藏野驴、雪豹、野牦牛	野生动物	1997.12.8	林业
4	海子山	理塘县、稻城县	459161	高寒湿地生态系统及白唇鹿、马麝、藏马	内陆湿地	1995.11.8	林业
5	亚丁	稻城县	145750	森林生态系统、野生动植物、冰川	森林生态	1996.3.20	环保
6	格西沟	雅江县	22896	四川雉鹑、斑尾榛鸡、大绯胸鹦鹉、林麝、绿尾虹雉	森林生态	1993	林业

甘孜州全国重点文物保护单位名录

表2

序号	名　称	所在区域	类型	时间	国务院公布批次
1	德格印经院	德格县	古建筑	清	第四批（1996.11.20）
2	罕额依新石器时代文化遗址和汉代石棺葬墓群	丹巴县	古遗址	新石器时代、汉	第七批（2013.5.3）
3	白玉尕扎寺	白玉县	古建筑	宋至元	第七批（2013.5.3）
4	拉日马石板藏寨	新龙县	古建筑	元至民国	第七批（2013.5.3）
5	乡城夯土碉楼	乡城县	古建筑	明	第七批（2013.5.3）
6	长青春科尔寺	理塘县	古建筑	清	第七批（2013.5.3）
7	噶丹桑披罗布岭寺	乡城县	古建筑	清	第七批（2013.5.3）
8	八邦寺	德格县	古建筑	清	第七批（2013.5.3）
9	丹巴古碉群	丹巴县	古建筑	唐至清	第六批（2006.5.25）
10	松格嘛呢石经城和巴格嘛呢石经墙	石渠县	古建筑	明至清	第六批（2006.5.25）

续表

序号	名　称	所在区域	类型	时间	国务院公布批次
11	穆日玛尼石经墙	石渠县	石窟寺及石刻	唐至清	第七批（2013.5.3）
12	泸定桥含红军飞夺泸定桥战前动员会旧址	泸定县	革命遗址及革命纪念建筑物	1935年	第一批（1961.3.4）
13	白利寺	甘孜县	近现代重要史迹及代表性建筑	1936年～1950年	第六批（2006.5.25）
14	波日桥	新龙县	古建筑	清	第六批（2006.5.25）

【气候】　气候特点　2013年，全州平均气温为－0.2℃～16.7℃，降水量为401.0～1025.4毫米。全州气温大部正常或偏高，降水量大部正常，日照时数大部正常。暖冬气候特征突出，森林草原高火险天气偏多，春旱、夏旱、伏旱都有发生，夏末秋初出现了一段时间的连阴雨天气过程。全年光、热、水配置情况较好，对大农业生产有利。

四季气候特征　冬季（2012年12月—2013年2月），平均气温为－8.8℃～8.8℃；降水量为0.0～12.9毫米，2月康定降水量创近30年同期最少值。

春季（3～5月）：平均气温为－0.2℃～16.4℃，其中3月丹巴、康定、泸定平均气温创近30年同期最高值；降水量为29.5～269.7毫米，3月九龙降水量创近30年同期最多值，4月泸定降水量创近30年同期最多值。

夏季（6～8月）：平均气温为9.6℃～24.3℃，其中6月石渠、丹巴、康定、泸定平均气温创近30年同期最高值，7月丹巴平均气温创近30年同期最高值，新龙、炉霍、九龙平均气温与近30年同期最高值持平，8月丹巴、康定、泸定平均气温创近30年同期最高值，新龙平均气温与近30年同期最高值持平；降水量为160.3～447.6毫米，其中6月丹巴降水量创近30年同期最少值；7月稻城降水量创近30年同期最少值，德格降水量创近30年同期最多值；8月德格、新龙、炉霍、道孚、康定、雅江、巴塘降水量创近30年同期最少值。

秋季（9～11月）：平均气温为－0.2℃～16.4℃；降水量为30.8～348.1毫米，其中9月甘孜、康定、雅江降水量创近30年同期最多值；10月道孚、丹巴、理塘降水量创近30年同期最多值。

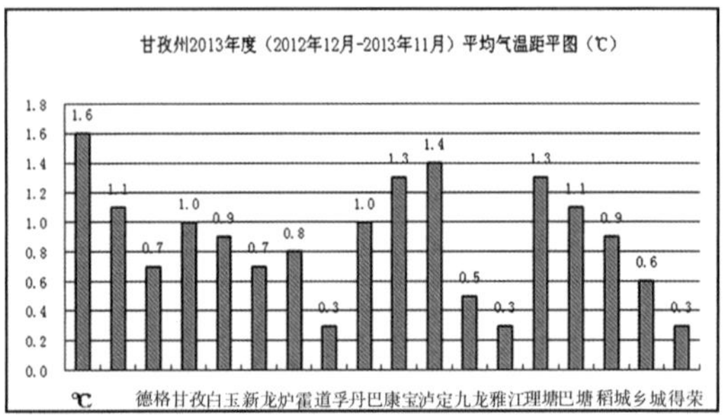

图1

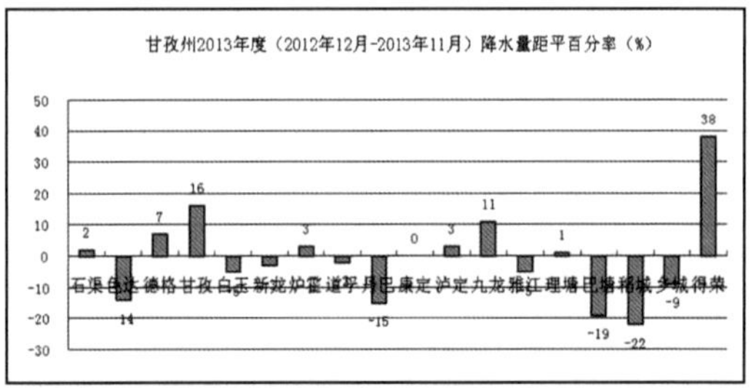

图2

2013年度年气温、降水距平图

重要天气气候事件及影响　2013年，全州共出现大雪天气8次，暴雪天气2次，连阴雪天气4次，寒潮天气52次；共出现伏旱天气10次，因干旱造成41712人受灾，农作物受灾面积101.2公顷，成灾面积54.1公顷，绝收面积47.1公顷；共出现暴雨天气31次，洪涝天气23次，因暴雨、洪涝灾害造成2500人受灾，农作物受灾面积58.95公顷，成灾面积43.66公顷，绝收面积26.73公顷，损坏房屋1间，公路损失281.55公里；共出现冰雹天气53次，因大风、冰雹灾害造成570人受灾，农作物受灾面积166.39公顷，绝收面积1.33公顷；共出现连阴雨天气55次，对大春作物的后期成熟及收晒带来了一定程度的不利影响；因森林草原火灾造成过火面积581.7公顷；6～8月，因泥石流及地质灾害造成15605人受灾，受伤3人，农作物受灾面积212.21公顷，成灾面积41.98公顷，绝收面积24.31公顷，损坏房屋51间，倒塌房屋38间，公路损失205.19公里。

（蒋明泉）

·区划、人口和语言·

【行政区划】 2013年，甘孜州辖康定、泸定、丹巴、九龙、雅江、理塘、巴塘、色达、稻城、乡城、得荣、德格、石渠、白玉、新龙、甘孜、炉霍、道孚18个县和海螺沟景区管理局，298个乡、27个镇、2679个行政村。州人民政府驻地：康定县炉城镇光明路9号。

【人口概况】 至2013年年底，全州户籍总人口110.19万人，比上年减少0.14万人，下降0.1%。全年人口出生率为10.37‰，人口死亡率4‰，人口自然增长率6.36‰。户籍人口中，男性55.66万人，性别比（女性=100）为102.1；非农业人口16.2万人，农业人口93.82万人。全州常住人口达到113.78万人，比上年增长1.4%；城镇化率为25.81%，比上年提高1.4个百分点。

【州内语言】 州内藏族使用藏语，属汉藏语系藏缅语族藏语支。主要有康方言（州内讲这种方言的可划为南路、北路、东路、牧区4个语群）、安多方言（俗称“卓格”或牛场话）、嘉绒语（分东部、西部、西北部3个方言区）、地脚话（包括木雅语、鱼通语、道孚语、扎巴语、尔苏语、纳木义语、普米语、曲域语），在外出与其他民族交流时也讲一些汉语。彝族使用彝语，属汉藏语系藏缅语族彝语支。分为北部、东部、南部、东南部、西部、中部6个方言区，其中包括5个次方言，各方言、次方言内又包含25个土语。州内回族一般使用汉语进行交流，折多山以西各地的回族还能使用藏语。羌族有语言无文字，羌语属汉藏语系藏缅语族，有南北两大方言，但只有在其内部使用，对外则依对象不同，使用汉语或嘉绒藏语。州内纳西族除少数地方保留纳西语外，其余通用藏语或汉语。

·科学发展实践·

【概况】 2013年，面对复杂严峻的国内外经济形势，州委、州政府紧紧围绕建设美丽生态和谐幸福新甘孜的发展定位，团结带领全州各族群众，牢牢把握“科学发展、加快发展、底部突围”的工作基调，统筹抓好发展、民生、稳定三件大事，呈现出经济发展、民生改善、社会稳定、各项社会事业全面进步的良好局面。全年地区生产总值、工业增加值分别突破200亿元、50亿元大关，甘孜发展站上了更高平台；地方公共财政收入22.12亿元，比上年增长2.6%；全社会固定资产投资406.93亿元，比上年增长24.7%；实现社会消费品零售总额57.35亿元，比上年增长13.1%；城镇居民人均可支配收入21418元、农民人均纯收入5435元，分别比上年增长9.5%和17.9%。

【群众工作全覆盖】 坚持把群众工作全覆盖作为破解经济社会发展困局的治本之策，深化群众工作“六大活动”，推进群众工作纵深发展，使党群干群关系更加和谐融洽。开创结对认亲新境界，组成结对认亲小分队20410个，走访结对亲戚66.4万户次216.22万人次，每户群众被走访3次以上。解决困难问题13015个，化解矛盾纠纷5096起，开展农业生产服务12.05万人次；实现爱心帮扶新提升，全州3011名领导干部、企事业单位负责人成为3011名孤儿的“爱心爸爸、爱心妈妈”。开展第二届“爱心慈善日”和首届“爱心慈善月”活动，筹集善款5000多万元。落实9672名城乡困难群众州内医院治疗临时生活补助，启动“万名志愿者爱心行动”、“心愿快车”等亲情助孤志愿服务，为残疾人开展救助、免费康复手术、配发辅助器具、进行居家托养；推动同心同向新发展，州县联系寺庙领导干部入寺5743人次，走访慰问宗教界代表人士及僧尼12197人次，收集意见建议1307条，解决困难问题694件，摸排矛盾纠纷134件、调解81件，发放慰问金及慰问品折价34.59万元。投资1亿多元，保障62座寺庙“五通”工程和13个寺管会业务用房建设，保障寺庙困难僧尼15270人，救助住院患者606人。恳谈教育、政策法规宣讲4097场次，培训教育僧人上万名；开拓共建共创新领域，蹲点结对村协助村级组织换届，275个后进党组织得到转化，发展党员3264名。18618名机关党员结对19570名农牧民党员，3万多名农牧民党员结对88472名农牧民群众，设立公益性岗位帮助4338名闲散青年就业；推动幸福工程新进展，全年累计完成“十大行动”总投资25.68亿元，解决了17809户住房困难。加大农村劳动力培训、转移，实现劳务收入8.8亿元；拓展宣传教育新主题，开展典型宣讲、“面对面”宣讲、服刑人员现身说法宣讲38983场；制发手绘图册《牵手、贴心、圆梦》等辅导读本40余万册、光碟4000张；编发藏语语音手机报，开通本土微博《微甘孜》，开展“干部风采”宣传报道。中央电视台《新闻联播》、《人民日报》、《求是》杂志共报道、刊载42篇（条、次），四川电视台《新闻联播》、《四川日报》共报道、刊载327篇（条、次）。开展读报活动，开展送文艺、送科技、送文化、送卫生、送电影下乡活动3万余场。

【经济建设】 着力“底部突围”，实现重点突破，全州经济保持平稳增长态势。全州有规模以上工业（主营业务收入在2000万元及以上企业）46户，实现增加值46.44亿元，比2012年增长13%。交通建设完成投资108.64亿元，铺筑干线公路1018公里，亚丁机场9月实现通航。乡城玛依河、茨巫水库枢纽工程及茨巫渠系工程完工，白松引水主体工程完成。“电力天路”和川藏联网工程项目建设顺利实施，留州电量新增5.18亿千瓦时；下发《大力加强生态文明建设意见》，确定每年3月11日为全州“生态日”；举办“圣洁甘孜走进广东”大型旅游宣传推介活动，加快推进“813”项目建设，全年接待游客638万人次，实现旅游综合收入62.46亿元；雅砻江中游、金沙江上游水电开发前期工作加快推进，实现新增水电装机70万千瓦，累计建成水电装机550万千瓦；组建成立文化传播、文化演艺两个国有股份制公司，全州民族文化产业实现主营业务收入9.16亿元，实现增加值3.77亿元，增长18.13%。深化开放合作，搭建第十四届西博会、“四川与全国知名民营企业投资合作洽谈会”、“四川与中央企业深化合作座谈会”、“港澳企业四川行”、“知名企业走进最后的香格里拉——稻城亚丁”、圣洁甘孜走进广东投资促进活动等平台大力开展招商引资，引进项目114个，到位资金117亿元。深化与周边地区的合作，积极落实与云南迪庆州、丽江市和西藏昌都地区的区域合作框架协议，推进甘眉工业园区建设，与浙江开展经济合作，提高开放合作水平，为实现开放互补奠定坚实基础。

【社会事业】 坚持把改善民生放在为民尽责的最高位置，切实改善农牧民生产生活条件。优先发展教育卫生事业，实施免费学前教育和免费特殊教育，落实“两免一补”和贫困学生资助金等政策，中职教育进入健康发展轨道；有70所学校开展远程网络教学。推进“健康甘孜2020”，基层医疗卫生机构全面实施国家基本药物制度，开工21个乡镇卫生院标准化建设。扶贫项目实施启动整村推进155个，改造农户住房399户；缓解农牧区群众的过河难、行路难问题，启动“小路”“小桥”“小能源”等项目104个，异地搬迁2307户，“尚巴董”千桥工程87座。健全完善公共服务体系，全州企业养老保险参保人数5.5万人，新型农村养老保险覆盖37.2万人，城镇职工居民基本医疗保险参保11.25万人，新型农村合作医疗保险参保83.1万人；城乡医疗救助2.99万人次，发放救助金额4555.75万元；在全省率先启动城乡居民大病试点工作。全州城镇新增就业8050人，城镇登记失业率控制在4.13%。

【政治建设】 坚持把民主政治作为力量之源，积极发展社会主义民主政治，团结一切可以团结的力量，为经济社会发展提供坚强的政治保证。大力支持人大、政协工作，加强和改善党对人大工作的领导，推动依法治州；出台《进一步加强和改进新形势下人民政协工作的意见》，落实政治协商“三在前”“三在先”要求。就全州重大工作向党外人士协商通报并征求意见，切实做好国外藏胞回国探访、朝拜、投资捐赠工作，发挥国外藏胞正面宣传和支持家乡建设的作用。发挥群团组织作用，建立健全维权工作制度，开展青春建功新农村等行动，各级妇联组织开展送政策、送岗位、送信息、送服务、帮贷款活动。深化“中国梦”宣传教育，公演话剧《寻找菊美多吉》，拍摄电影《天上的菊美》。选好配强领导班子，全年调整县级干部174名，制定完善“百千万康巴英才工程”实施细则和考核办法，订单定向培养紧缺实用人才208名。在“两新”组织、寺庙管理机构等行业扩大党组织覆盖，新组建党组织214个。开展全州基层组织综合集中整治，诫勉谈话乡村干部25人次、调整撤换15名。实行领导干部廉政档案电子管理，建设甘孜特色廉政文化示范点，惩治和预防腐败体系逐步建成，全年党纪政纪处分干部140人。实施廉政文化覆盖工程，创办互联网站和《雪域卫士》廉政季刊，创建州县廉政文化示范点249个。

2013年甘孜州国民经济和社会发展主要指标

表3

项　目	单　位	实　绩	比2012年增长（%）
地区生产总值	亿元	201.22	12.1
第一产业增加值	亿元	47.32	4.1
第二产业增加值	亿元	80.78	17
规模以上工业增加值	亿元	46.44	13
第三产业增加值	亿元	73.12	10.9
非公有制经济增加值	亿元	87.1	14.1
粮食总产量	万吨	22.56	5.7
肉类总产量	万吨	6.1	5.5
社会消费品零售总额	亿元	57.35	13.1
全社会固定资产完成投资	亿元	406.93	24.7
地方财政一般预算收入	亿元	22.12	2.6
地方财政一般预算支出	亿元	273.33	24.1
年末金融机构存款余额	亿元	442.99	18
年末金融机构贷款余额	亿元	139.63	18.6
保费收入	亿元	3.06	12.9
城镇居民人均可支配收入	元	21418	9.5
农牧民人均纯收入	元	5435	17.9
普通高校在校生数	人	7876	
中小学在校生数	人	162538	
广播综合覆盖率	%	92.96	增2.05个百分点
电视综合覆盖率	%	92.51	增2.1个百分点
新型农村合作医疗制度参合率	%	98.12	

（朱英全）

དོན་ཆེན་ཟིན་ཐོ།
大事记

1 月

1 日　省国土资源厅与州人民政府在成都签署《战略合作框架协议》。按照《战略合作框架协议》的内容，省国土资源厅将在用地保障、耕地保护、地质找矿、地质环境保护、执法监察、对口帮扶、干部培养、基层国土所建设等 9 个方面为甘孜提供全方位、多层次的服务。

5—7 日　政协第十二届甘孜州委员会第二次会议在康定召开，237 名政协委员参会。

6—7 日　中共中央政治局常委、全国政协主席俞正声到甘孜州调研，看望慰问各族干部群众，就新形势下进一步做好民族地区工作广泛听取意见和建议。俞正声指出，当前甘孜藏区要突出抓好民生改善、基层基础、群众工作、跨越发展等重点工作。

6—8 日　甘孜藏族自治州第十一届人民代表大会第二次会议在康定召开，参会人大代表 265 名。

9 日　省教育厅与州政府在康定签署《共建“甘孜州教育综合改革实验区”战略合作框架协议》，协议明确了促进义务教育均衡发展、加快学前教育发展、提升普通高中质量和水平、提升职业教育培养能力、推进特殊教育发展、发挥继续教育作用、深入实施素质教育、建立双语教育体系、加快推进教育信息化、强化教师队伍建设、加强民族团结教育、支持四川民族学院发展共 12 项重点任务，并制定了保障措施。合作从签订之日起至 2020 年 12 月止。

是日　州委、州政府出台《创建藏区一流教育的意见》（简称《意见》），《意见》提出从 2013 年秋季学期开始，全州将全面启动实施免费学前教育计划；全州所有公办幼儿园不再收缴保教费，并实施免费午餐补助计划，为公办幼儿园入园幼儿提供免费午餐补助；为确保农牧区幼儿顺利入学，将实施校车免费安全接送服务计划，为农牧区新建公办乡（镇）幼儿园配备免费校车。

是日　康定县呷巴乡铁索村藏族战士降巴克珠荣膺全军和武警部队“百名好班长新闻人物”称号。

15 日　中国音乐学院与州政府共建“民族音乐研究教学实践基地”签约仪式在京举行。

18 日　20 时 42 分，白玉县发生 5.4 级地震，震源深度 15 千米。地震造成震中边缘的阿察乡政府所在地 1 人轻伤，3000 余户房屋受损，10000 余人受灾。

是日　甘孜州 2013 在京文化名人新春座谈会在京召开。中央统战部副部长斯塔，州领导胡昌升、益西达瓦、毕世祥、杨晓东、葛宁、王方霖出席座谈会。

21 日　州政府在成都分别与中国移动四川公司和中国电信四川公司共同签署了战略合作框架协议。州委副书记、州长益西达瓦分别与四川移动公司董事长、总经理、党组书记简勤，四川电信公司总经理赵麦庆在协议书上签字。根据协议，3年内甘孜将彻底告别通讯难。

22日　州政府在成都分别与省经济信息化委员会和中国联通四川分公司共同签署了战略合作框架协议。州长益西达瓦分别与省经信委主任王海林，中国联通四川分公司总经理乔贵平在协议书上签字。

29日　州政府与省环保厅在成都共同签署了战略合作框架协议。根据协议，省环保厅将加强对甘孜生态文明建设的指导，从政策、资金和项目上给予倾斜；指导编制甘孜“两江一河”污染防治规划，对农村面源污染防治、城市环境综合整治、集中式饮用水源保护、污染防治重点工程建设给予指导和资金支持；加大对甘孜环境监察、环境监测能力建设，实行人才对口扶持，加强技术人员培训；支持甘孜重点产业项目建设；充分利用环境科研、人才、技术、管理优势，支持甘孜开展生态保护与建设、环保产业培育、环保能力提升、环境污染防治、环境应急处置等方面的科学研究。

是月　海螺沟新兴乡堡子村（种植大白菜）获得全国第二批“一村一品”示范村称号。

2月

1—2日　省委副书记、省长魏宏率省委、省政府慰问团到甘孜看望基层干部群众和驻康部队、政法干警，向大家致以节日的问候和新春祝福，鼓励大家共同努力，把甘孜发展抓好，努力让藏区群众日子越过越好。

26日　中共甘孜州第十届纪律检查委员会第三次全体会议在康定召开。会议传达省纪委十届二次全会精神，回顾总结2012年反腐倡廉工作，研究部署2013年工作任务。

是日　副省长、省公安厅厅长侍俊到甘孜检查指导社会治安综合治理工作。

27日　甘孜州交通三年集中攻坚大会战动员大会在州政府五楼会议室召开，州领导胡昌升、益西达瓦、刘坪、汪洋出席会议。

是月　春节黄金周期间，全州共接待游客13.73万人次，实现旅游总收入9302.16万元。

是月　州民族歌舞团一级作曲泽多获得享受2012年国务院颁发的政府特殊津贴。

·资料链接·

国务院政府特殊津贴：1990年，党中央、国务院决定，对做出突出贡献的专家、学者、技术人员发放政府特殊津贴。人员每2年选拔一次，对经批准享受国务院政府特殊津贴的人员，国务院授权人力资源和社会保障部颁发政府特殊津贴证书，由国家一次性发给人民币20000元，免征个人所得税。从2009年1月1日起，将按月发放的政府特殊津贴标准由100元/人·月调整为600元/人·月。

3月

2日　全州首届“铸忠诚警魂”公安系统文艺汇演在康定剧场上演。

4日　甘孜军分区领导班子调整大会在康定举行。会上，省军区副政治委员马福朝宣读中央军委主席习近平签发的命令，任命四川省遂宁军分区司令员王春为四川省甘孜军分区司令员，批准四川省甘孜军分区司令员刘忠退休。宣读中共四川省军区委员会通知，增补王春同志为中共甘孜军分区委员会委员、常委、副书记。

11—15日　省委常委、省委农工委主任李昌平率省级相关部门负责人到州内稻城等县调研督查省“813”项目推进情况。

·资料链接·

2011年8月13日，四川提出了“北有九寨黄龙、南有稻城亚丁”的藏区旅游发展格局思路，为四川藏区旅游的突破性发展指明了方向。2012年5月，为进一步加快推进金沙江流域大香格里拉（四川）国际精品旅游区的开发建设，省委、省政府成立了金沙江流域大香格里拉（四川）国际精品旅游区项目建设推进协调小组（简称“813”项目推进协调小组），共同推进稻城亚丁国际精品旅游区的建设。

是月　国家发展和改革委员会正式批复《川西藏区生态保护与建设规划（2013～2020年）》（以下简称《规划》），《规划》估算总投资94.06亿元，这是四川省在生态保护与建设方面，建设内容最全面、治理措施最有力、投资规模最大的区域生态建设规划。《规划》范围包括甘孜18个县、阿坝13个县和凉山1个县，共计32个县，面积24.59万平方公里。建设内容主要包括森林生态系统保护与建设、草原生态系统建设与保护、湿地生态系统建设与保护、沙化土地治理、水土流失综合治理、生态保护支撑体系建设和科技保障体系建设等7个方面。

26日　全州卫生发展大会在康定召开。会上，甘孜州与省卫生厅签署《推进“健康甘孜2020”卫生事业跨越发展战略合作框架协议》，标志“健康甘孜2020”行动正式启动。

29日　全州全域旅游发展大会在康定召开。会上，州长益西达瓦代表州政府与省旅游局局长郝康理签署了《共同推进甘孜全域旅游发展战略合作框架协议》。

30—31日　中央书记处书记、全国政协副主席、中央西藏工作协调小组副组长杜青林到甘孜调研，他指出，甘孜举全州之力推进群众工作全覆盖，将群众工作作为破解藏区工作难题的主要手段，深入开展了结对认亲、同心同向等6大活动，具有普遍的指导意义，符合十八大精神要求，是当前藏区工作所必须。

4月

3日　由中共四川省委组织部、省委宣传部联合组织的菊美多吉（生前为道孚县瓦日乡乡长）先进事迹报告会在成都金牛宾馆举行。省委常委、组织部部长柯尊平出席并讲话，省委常委、宣传部部长吴靖平主持报告会。

6日　中国人民解放军总政歌舞团演出分队在团长张千一的带领下，到州进行慰问演出，歌舞团著名歌唱演员王宏伟、阿鲁阿卓、索朗旺姆等联袂登台演出。

9日　“中国音乐学院民族民间教学科研甘孜州实践基地”挂牌仪式在康定举行，州委书记胡昌升、中国音乐学院党委书记闫拓时出席仪式并揭牌。

10日　菊美多吉先进事迹报告会在北京人民大会堂举行。会前，中共中央政治局常委、全国政协主席俞正声会见了报告团成员；他强调，广大党员干部要学习菊美多吉同志优秀品质和可贵精神，推动解决群众生产生活中的实际问题，使各族群众过上更加幸福美好的生活。

13号　州委、州政府以视频会形式在康定召开“全州‘百千万康巴英才工程’大会”。会前，州长益西达瓦代表州政府与省人力资源和社会保障厅厅长王建军签署了厅州战略合作协议。

18—20日　省委常委、政法委书记刘玉顺率省级机关相关负责人到甘孜县调研新农村建设。他强调，在建设新农村的同时，要帮扶先“帮智”，提升群众的精神面貌和综合素质，把群众抓发展、改变面貌的雄心壮志树立起来，把他们穷则思变的理念树立起来，振作精神，激发斗志，增强他们自强不息、自力更生、艰苦奋斗的精神，培育出一批社会主义新农民。

20日　8时02分，雅安芦山发生7.0级地震。地震造成甘孜州死亡5人，州内康定、泸定、丹巴、九龙等县（局）72个乡镇16.77万人受灾。

是月　州歌舞团选送的舞蹈《情侣歌庄》在2013年四川省新人新作舞蹈大赛中荣获一等奖。

5月

3日　由省旅游局、省交通运输厅、省测绘地理信息局、《中国国家地理》杂志社共同主办“寻找四川100个最美观景拍摄点”活动第一批14个最佳拍摄点公布，甘孜康定县亚拉雪山、丹巴县甲居藏寨、丹巴县中路藏寨、泸定县雅加埂红石滩、泸定县海螺沟角峰冰瀑5个景观入选。

7日　全州春播工作结束，农作物完成播种面积7.14万公顷，比2012年同期增加1420公顷。

9日　省政府决定追授菊美多吉为“全省民族团结进步模范个人”称号。

17日　甘孜州2013年“体彩杯”第四届跑马山国际登山比赛在康定举行，来自康定地区行政企事业单位、大中专院校、部队、社会团体和部分外地登山爱好者共800余人参加了比赛。

20日　全州电力体制改革工作资产移交会在康定召开，标志着全州电力体制改革资产重组顺利完成。

22日　十届州委常委会2013年第五次会议确定每年的3月11日为甘孜“生态日”。

26日　中共甘孜州委、共青团四川省委在康定签署“促进甘孜州青少年事业加快发展战略合作备忘录”。

27日　共青团甘孜州第十次代表大会在康定召开。团省委书记刘会英出席会议。

6月

1日　2013年第11期《求实》杂志发表了州委书记胡昌升的文章《群众路线促和谐》，文章从6个方面全面介绍了甘孜开展群众工作的具体情况。

10日　全州2013年城镇基础设施项目集中开工仪式在道孚县举行。此次集中开工政府投资类建设项目34个，涉及13个县，总投资9.2亿元。

16日　省委书记、省人大常委会主任王东明参观了第四届中国成都国际非物质文化遗产博览园甘孜展馆，他强调要大力保护和传承好人类优秀文化遗产，更好满足人们群众日益增长的精神文化需求。

是日　省委第三巡视组组长张俊辉一行到州对“实现伟大中国梦、建设美丽繁荣和谐四川”主题教育活动开展情况进行专项巡视，并召开汇报会。州委书记、州主题教育活动领导小组组长胡昌升作专题汇报。

20—25日　全国政协副主席、民革中央常务副主席齐续春率调研组到甘孜调研藏区旅游发展情况。他对甘孜各级党政重视藏区发展、着力改善藏区民生给予肯定，希望把藏区发展旅游业上升到国家战略来考虑，全面推进藏区旅游业发展，以旅游发展促进藏区的繁荣、发展、稳定。

24日　甘孜州企业联合商会第一届二次会员大会在情歌酒店召开。州商会现已发展会员单位112家，理事单位17家。

28日　甘孜州庆祝中国共产党成立92周年暨群众工作表彰转段大会在康定举行，会上表彰了2012年—2013年度群众工作先进集体和个人。

7月

2—9日　由中共甘孜州委、州政府主办的“康定情歌的故乡·最后的香格里拉——圣洁甘孜走进广东”文化旅游暨投资合作推介系列活动在广州市举行。为期8天的活动将举办四川甘孜藏区美景图片展、康巴文化展、康巴文化大讲堂、州长网络访谈、投资合作推介会、专场文艺演出、文化旅游产品推介会以及康巴锅庄晚会等8项活动，9月至10月还将举办旅行商及媒体到甘孜藏区踩线采风和“心灵之旅”自驾游活动。

8日　“康定情歌的故乡·最后的香格里拉——圣洁甘孜走进广东”甘孜藏区投资合作推介会在广州市东方宾馆举行，本次推介会共推介项目96个，投资总额315.77亿元。现场签约项目9个，协议资金87.55亿元。

16日　甘孜州与西藏昌都地区战略合作框架协议及维护稳定工作联动协作备忘录签字仪式在昌都会展中心举行，西藏自治区党委常委、昌都地委书记罗布顿珠和甘孜州委书记胡昌升出席签字仪式。

22—25日　国家新闻出版广电总局副局长童刚一行到甘孜，就甘孜广电工作和农村电影放映情况进行专题调研。

30日　浙（江）（四）川东西扶贫协作工作会议暨《浙江—四川东西扶贫协作工作协议》签字仪式在成都举行。双方达成扶贫协作工作协议，自2013年开始，浙江省7个市、32个县（市、区）对口帮扶四川藏区2州32县（含甘孜州及下辖的18个县）。其中，杭州市、湖州市、绍兴市、金华市4市结对甘孜。根据协议，自2013年起，浙江省每年安排帮扶四川藏区资金1.37亿元，由省市县三级共同筹集。承担帮扶任务的每个县（市、区）每年出资300万元，资金用于各对口藏区县；7个市本级每市每年出资300万元，资金用于各对口州本级；省财政每年出资2000万元，用于对口地区的较大帮扶项目、人才培训等。

8月

1日　甘孜州康定新川藏运业有限责任公司开具了交通运输业和部分现代服务业运行营业税改征增值税后第一份旅客运输机打冠名发票，康定县国税局也代开了全州第一份“营改增”普通发票。

2—4日　由浙江省政府副省长熊建平率领的省政府考察团到甘孜，就浙江省扶贫甘孜部分项目实施情况及藏区旅游发展进行专题调研。3天调研中，考察团先后深入到泸定县烹坝乡油房村考察危房改造项目、考察了泸桥镇大坝押卓庄子村核桃基地建设等对口援建项目的实施情况，并前往泸定桥、木格措、跑马山等地参观，就藏区旅游发展提出建议意见。

2—4日　省委常委、组织部部长范锐平到州内康定、道孚、炉霍、色达4县，就甘孜州正在开展的群众工作及基层政权建设、农牧民群众的生产生活等情况进行调研，希望各级干部要时刻把老百姓的利益放在心上，一切要以群众利益为出发点，切实加强基层党组织建设，充分发挥基层党组织和广大党员的先锋模范作用，努力实现藏区跨越发展和长治久安。

7—10日　以全国人大常委会委员、环境与资源保护委员会主任委员陆浩为组长的中央第七督导组到康定、丹巴、泸定、海螺沟磨西镇调研指导党的群众路线教育实践活动。陆浩强调，甘孜在党中央坚强领导下、在省委的直接部署下，团结带领各族干部群众、统筹抓发展、民生和稳定三件大事，特别是在贯彻党的群众路线、推进群众工作全覆盖方面取得了显著成绩，这些成绩和经验为今后发展打好了基础，也为深入开展党的群众路线教育实践活动创造了良好条件、营造了好的氛围。

15日　甘孜州与农行四川省分行签署了《全面支持甘孜州经济跨越式发展战略合作协议》，州长益西达瓦与农行四川省分行行长张军洲出席签字仪式。张军洲指出，在未来3年，农行四川分行将为甘孜州“三化联动”和“六大支柱”产业建设提供总额不低于人民币150亿元的意向性信用额度，积极支持甘孜经济跨越式发展。

21日　川藏联网工程巴塘500千伏变电站奠基仪式在巴塘县举行，标志着投资69.86亿元的川藏联网工程正式开工建设。国家电网公司董事长、党组书记刘振亚，西藏自治区区委常委、常务副主席丁业现，四川省政府副省长刘捷和甘孜州委书记胡昌升，西藏自治区昌都地委副书记、行署专员许成仓出席奠基仪式。

·资料链接·

川藏联网工程是继青藏联网工程之后，又一项穿越高寒、高海拔地区的重大输变电工程，是迄今为止世界上最具建设挑战性的高原超高压交流输变电工程。工程总投资约69.86亿元，包括新建昌都、巴塘2座500千伏变电站以及邦达、玉龙2座220千伏变电站，工程全线110千伏及以上线路1500公里，工程起于四川乡城县，止于西藏昌都县，沿线途径巴塘、察雅、八宿等县。工程建成投运后将彻底改写甘孜西部、西藏昌都东部电网结构，有力支撑两地藏区经济社会发展，从根本上解决工程沿线无电地区用电难题，满足未来金沙江、澜沧江、玉曲河水电开发送出，实现两地藏区资源优质向经济优势的转化。

△ 甘孜州康巴文化研究院在德格县成立。州委书记胡昌升担任康巴文化研究院名誉院长，州委副书记、州长益西达瓦担任康巴文化研究院院长。

·资料链接·

甘孜州康巴文化研究院内设综合部、文物保护部、科研部、产业部4个机构，主要负责德格印经院文物保护、抢救、收藏、研究、宣传、展示和传承，并协助开展世界文化遗产项目申报的相关工作；还将承担德格印经院数据库建设和德格版大藏经复制工作；研究、拟定并组织实施康巴文化研究工作的目标、计划，并组织协调和参与康巴文化研究、保护、开发；开展与康巴文化相关的各种文化活动，协调各种康巴文化民间机构、组织承担学术交流、人才培养；对康巴文化资源进行普查、挖掘、整理、组织、协调开发利用和保护工作。

29—30日 全州推进新型城镇化工作现场会分别在炉霍、道孚、甘孜3县召开。

31日 8时04分，在云南省迪庆州香格里拉县、德钦县与甘孜州得荣县交界（北纬28.2度，东经99.4度）发生5.9级地震，震源深度10公里。州内得荣、乡城、稻城、巴塘4县县城及部分乡镇震感强烈，地震造成得荣县子庚乡9人受伤（其中重伤2人，轻伤7人）。

9月

2—4日 乐山市委副书记、市长张彤率乐山市工作组到甘孜理塘县调研对口援建工作。

4日 副省长曲木史哈率省政府工作组到得荣县子庚乡查看“8·28”和“8·31”地震灾情，曲木史哈强调要切实抓好过渡安置，尽快帮助群众恢复生产。

9日 四川省甘孜州高温地热资源专题研讨会在康定召开，胡昌升出席研讨会并致辞。

16日 8时34分，中国国际航空公司西南分公司一架空客A4215飞机平稳降落在稻城亚丁机场，标志着甘孜第二座民用机场——稻城亚丁机场正式通航并投入运营。

·资料链接·

稻城亚丁机场位于甘孜稻城县北部桑堆乡海子山，距县城49公里，距香格里拉镇122公里，距亚丁景区159公里，机场海拔高度4410米，是全世界在建旅游景区机场中海拔最高的民用机场。机场为4C机场，跑道长4200米、宽45米、具有夜航能力，机场候机楼建筑规模8796平方米，外观为碟形三层建筑，站坪机位4个；设计满足2020年旅客吞吐量50万人次、货物吞吐量1400吨。

国航成都—稻城航线：航班号为CA4215/6，每天一班，使用高原机型空客A319执行，每天早上6点50分从成都双流国际机场起飞，7点55分到达稻城亚丁机场；8点45分从稻城起飞，9点50分回到成都，空中飞行时间1个小时。

△ 甘孜首届旅游商品展销会在稻城县波瓦街南段民族手工艺品一条街开幕，展销会共设农特产品、民族民间手工艺品、“非遗”商品3个展销区，参展企业共73家（含州外企业9家），参展产品共有100个多种，其中：农产品加工类企业49家，涉及野生菌、肉制品、青稞酒、葡萄酒、雪域俄色茶等50多个系列产品；“非遗”及民族民间手工艺类企业24家（含中藏医药业企业3家），涉及唐卡、藏药、藏式雕刻、民族服饰、藏式药泥面具等50多个系列产品。

23日 甘孜公安特警支队荣获“全国公安系统首届登山比赛团体冠军”。

10月

1日 中央电视台少儿频道《大手牵小手》栏目走进巴塘县，开展“十月放歌·我爱我的祖国”活动，与巴塘的少年儿童一道欢度国庆、歌唱祖国，少儿频道制片人、著名节目主持人鞠萍担任活动主持人。

7日 “十一”黄金周期间，全州共接待游客57.66万人次，比上年增长15.17%；实现旅游综合收入5.71亿元，比上年增长 67.92%。

10 日　红军飞夺泸定桥纪念馆被国家国防教育办公室命名为“国家国防教育示范基地”。

17 日　甘孜藏族自治州佛教协会成立五十周年庆祝大会在康定剧场举行，州委书记胡昌升出席庆祝大会。

20 日　第 4 批“四川个最美观景拍摄点”公布，甘孜石渠县松格玛尼城、道孚县城全景、德格县新路海、得荣县古学乡日瓦村峡谷民居上榜。

25 日　由文化部主办的全国第十六届“群星奖”颁奖晚会在山东威海市举行，甘孜选送的歌曲《香巴拉》摘得音乐类别“群星奖”。

·资料链接·

贴近甘孜地方特色的原创歌曲《香巴拉》是由甘孜音乐人刘忠寿作词、秋加措作曲，拥金措演唱。

26 日　甘孜州政府与省司法厅“促进甘孜司法行政事业加快发展战略合作协议”签约仪式在省司法厅举行。省司法厅党委书记、厅长李仲彬，州委书记胡昌升，州长益西达瓦出席签约仪式。

11 月

6—7 日　省委副书记、省长魏宏率省直有关部门到得荣地震灾区，看望慰问受灾群众，要求 11 月底前全面完成过渡安置任务，确保受灾群众安全温暖过冬；突出住房建设重点，全力以赴推进灾后重建。

13—15 日　州长益西达瓦率队到凉山州西昌市衔接两州合作事宜，并与凉山州相关领导进行了座谈。

19 日　甘孜首届爱心慈善月暨第二届“爱心慈善日”活动在康定情歌广场启动，活动现场共募集爱心资金 1100 余万元。

21 日　甘孜军分区领导班子调整大会在康定举行。省军区政治部主任宣读中央军委命令，任命原云南省大理军分区政委陈爱皖为甘孜军分区政委。

26 日　十一届州政府十二次常务会议正式通过甘孜州第一批 1814 个医疗服务项目定价方案。

12 月

4—6 日　省委常委、政法委书记刘玉顺到甘孜“走基层”，调研政法系统“转变作风，司法为民”活动。他强调，甘孜政法系统要认真贯彻落实党的十八届三中全会精神，积极响应省委号召，以转变作风为抓手，着力解决群众反映强烈的突出问题，提升政法工作整体水平，维护社会和谐稳定，促进藏区长治久安。

15 日　甘孜州第三次全国经济普查正式启动。

·资料链接·

8 月，甘孜州第三次全国经济普查工作领导小组成立，州委常委、常务副州长汪洋任组长，领导小组办公室设在州统计局。

16 日　州委常委、宣传部部长毕世祥在前往新龙县开展群众工作途经高尔寺山时，发生车祸因公殉职，享年 53 岁。12 月 19 日，中共甘孜州委决定，追授毕世祥为全州优秀共产党员。

28 日　中共甘孜州委《关于建设美丽生态和谐幸福新甘孜的决定》（简称《决定》）和中共甘孜州委、州人民政府《关于建设美丽生态和谐幸福新甘孜的意见》（简称《意见》）正式出台。《决定》和《意见》的主要目标：到 2016 年，全州经济社会发展在 2011 年的基础上实现经济总量、固定资产投资、地方公共财政收入、城乡居民收入四个翻番和思想观念、基础设施、产业发展、社会建设、人民生活五大跨越。

是月　省政府公布第一批古籍重点保护单位，甘孜州档案局（馆）和德格印经院被列入其中。

ཀྲུང་གུང་དཀར་མཛེས་ཁུལ་ཨུ་ཡོན་ལྷན་ཁང་།

中共甘孜州委员会

·重要决策·

【概况】 2013年，面对复杂严峻的国内外经济形势，甘孜州委始终坚持以科学发展观统揽全局，全面贯彻落实中共十八大和中央、省经济工作会议精神，牢牢把握“科学发展、加快发展、跨越发展”的工作基调，紧紧围绕建设美丽生态和谐幸福新甘孜的发展定位，奋力实施“底部突围”，统筹抓好发展、民生、稳定三件大事，经济发展、民生改善、各项社会事业呈现出全面进步的良好局面。全年地区生产总值、公共财政预算收入、社会消费品零售总额、全社会固定资产投资分别比上年增长12.1%、2.6%、13.1%、24.7%，城镇居民人均可支配收入、农民人均纯收入分别比上年增长9.5%、17.9%。

【促进全州广播影视事业快速发展】 1月，州委、州政府出台《关于进一步加强全州广播影视工作的意见》（简称《意见》）。《意见》提出进一步完善州县乡村四级广播影视公共服务体系，规范全州广播影视宣传工作，提高节目质量和译制水平，增强舆论引导能力。到2015年，全州广播电视人口综合覆盖率达到93%以上，州县广播电视节目实现乡（镇）村全覆盖，数字化网络化率达到100%。到2020年，州县乡村四级广播影视公共服务体系更加完善，广播电视人口综合覆盖率达到100%。

【“健康甘孜2020”卫生事业跨越发展意见出台】 为认真贯彻党的十八大精神，深化医药卫生体制改革，着力实施《四川省民族地区卫生发展十年行动计划》，加快甘孜卫生事业跨越发展。2月，州委、州政府出台《关于推进“健康甘孜2020”卫生事业跨越发展的意见》。《意见》明确了到2020年，建立健全覆盖全州居民的基本医疗卫生制度的总体目标。未来8年，将着力抓好标准化医疗服务体系建设、均等化公共卫生服务体系建设、一体化医疗保障体系建设、规范化药品供应保障体系建设、特色化中藏医服务体系建设五大任务，到2020年，实现健康指标方面，人均期望寿命达到75岁，农村孕产妇住院分娩率达到90%以上，心脏病、糖尿病等6大慢病得到有效控制；卫生资源指标方面，每千人病床数达到5.8床；医院建设指标方面，建成三级甲等医院、三级乙等医院和三级乙等藏医院各1个；疾病控制指标方面，传染病发病率较2015年下降5%，免疫规划接种率达到95%以上，包虫病感染和发病得到有效控制，患病人群得到有效治疗；医疗保障指标方面，城乡居民参保（合）率达到99%以上，年人均筹资水平进一步提高，住院实际报销比例达到70%以上。

【实施全域旅游统筹城乡发展】 3月，根据中央、省委藏区经济社会发展战略部署和甘孜州“一优先、二有序、三加快”产业发展思路，加快推进旅游优先发展、全域发展、旅游精品战略的实施，州委、州政府出台《关于实施全域旅游统筹城乡发展的意见》。《意见》提出从全域全面规划，形成统一规划体系；加快交通建设，改善基础设施条件；突出文化特色，打造新型旅游城镇；拓展游产业，实现多业融合联动；坚持行业标准，提升管理服务水平五个方面把甘孜州建设成生态旅游经济强州，国家旅游综合改革试验区，世界最佳旅游目的地，将旅游产业培育成全州国民经济战略性支柱产业的目标。到2015年，实现接待游客1000万人次，旅游收入超过80亿元，旅游增加值占全州GDP的15%；旅游从业人数达到4万人，拉动社会就业15万人。到2020年，接待国内外游客2000万人次，实现旅游收入175.5亿元。

【实施“百千万康巴英才工程”】 为加快推进甘孜州跨越发展和长治久安，努力发挥人才在建设美丽生态和谐幸福新甘孜中的支撑和引领作用，根据《甘孜州中长期人才发展规划纲要（2010—2020）》和相关规定，4月，州委、州政府出台《关于“百千万康巴英才工程”的实施意见》。《意见》要求要紧紧围绕“生态立州、产业强州、科教兴州、依法治州、和善安州”发展战略，按照“服务大局、人才优先、以用为本、扩量提质、引培并举、优化环境、整体推进”工作方针，全面加强专业技术人才、旅游人才、企业经营管理人才、党政人才、农牧区实用人才、技能型人才和社会工作人才等7支人才队伍建设，到2017年，全州拥有高端人才200名、优秀中端人才2000名、优秀基层基础人才20000名。

【进一步加强人大工作】 出台《关于进一步加强人大工作的意见》，对人大工作中带有根本性、全局性、长远性的问题作出明确规定。进一步支持人大及其常委会依法行使职权，充分发挥地方国家权力机关作用。充分尊重人大及其常委会的法律地位，发展更加广泛、更加充分、更加健全的人民民主，支持人大及其常委会依法行使监督权，依法行使询问、质询和特定问题调查权。切实加强人大及其常委会对决议、决定、审议意见的跟踪问效，支持人大常委会积极开展与内地发达地区和周边民族地区的联系与交流，进一步支持和保障人大代表依法履行职务，积极发挥人大代表作用。坚持和完善政情通报、州县人大常委会组成人员联系选区代表、代表联系选民等制度，把人大机关干部的培养、使用和交流纳入党的干部队伍建设总体规划，选好配强各级人大领导班子。健全落实人大工作重大事项向党委请示和报告制度，依法加强对“一府两院”的法律监督和工作监督。

【进一步加强政协工作】 出台《关于进一步加强和改进新形势下人民政协工作的意见》，进一步加强和改进党对人民政协工作的领导。《意见》要求要切实把政治协商纳入决策程序，不断完善民主监督机制，努力提高参政议政实效，建立健全政协履职协商制度，切实发挥政协参加单位和政协委员的作用，切实加强政协自身建设，进一步加强和改进党对政协工作的领导。

【深入开展“法治甘孜”建设】 为全面贯彻落实依法治国基本方略，深入实施依法治州战略，切实发挥法治在建设美丽生态和谐幸福新甘孜中的保障作用，11月，州委、州政府出台《关于法治甘孜建设的意见》，决定在全州深入开展为期三年的“法治甘孜”建设。《意见》的总体目标是：强力推进科学立法、严格执法、公正司法、全民守法，坚持法律面前人人平等，保证有法必依、执法必严、违法必究，促使全州法治理念更加深入人心，法治环境更加公正透明，法治秩序更加优良规范，法治保障更加有力有效，基层民主法治建设切实加强，公民合法权益得到有效保障，社会公平正义得到充分彰显，实现全州政治经济社会秩序良好、各族人民群众安居乐业。法治甘孜建设的主要任务是：坚持依法执政，建设法治甘孜；完善法律体系，健全地方法规；严格依法行政，建设法治政府；加强普法宣传，筑牢法治基础；推行公正司法，彰显公平正义；依法管理到位，维护社会稳定；强化监督问责，确保法治实效。

·重要会议·

【州委十届五次全委（扩大）会议】 12月26日在康定召开。州委书记胡昌升代表常委会向全委会报告工作。会议审议通过了《中共甘孜州委关于加强基层党建工作的决定》，进行了一报告两评议民主测评；审定了《中共甘孜州委2012年干部选拔任用工作报告》。会议强调，要以党的十八届三中全会精神为指导，不断加快改革开放步伐；要以举全州之力推进群众工作全覆盖为总揽，不断密切党群干群关系；要以法治甘孜建设年为载体，不断推进主动创稳；要以基层党建工作年为抓手，不断夯实执政为民基石；要以党的群众路线教育实践活动为统领，不断强化执行落实自觉。

【全州领导干部会议】 5月20日在康定召开。会议主要任务是传达贯彻中共中央总书记、国家主席、中央军委主席习近平，中央政治局常委、全国政协主席俞正声，中央政治局常委、书记处书记刘云山，中央政治局委员、书记处书记、中组部部长赵乐际，以及省委书记王东明的重要批示精神，中央书记处书记、全国政协副主席杜青林关于《四川甘孜、云南迪庆干部直接联系群众情况的调研报告》精神，中央西藏工作协调小组会议、省委十届三次全会和省委藏区群众工作会议精神。会上，州委书记胡昌升强调，一是深刻领会中央领导和省委主要负责同志重要批示精神，深入扎实推进群众工作全覆盖。要继续做优“结对认亲”活动、做细“同心同向”活动、做好“爱心帮扶”活动、做活“宣传教育”活动、做深“共建共创”活动、做实“幸福工程”活动。二是深刻领会中央西藏工作协调小组会议精神，切实把准“建甘兴藏”的基本方向。要实施依法治州战略不动摇，树立长期建藏思想不折腾，坚持凝聚民心民力不放松，加强基层基础工作不懈怠。三是深刻领会省委十届三次全委扩大会议精神，全面开创甘孜跨越发展和长治久安新局面。要主动对标，坚定发展思路；要立足优势，培育主导产业；要强化基础，突破瓶颈制约；要惠民利民，保障改善民生；要改进作风，强化执行落实。四是深刻领会“中国梦”的丰富内涵，扎实开展“实现伟大中国梦、建设美丽生态和谐幸福新甘孜”主题教育活动。

【农业农村工作会议】 3月27日在康定召开。会议的主要任务是贯彻落实中央、省委农村工作会议，中央、省委“一号文件”以及州委十届四次全委（扩大）会议精神，总结2012年全州“三农”工作，安排部署2013年“三农”工作。会议强调，一要以特色产业为支撑、新村建设为重点、扶贫开发为抓手、助农增收为核心、市场带动为关键，突出重点，奋力开创“三农”工作新局面；二要加强领导，强化群众工作，加大支持力度，强化社会管理创新，发挥乡村干部作用，积极构建“三农”工作新局面。泸定、乡城、丹巴县和州财政局分别作了交流发言。

【经济工作会议】 3月30日在康定召开。会议主要任务是全面贯彻落实党的十八大和中央、省委经济工作会议精神，回顾总结2012年全州经济工作，安排部署2013年全州经济工作。州委书记胡昌升强调，一是因形施策，在阶梯推进中实现“底部突围”，要推动东部率先发展、南部加快发展、北部追赶发展。二是打好首战，奠定“底部突围”坚实基础。

要以项目为核心，强力支撑投资拉动；要以旅游全域化为龙头，推动服务业大发展；要以新村建设为载体，切实抓好农业农村工作；要以提升上档为主线，着力推进新型城镇化；要以水电矿业为重点，保持工业较快增速；要以招商引资为引领，实施更加积极的开放战略；要以“幸福工程”为抓手，全力保障和改善民生。三是聚智聚力，为“底部突围”提供坚强保障，要树立“底部突围”的思想意识，打造“底部突围”的领导中坚，构筑“底部突围”的人才支撑，优化“底部突围”的创业环境。

【甘孜州全域旅游发展大会】 3月29日在康定召开，省旅游局局长郝康理到会指导。会议主要任务是统一思想、凝聚共识、形成合力，努力建设中国全域旅游先行区。会议总结回顾了2012年度全州旅游工作，安排部署了2013年工作。会上，州长益西达瓦代表州政府与省旅游局签订了共同推进甘孜全域旅游发展战略合作框架协议。西南民族大学旅游与历史文化学院副院长李如嘉教授作了“四川藏区旅游业发展”专题讲座。

【“百千万康巴英才工程”大会】 4月13日在康定召开，省人力资源和社会保障厅厅长王建军到会指导。会议主要任务是贯彻落实党的十八大和省、州第十次党代会精神，研究部署新形势下的人才工作，启动实施“百千万康巴英才工程”，聚全州之智、集全州之力、纳全州之才，奋力推进美丽生态和谐幸福新甘孜建设。会上，州长益西达瓦代表州政府与省人力资源和社会保障厅签署了厅州战略合作协议，州纪委书记刘坪对《中共甘孜州委甘孜州人民政府关于“百千万康巴英才工程”的实施意见》作了说明。会议还表彰了享受国务院特殊津贴的优秀专家。

【全州推进新型城镇化工作会议】 5月6日在康定召开。会议主要任务是深刻领会中央和省委近期关于推进新型城镇化的精神，找准问题，开拓思路，明确目标，落实任务，扎实推进全州新型城镇化，努力建设美丽幸福新家园。州委书记胡昌升在讲话中强调，一是把握内涵，深刻理解新型城镇化是加快甘孜发展的必然选择；二是正视现实，理性分析甘孜新型城镇化的问题和困惑；三是明晰思路，找准甘孜新型城镇化的发展方向；四是抓住重点，在甘孜推进新型城镇化的关键环节上求突破；五是创新方法，扎实有效推进甘孜新型城镇化建设。与会人员观看了《甘孜州州域城镇体系规划》专题片。康定、甘孜、理塘3县就城镇规划建设作了交流发言。

（州委办公室）

·组织工作·

【概况】 2013年，组织工作紧扣全州跨越发展长治久安大局，全面加强各级领导班子建设、基层组织建设、党员干部队伍建设、人才队伍建设和组织部门自身建设，为加快建设“美丽生态和谐幸福”新甘孜，提供坚实的组织保障和干部人才支撑。抓好党性教育，组织开展党的十八大、“三反三珍”、先进事迹宣讲活动15799次，参与党员干部和群众674561人次；开展“双学一创”活动3731场次，培训基层党员77580人次。全面落实乡村干部保障机制，把乡村（社区）工作经费纳入财政预算，落实“固定+绩效”村干部基本报酬绩效结构制，节假日期间共走访慰问“三老”干部、困难干部和党员12350名，发放慰问金（物资）644.07万元。着力抓好关爱干部职工工作，全年共审批干部职工享受上一级非领导职务生活待遇2034人，其中享受副县级以上非领导职务生活待遇849名。推动远程教育站点升级改造和设备更新，使全州40%的站点都接入互联网，制作播出电视《雪域党旗红》栏目4期和先进人物电视专题片36部。全年新发展党员2669人，新组建党组织214个，培养入党积极分子7748人。至年底，全州党员总数72056人。开展面向全社会公开遴选优秀干部和人才工作，全面实施党政综合与经济金融、城建规划、社会管理、科教文卫、农业农村“1+5”优秀年轻干部人才递进培养计划，预计到2018年，全州分期培养优秀年轻干部人才3000名。年内，共完成培养任务600名，其中县处级100名、乡科级500名。

【实施堡垒建设工程】 开展党的组织全覆盖活动，加大在医疗机构、中小学校、派出所、社区、寺庙管理机构和规模以上新经济、新社会组织建立党组织力度，全年共建支部227个，做到应建必建。开展基层组织分级亮牌活动，评定先进乡镇110个、一般乡镇184个、后进乡镇31个，先进村级组织711个、一般村级组织1707个、后进村级组织256个；不断更新分类升级台账，制定晋位升级目标，落实整改措施。机关组织中897个先进党组织得到巩固，691个一般党组织得到提升，743个后进党组织得到转化。开展村级组织争优评选活动，开展村级组织履职尽责评选表彰活动，对表现优秀的予以重奖；加大农牧民普法力度，在农牧民户中开展“平安家庭建设户”评选活动。

【实施能力提升工程】 开展能力素质大提升活动，强化教育培训和实践锻炼，对党务干部、乡村干部、党员进行需求式培训，共举办372期、培训34632人次，组织160名村干部和农牧民党员外出考察学习，选派119名优秀干部到内地挂职锻炼。开展干部作风大转变活动，结合结对认亲深化“走基层”活动，收集社情民意，排查化解矛盾纠纷，解决实际困难。

【实施先锋示范工程】 严格标准发展党员，按照“4+1”农牧民党员发展模式和“3512”党员发展任务，加大在村组干部、“9+3”毕业生、退伍军人、致富能手、反分维稳中表现突出的中青年农牧民中发展党员力度，全年共发展党员4501名。强化党员教育管理，开展信念教育、宗旨教育、法制教育，建立党员干部政治立场甄别联席会议制度，强化对问题党员干部的教育和处理。发挥党员作用，采取党员设岗定责、责任片划分、承诺示诺践诺、党员先锋岗、结对认亲、共建共创、走基层、党员星级评定管理等方式，让党员有位有为、有为有位。

【强力整治软弱涣散基层组织】 组织开展全州基层党组织新一轮摸排定级，按照巩固先进、推动一般、整顿后进的要求，明确转化目标，实施台账式管理，整体推进晋位升级，转化后进党组织743个，巩固先进党组织897个，691个一般党组织晋升为先进。总结推广“一乡一村”教育整顿经验，组织开展色达县基层组织综合集中整治工作，强力整治软弱涣散村级组织，严肃处理问题党员干部，诫勉谈话乡镇干部23人次、调整乡镇班子成员6名、罢免处理村组干部6名，重点教育转化处理牧民党员2名。实行基层党员发展上管一级，坚持成熟一个、发展一个，防止党员发展家族化、裙带化。健全科学的党员退出机制，畅通出口，严肃处置不合格党员。

【深入推进党支部结对共建共创】 按照“全面推、重点推、深度推”三步走的要求，认真制定第二阶段活动方案，明确目标，细化措施，落实责任，推动全州共建共创工作深入开展。全面落实党内帮扶制度，各级党组织走访慰问贫困党员、群众64572人次，发放慰问物资折资1133.65万元。大力开展“N+1”和“1+N”活动，深化党员帮带服务。18618名机关党员结对19570名农牧民党员，15804名农牧民党员结对88472名农牧民群众。开展“双报到”活动，组织机关党支部、党员到结对村党支部报到，组建党员服务队，为农牧民生产生活服务，为农牧民办好事、实事8956件，化解矛盾纠纷2652件。设立党员先锋岗2578个，划分党员责任片区4952个，为9149名无职党员设岗定责，增强党员宗旨意识、服务意识、责任意识，发挥党员先锋模范作用。

【做好村级党组织换届选举工作】 为确保全州村级党组织换届选举工作顺利进行、选好配强村级党组织班子，制定了村级党组织换届选举工作的实施意见，把政治可靠、公道正派、能力较强、遵纪守法、执行力强和群众公认的优秀人才选拔到村级党组织带头人队伍中来。村级组织换届选举工作从8月下旬开始，11月底前结束，分为四个阶段。按照“先进、一般、后进”不同类别，确定286个典型代表村开展换届试点，为全州村级组织换届总结经验做法。全年共完成2657个村、52个社区党组织换届选举工作，其余村（社区）在2014年3月底前完成换届工作。

【加强各级领导班子建设】 强化思想政治建设，通过健全议事规则，规范决策程序，改进民主生活会议制度，开展谈心谈话，届中履职回访考察等工作，切实加强学习型、创新型、服务型领导班子建设。坚持“信念坚定、为民服务、勤政务实、敢于担当、清正廉洁”好干部选任标准，鲜明省委“重品行、重实干、重公认”用人导向，严格执行干部选拔任用规定和程序，把政治立场坚定作为干部选任的首要标准，把懂藏汉双语作为先决条件，把善做群众工作作为重要依据，坚持推行人岗相适选任模式，用“忠正廉能绩”考察识别干部。全年共调整配备副县级以上领导干部8批次188名，其中提拔任职82名。

【做好援藏援石干部工作】 鼓励援助干部人才争当藏区社会经济发展的建设者。启动实施“千名援藏干部人才传帮带万名干部人才计划”，力争到2020年为全州传帮带10000名优秀本土人才。强化对援藏干部人才的关心关爱，对援藏期间表现突出的优秀干部人才予以提拔重用，第二批援藏干部人才援助以来，派受两地提拔使用43名，其中：正县级3名、副县级6名、正科级19名、副科级15名。认真抓好“千名卫生干部援助民族地区行动”，将援助甘孜州的38名卫生人才纳入援藏干部队伍范畴，实行同管理、同服务。选派116名后备干部到省级机关和对口支援市（区、县）顶岗挂职锻炼。选派第二批80名干部人才赴石渠开展援助工作，表彰29名援石优秀干部人才。

【严肃干部队伍监督管理】 深入贯彻落实干部选拔任用四项监督制度，严格落实干部监督联席会议制、干部工作重大事件报告制、干部选任全程纪实制、新提拔干部财产收入申报制、任前集体谈话制、领导干部离任审计制、县委书记任期干部任用检查制等制度。研究制定《关于干部谈心谈话全覆盖的实施办法》和《关于从严干部监督管理的实施意见》，对全州2008年以来党政领导干部受处分情况进行全面清查，建立了全州“特别监督档案”资料库。全面开通“12380”举报专用电话和举报网站。全年完成2125名州管干部的个人有关事项报告工作，审批科级干部破格提拔22人，开展谈心谈话318人，函询领导干部2人，提醒谈话613人，诫勉谈话44人，调查核实信访举报13件，委托州审计局完成3名州级部门领导经济责任审计。

【干部队伍教育培训】 坚持把提升干部政治素养和工作能力作为干训工作的重要任务，采取“走出去、开放式”培训方式，在中国传媒大学举办“应对网络舆情和文化建设”专题培训1期，培训40人；在国家行政学院举办“生态文明建设”“应急管理能力提升”专题培训各1期，培训84人；完成中央和省级调训31批次165人。发挥州县两级党校和行政学院“主阵地”作用，分级统筹开展大规模培训干部，全年完成新录用公务员培训

242 人，任职定级培训 106 人；举办州级主体培训班 7 期，培训干部 450 余人；指导各县举办主体班 98 期，培训 7500 人；举办乡镇干部培训班 46 期，培训乡镇干部 2308 人次。研究制定《甘孜州基层干部藏汉双语学习培训实施办法》，依托四川民院、州行政学院举办藏语口语师资培训 2 期、培训 120 人；州县举办基层干部藏语口语培训 16 期、培训 960 人。

（龚薪友）

·宣传工作·

【概况】 2013 年，全州宣传工作以群众工作为主线，纵深推进“爱国、守法、感恩、团结”主题宣传教育活动，深化“中国梦”宣传教育，加快构建覆盖全州城乡的公共文化服务体系，为建设“实现伟大中国梦，建设美丽生态和谐幸福新甘孜”提供有力的精神动力、舆论支持和思想政治保证。加强文明创建工作，完成全州各级文明单位复查验收工作，指导康定县创建省级文明城市，并顺利通过验收。全年新增争创省级最佳文明单位 3 个、省级文明单位 9 个、省级文明村镇 5 个，申报州级最佳文明单位 25 个、州级文明单位 31 个、州级文明村镇 9 个。年内，州委宣传部荣获“2013 年度四川省精神文明建设宣传报道工作先进单位”“2013 年度四川省未成年人思想道德建设宣传工作先进集体”称号。

【理论学习】 加强党员干部理论学习，通过召开座谈会、邀请知名专家学者作专题报告等形式，集中抓好州委中心组理论学习 9 次 12 天，州县中心学习组参学率均达到 96% 以上。以州情为实际，陆续开展“十八大下基层”、省委十届三次全会主题形势报告会等宣讲活动，举办群众宣讲活动 667 场次，宣讲覆盖全州 90% 的乡和 60% 的行政村，举办省委十届三次全会主题形势报告会 19 场，实现全州覆盖。编发《实现伟大中国梦　建设美丽生态和谐幸福新甘孜理论学习资料汇编》，邀请国防大学教授和省直机关党校专家作专题讲座，组织开展“中国梦”主题宣讲和“实现伟大中国梦，我为甘孜立新功”演讲比赛，通过各级党委（党组）中心组学习，支撑全州中国梦主题学习教育的普及和深化。在全州开展“展干部风采”主题活动，从 98 名推荐对象中选出 54 名先进个人，以典型的示范作用教育和鼓舞广大干部群众。开展“全国全省道德模范”评选学习宣传活动，在第三届全省道德模范评选活动中，菊美多吉被评选为敬业奉献模范、邓开华被评选为诚实守信模范，菊美多吉被推荐为第四届全国敬业奉献道德模范候选人。

【“爱国、守法、感恩”主题宣教活动】 按照“加力、减繁、乘效、除弊”工作原则，以送文艺下乡、宣讲、读报等群众喜闻乐见的方式，切实增强宣教内容指导力、队伍建设力、方法创新力，在建立全覆盖机制、巩固宣教成果，推动活动常态化上实现提升。全年开展送文艺下乡演出 779 场、观众 658300 人次。建立州、县、乡、村 5000 余名宣讲辅导员队伍，编发《牵手、贴心、圆梦》《“爱国守法感恩团结”群众宣传教育指南》《菊美多吉先进事迹学习读本》《爱国》《守法》《感恩》等各类辅导读本 40 余万册、制作光碟 4000 余张，《甘孜日报》刊发《群众工作特刊》5 期 100 余万份。举办“爱国、守法、感恩、团结”群众宣讲师资培训 2 期，各类主题宣讲 14000 余场、典型宣讲 5000 余场、“面对面”宣讲 20000 余场、“1 + N”宣讲 8600 余场，发放宣传资料 16.39 万份。全州开展读报活动 32870 余场，其中村 19760 余场、学校 9670 余场、寺庙 3430 余场。

【新闻宣传】 围绕全州中心工作，突出发展、稳定和民生主线，组织策划“两会报道”“展干部风采”“中国梦、甘孜梦、我的梦”等系列报道，以及“群众工作六大活动”、

“交通三年攻坚”等重点工作宣传，营造攻坚克难、砥砺奋进，建设美丽生态和谐幸福新甘孜的氛围。全年在中央和省级主流媒体刊播各类新闻消息2136条，其中《人民日报》刊载26条、中央电视台《新闻联播》播出15条、《求是》杂志刊用1篇、《四川日报》刊载182条，四川电视台播出140条，《康巴卫视》播出670余条，《中新社》、《新华社》、《经济日报》、《光明日报》、《中国青年报》、《大公报》、凤凰卫视等国内主流和知名媒体纷纷聚焦甘孜，刊播量比上年增加300%，260余条稿件在境外672家媒体刊播。

【对外宣传】 以圣洁甘孜走进广东、稻城亚丁机场通航、文化中国·海外知名华文媒体四川藏区行、走进甘孜看变化、聚焦群众工作等重大活动为载体，邀请中央电视台、广东和四川媒体60多家参与报道，提升甘孜的影响力和美誉度。年内，策划外宣活动20余起，向主流媒体投送稿件2000余篇，向外集中发布16起，拟定各类方案34个。组建全州第一支网评员队伍，在全国“两会”期间组织跟帖评论460余条，及时化解石渠虚假求助微博、黄鼠狼咬伤女婴伤情危重、驴友为巴塘寺庙僧人办学求助捐赠微博、康定木格措火灾、美国专家预测康定云南将发生大地震等网络虚假信息5起，有效引导舆论消除负面影响。

【开展农牧区文明提升行动】 深化川藏线千里文明走廊品牌创建活动，通过农牧民自创、城乡共建、军警民共建、企地共建方式，加快沿线红色旅游资源开发，全面提升甘孜形象。投入资金25万元，抓好全国生态旅游示范点、进藏第一新农村、藏区一流牧民定居点、军民共建共创生态示范先进镇等5个重点生态文明村镇示范点建设。通过开展“新家园、新生活、新风尚”创建和结对共建活动，在广大农牧民群众中积极倡导生活新理念、生产新模式，开展以“文明养成、文明礼仪实践、开展文明养成引导志愿服务、星级文明户和文明村镇创评”等为内容的文明提升行动，评选出一批带动作用强的文明户。

【推进未成年人思想道德建设】 推动重大活动进校园，开展学雷锋访谈活动、主题班队、团队活动300余场次，举办“甘孜儿女心向党青春舞动中国梦”文艺演出、“甘孜儿女心向党同心共绘中国梦”手抄报展，“我的中国梦”首届青少年邮展以及好品书香经典诵读活动。拓展校园文化阵地，全州共建成县级“做一个有道德的人”示范学校19所，建成县级“心海护航”示范学校19所，建立完善红领巾广播站和校园小记者站40个。加强少年宫建设，建成中央乡村学校少年宫18所，落实活动经费90万元；新建中央乡村学校少年宫10所，投入资金200万元；完成地方自建乡村学校少年宫40所，色达县民族文化少年宫和泸定县红色文化少年宫被列入《乡村学校少年宫指导手册》，指导全国乡村学校少年宫开展特色活动。

【先进典型宣传】 作为中央宣传部确定的全国先进典型，在全州再掀学习菊美多吉先进事迹热潮。大型多媒体话剧《寻找菊美多吉》在成都公演取得成功，中央电视台、中央人民广播电台、《人民日报》、四川电视台等主流媒体对话剧和菊美多吉先进事迹进行了多方位、深层次的宣传报道。省州媒体共刊发各类消息文章1659篇，百度、谷歌、新浪、腾讯等国内知名网站转载各类通讯、消息、图片、专题等59万余条，全国藏区掀起向菊美多吉先进事迹学习热潮。

（向　婧）

·统战工作·

【概况】 2013年，州委统战部深入贯彻落实中央、省委有关藏传佛教寺庙管理重要文件精神，加快推进甘孜藏传佛教寺庙管理长效机制建设，为建设美丽生态和谐幸福新甘孜提供强有力的保障。3月，州委、州政府出台《关于推进藏传佛教寺庙管理长效机制建设的实施意见》，对寺庙人员、场所、活动管理等26项重点工作进行安排部署，明确了6个州级牵头部门和44个州级责任部门的职责，落实了18个县的管理责任，并实行宗教工作一票否决。有序推进藏传佛教寺庙管理各项工作，开展了224座寺庙打桩定界工作，完成159座寺庙用地审批手续，发放宗教活动场所登记证1100套，清理违规宗教设施22起。积极开展寺庙僧尼基本信息采集和建档工作，全州采集僧尼信息51145人，制发僧尼证30903本。进一步推进寺庙依法管理制度创新，完成53座寺庙依法管理制度创新，选派448名干部进驻寺管会，组织两批创新寺庙寺管会主任、副主任89人赴西藏成都考察培训。

【宗教人士培训】 在州社会主义学院成立宗教代表人士培训中心，按照《宗教界代表人士“百千万”工程实施方案》，分步骤对百名宗教界代表人士、千名经师、万名僧尼开展培训培养，巩固党同宗教界的爱国统一战线，逐步培养一批政治上靠得住、学术上有造诣、品德上能服众的宗教界代表人士。年内，州级共举办经师、寺庙“三员”（财务人员、文物管理人员、消防员）、寺管会主任等培训班3期共培训160人，各县培训宗教人士2500余名，编纂印发藏汉双语的《宗教工作简明手册》（干部读本）和《持戒精修、护国利民》（僧尼读本）各10000册。在甘孜日报开辟“同心同向”活动宣传专栏，在州电视台开设《同心之路》专栏，大力加强宗教人士宣传教育工作。

【抓好党外人士工作】 按照政治协商“三在前”、“三在先”要求，先后召开民主协商会、情况通报会、意见征求会21次，进一步扩大党外人士的民主监督权和参与权。加大党外干部培养力度，对146名党外副县级后备干部进行全面了解，对47名副县级以上党外干部进行全面考察，目前18个县的县级领导班子共配备有党外干部54名，州级相关部门共配备副县级及以上党外干部42名，增补5名党外干部和3名党内干部为十二届州政协委员。加大党外代表人士培训培养力度，制定出台《关于加强新形势下党外代表人士队伍建设的实施意见》，选派4名县级、8名科级党外干部赴省级部门和内地市顶岗挂职，选派29名统战干部、党外干部、工商联干部、民营企业家参加省委统战部主办的培训班；举办甘孜州首期党外代表人士读书班，28名州内优秀党外干部人才参加。开展党外人士电子信息化管理工作，对具有一定职级（职称）和影响力的党外人士进行摸底建档，共登记录入党外知识分子1101人、党外干部269人、宗教界代表人士447人、非公有制经济代表人士99人。

【开展“同心同向”活动】 推进不断提升“同心同向”活动面和质量，全州768名州县各级领导和922名县级部门负责人联系532座寺庙教堂，与3437名宗教代表人士交友谈心。州级领导及州级联系单位负责人入寺362人次，县级领导入寺2238人次，区科级干部入寺3732人次，走访恳谈宗教界人士13522人次，发放慰问金及慰问品折价284.9万元，调解矛盾纠纷84件，收集建议意见1461条，解决困难问题540件，政策法规宣讲4408场次。

【全面落实惠寺惠僧政策】 按照《甘孜州寺庙基础设施建设规划》，争取落实“十二五”期藏传佛教寺庙基础设施建设2013年专项资金8895万元，州财政安排资金500万元用于寺庙“五通”建设。全年保障寺庙困难僧尼15272人，资助困难僧尼参加医保、新农合10457人，纳入基本医疗保险34890人、养老保险17003人、五保供养493人，救助住院患者606人，完成55581名僧尼健康信息调查，建立健康档案46601份。

【推进非公有制经济工作】　全州18个县级工商联（民间商会）顺利换届。积极推进“甘孜州光彩事业促进会”成立筹备工作，储备了一批光彩事业项目。年内，中国人口福利基金会捐款100万元援助甘孜州教育项目；7名贫困学生，被“李锦记希望厨师”面试录取；民营企业（个体工商户）为甘孜州“爱心慈善”活动捐款300余万元；建立完善非公有制经济代表人士人才库，登记300人；选派5名非公有制经济人士和县级工商联主席到省培训，1名民营企业家参加全省民营经济中高级管理人才培训班。

【做好国外藏胞工作】　2013年，收到国外藏胞探访征求意见66批1256人，按照“区别对待、严格审批”原则，同意特殊情况回国探访者37人。积极开展对国外藏胞回国探访者的接待管理，全年接待国外藏胞164人。组织回国探访藏胞赴州新农村建设点参观考察12次，召开座谈会131次。慰问和走访定居、滞留藏胞140余人次，发放慰问金及慰问品折合人民币13.63万元；正确引导国外藏胞捐助、捐赠活动，全年国外藏胞投资捐赠370万元；向国外藏胞、藏胞亲属赠送反映家乡发展变化及民族文化风情的DVD光盘达821盘，相关的书籍、画册243套（册）。

（熊　军）

·机关党建·

【概况】　围绕“服务中心、建设队伍”两大任务，推进机关党建工作，取得新的阶段性成果。抓好机关党员的思想政治建设，在《甘孜机关党建》杂志开设专栏，宣传报道各基层党组织学习宣传十八大精神动态，开展“实现中国梦、安全来护航”演讲比赛，“深入学习党的十八大精神，加快推进‘美丽生态、和谐幸福’甘孜建设”主题征文等活动，收集整理优秀征文171篇，评选优秀征文32篇、心得体会41篇，举办机关大讲堂4场。深入开展机关文化建设“五个一”活动，开展“争先进、比奉献、展风采”、“实现中国梦·安全来护航”演讲比赛，“阅读伴我行·书香满人生”读书活动，“中国梦·甘孜梦·我的梦”等活动13场，发放《中国梦党员干部读本》200余本。

【推进基层党建创新】　夯实组织基础，不断提高机关党建科学化水平。完善州直机关党组织和党员信息库建设，完成23个机关党委、209个机关党支部、3950名党员信息库的校核录入工作；完成3个机关党支部设置，指导13个党支部完成支部委员会换届选举工作。做好党建示范工作，将州直机关党组织划分为3个片区，建立州直机关工委委员分片区联系党建工作责任制，全年新发展党员50人，按期转正预备党员40名，党组织关系转入188人、转出69人。深化基层党组织“三分类三升级”活动，考核评定先进基层党组织85个，一般基层党组织86个。举办党务干部培训班2期，对70个州级部门、省州属企事业以及12个县直属机关党（工）委的150余名党务干部进行培训；举办入党积极分子培训班1期，培训入党积极分子149名；举行党员培训班2期，对206个党支部近3年发展的党员进行轮训。健全党内关怀机制，元旦、春节、“七一”节日期间慰问困难党员104名，发放慰问金4.1万元；在建党92周年庆祝大会上表彰优秀共产党员98名。

【党风廉政建设】　建立州级机关惩防体系，制定下发《州直机关建立健全惩治和预防腐败体系2013—2017年实施方案》，推动机关党建引领机关建设、满意机关创建推进机关作风建设、机关和谐促进社会和谐。认真做好来信来访和案件侦办工作，受理来信来访11人次，承办州纪委交办的案件1件，审议案件1件，开除党籍1人，来信来访案件办结率达

100%。创建廉政文化活动阵地，以提升州级机关15个廉政文化示范点建设为突破口，新建州民干校、州国资委、州交通局、州质监局、州委党校5个廉政文化基地建设，州级部门已建成廉政文化基地20个，州国税局投资80万元建成全省国税系统廉政文化教育基地已投入使用，州委党校开设州级机关干部廉政教育课堂。

【群团工作】 指导州法院、州人社局等6个团组织进行换届选举工作，新成立州质监局、州国税等4个青年委员会，新成立亚丁景区管理局团委1个。全年配备机关团干部22人，发展新团员47人，按要求和标准推荐10名优秀团员作为党的发展对象，办理超龄离团27人。向团省委推荐表彰优秀团干部1名，优秀团员2名；向团州委推荐表彰优秀团员5名，优秀团干2名，“五四”红旗团委2个，“五四”红旗团（总）支4个，优秀青年志愿者4名。深化“青年文明号”创建工作，推荐60名团代表参加了团州委第十次代表大会。招募青年志愿者300名，开展“关爱成长、亲情陪伴、亲情助孤”服务活动3次。建立完善州级部门妇女工作委员会组织机构，全年审批机关妇女工作委员会换届及增补委员3个，慰问困难妇女职工15人次。

（杨建美）

·信访工作·

【概况】 2013年，全州信访工作以群众工作全覆盖为统领，在创新体制机制、推进领导干部接访下访、矛盾纠纷排查化解、群众信访积案化解、治理非正常上访、夯实基层基础、强化责任落实、提升工作能力等方面取得新进展，群众信访工作形势总体平稳。全年受理群众来信来访2266件4482人次，分别比上年减少17.3%、23.2%。其中：来信455件，比上年减少18.3%；来访1001批3232人，比上年减8.7%、22.9%；集体访145批1583人，重访101批617人；到省进京上访51批178人次，比上年分别减少537.5%、143.8%。网上信访810件，其中人民网留言40件、省长信箱107件、州委书记信箱211件、州长信箱452件。推进矛盾纠纷排查化解，排查各类信访矛盾纠纷381件，化解167件。按照受理、交办、督办、回复群众信访事项的工作制度，受理初次信访问题1348件，化解1011件。

【推行州、县领导接访下访】 积极推行州、县领导干部接访下访和机关干部下访活动常态化、规范化、制度化，相继出台《州委、州政府领导接待群众来访的通知》和《关于2013年度州级有关部门轮流到州群众信访接待中心接待来访群众的通知》两份文件。年内，州、县领导共接待群众来访217批580人次，解决群众诉求168件；州、县4.51万名干部职工下访、走访基层群众19.32万户57.32万人次，帮扶群众困难2883个、解决利益诉求1998件、化解矛盾纠纷2889件。

【信访积案化解】 认真贯彻落实全省信访工作电视电话会议精神，印发《关于领导包案化解信访积案的通知》，开展群众信访积案化解活动。年内，成功化解9件跨地区、跨行业、跨部门“三跨三分离”信访案件；采取重点督查、专项督办等方式共督导检查36件突出信访事项办理情况，发文督办重要信访事项12件。同时，对清理出的24件群众信访积案，省交办的集体访、重复访10件案子，由8位州级领导和24名县级主要负责人包案化解，至年底已化解29件，化解率达85.3%。

（宁　力）

·政策研究·

【概况】 2013年，政策研究工作紧紧围绕州委、州政府中心工作，着力在改善民生、基础设施建设、培育壮大支柱产业、维护社会和谐稳定等方面选好课题，形成《甘孜州康定县实施旅游全域化战略研究》《丹巴打造乡村旅游示范县研究》2篇重点课题，围绕旅游发展、康定县民营企业发展现状、牧民定居产业、藏医药人才等开展调研，形成甘孜州发展智慧旅游的思考、甘孜州农村社会闲散青年情况调查、康定县民营企业发展现状调查分析、加快培育牧民定居后继产业发展的思考、全州中藏医药人才队伍情况的调查等调研文章。

【调研期刊编发】 收集、整理和反映全州经济社会发展中具有典型性、倾向性、苗头性的重大问题和应予关注的社情民意，编发《调查与决策（内参）》9期和《要情与信息》8期，内容涉及全域旅游发展、群众工作、民营经济发展、农村经济发展等方面。全年编发《调查与决策（季刊）》4期，刊录调研文章80余篇、图片30余幅，发行2000余册。编辑发行《甘孜州领导干部调研文集（2012卷）》，收编2012年度全州各级领导干部调研文章70余篇，发行400余册；编辑出版《爱筑华章——州级农口部门群众工作活动集锦》，发行1100余册；编发《政策活页》专刊4期。

（杨　佳）

·党史研究·

【《甘孜党史》创刊】 2013年，为了把学习宣传十八大精神与深入贯彻落实《中共中央关于加强和改进新形势下党史工作的意见》以及《中共甘孜州委关于加强和改进新形势下党史工作的意见》，结合甘孜州第十次党代会精神，建设美丽生态和谐幸福新甘孜，经州委同意，由州委党史研究室主办的内部刊物《甘孜党史》创刊。《甘孜党史》的宗旨是充分发挥党史以史鉴今，资政育人作用，立足本州，放眼全国，以宣传、研究党的历史特别是甘孜党的历史为主要内容，以两个党的历史决议为指导，大力弘扬甘孜红色文化，推进全域红色旅游发展，为全州各县以及社会各界人士提供一个党史交流的平台。

（杨剑锋）

·老干部工作·

【概况】 扎实做好老干部管理、引导、服务工作，组织老干部学习传达党的十八大精神、“中国梦”主题宣讲和“学党章、守党纪、强党性”活动7次，征集稿件40篇。加强离退休干部的思想政治建设和党支部建设，征订学习资料2000余份、《中国共产党章程》1000余册，保证离退休干部阅文学习、参加重要会议和重大等政治待遇。与州教育局协同举办暑期“烛光点拨”支教活动，引进退休高级教师和专家12名。加大对行政、企事业单位离退休人员抚恤金发放情况进行清理，落实27名企业离休人员津补贴政策。落实离休干部相关政策，制订下发《关于提高离休干部住院护理费补助标准的通知》，离休干部住院护理费州内由30元/天·人提高到60元/天·人，州外由原40元/天·人提高到100元/天·人；老红军活动管理费提高到2000元/年·人，地（厅）级离休干部1500元/年·人，县级离休干部1000元/年·人。完善信访管理制度，办理信访件19件，接访58人次，办结率达100%。组织老干部外出学习考察，6月和10月，分别组织两批州级机关老干部到九寨和江西革命老区学习考察。做好雅安、邛崃干休所抗震救灾工作，争取州财政资金90万元对雅安干休所老干部受损房屋进行维修加固。

【创新老干部服务管理】 建立州级机关老干部驻成都、温江、双流、雅安、泸定联络点，充分发挥老干部“自我管理、自我教育、自我服务”的作用，指定25名老干部担任联络员，联系老干部680人，开展政治理论学习和娱乐活动。在全州实施离休干部关爱工程，全力做好高龄、“空巢”、独居、失能离休干部的服务管理工作。坚持走访慰问老干部制度，5—6月，组织走访慰问省内分散安置的离休干部142人；8月，牵头举办州属邛崃干休所老红军张成钰的百岁华诞寿宴，州委书记胡昌升专程前往看望老红军。

【开展“三讲三提升”活动】 全州老干部工作部门以纪念建立离退休干部工作机构30周年为契机，开展“讲责任、讲作风、讲奉献”、“提升素质、提升水平、提升形象”的活动，提升机关和干休所工作人员服务基层、服务群众、服务老干部的能力和水平，增强责任意识。开展“我与老干部”征文活动，有15篇稿件获得优秀奖，3篇稿件分别获得省老干部局二、三等奖。

【州老年大学挂牌成立】 7月23日，甘孜州老年大学挂牌仪式暨开学典礼在州行政学院隆重举行。州委副书记、纪委书记刘坪出席仪式并致辞，副州长许春秀主持仪式。10月31日，州老年大学首期200名学员结业。

（冯天清）

·党校工作·

【概况】 2013年，州委党校按照“打基础、抓管理、建队伍、促教研、树形象”的思路，不断加快“一体两翼”办学模式。全年举办各类培训班33期，培训2700人次。继续与四川大学、四川农业大学等省内高校联合招生，全年招生934人，其中在职研究生招生78人、成教招生501人、网教招生355人，注册学生864人，在校生人数2140人，毕业863人。教学组织方式不断创新，“党校+教学基地+异地培训”的培训模式不断成熟，形成“基地主题教学实践活动”的教学新方式。加快师资队伍建设，引进专业技术人才5人，其中硕士研究生3人、本科2人；提升师资能力水平，选派教师外出培训11人次，其中国家行政学院4人次、省委党校7人次，学术交流2人次。科研能力稳步提升，3篇文章获四川省邓小平理论研究会三等奖，1篇文章获全省第六届中青年专家学术大会二等奖；完成党校函授志（1993年~2013年）近20万字编写工作。发挥党校开展廉政教育的师资和场地优势，打造干部廉政文化教育基地，10月建成廉政文化教育展厅，通过文字、图片展览、观看警示录像、播放违法人员的庭审录音录像、违法人员的悔罪资料等，对党员干部进行反腐倡廉理论、形势教育，累计接待州级部门10批次200余人参观。

【党员干部教学主阵地作用充分发挥】 全年举办各类主体班次14期，培训人数900人次。举办各类社会化培训班共19期，培训1760人次。突出开放式办学，选派骨干教师到州内各县、乡镇、牧区、企业和机关送教上门宣讲，州县党校有50余名骨干教师参与宣讲100余场次，5000余人次聆听报告。

【第十四期中青年培训班开班】 5月7日，州委党校第十四期中青年干部培训班开班典礼在州委党校举行。州委常委、组织部部长、党校校长陈忠义出席典礼并讲话。来自全州18个县和州级行政事业单位的71名中青年干部将参加为期三个月的培训，此次培训将采取理论与实际、辅导与自学、思考与交流、课堂与现场、学习与实践相结合的方式进行。

【科研成果丰硕】 本着“党校科研为提高教学质量服务，为州委、州政府中心工作服务，为领导决策服务”的方针，先后深入雅江、稻城、道孚、炉霍、甘孜、九龙、丹巴、泸定等县开展大调研活动，形成调研文章10篇。全年完成科研文章47篇，其中国家级公刊1篇、省级公刊2篇、省级内刊2篇、州级公刊7篇、州级内刊35篇。申报省委党校一般调研课题6个立项并以申报结项，接受省委党校重大委托研究课题1个。

（廖彩虹）

དཀར་མཛེས་ཁུལ་དམངས་ཆེན་རྒྱུན་ཨུ་ལྷན་ཁང་།

甘孜州人大常委会

·综述·

【概况】 2013年，州人大常委会紧紧围绕建设美丽生态和谐幸福新甘孜的战略定位，着力“生态立州、产业强州、科教兴州、依法治州、和善安州”总体战略，积极探索“三化”联动发展路径，按照“一优先、二有序、三加快”的产业发展思路，充分发挥地方权力机关作用，依法履行职责，不断推动人大工作向前发展。围绕大局履行职责，常委会牢固树立党的观念和大局意识，在立法、监督、讨论决定重大事项和人事任免等工作中，坚持重大事项向州委请示，确保州委各项决策的贯彻实施。为加强和改进新时期人大工作，在州委高度重视下，出台了《中共甘孜州委关于进一步加强人大工作的意见》，对人大工作中带有根本性、全局性、长远性的问题作出明确规定。坚持会前调研和视察制度，围绕全州发展、民生、稳定等重点课题深入开展督查和调研，深入乡镇、村组212次，召开座谈会142次，形成调研报告35篇，在各级媒体发表文章216篇，在甘孜人大网发布信息620条。建立常委会领导督办代表建议、意见机制，全年确定重点建议、意见7件由常委会领导督办，其中“关于延续安心工程”“关于新型农村合作医疗制度门诊统筹基金实行累积”“关于扶持甘孜红色旅游保护开发项目”等建议得到很好解决，有113件代表建议、意见均在法定时限内办结并答复代表。倾情倾力做好群众工作，常委会领导率先垂范，为结对亲戚所在地协调资金近500万元，解决路、水、电等困难；各县州人大代表结对认亲1274户5442人，协调资金51.3万元，解决困难1161件；联系寺庙111座，召开恳谈会657次，协调资金96.5万元，解决困难362件；结对孤残251个，捐款捐物价值32.8万元；开展宣传教育970场，服务群众17.5万人次。坚持党管干部与依法任免的有机统一，举行任前法律知识考试5次，15名拟任命人员参加考试，任免干部17人次。

【督办人民信访】 按照“统一受理、综合分析、分类交办、定期反馈、严格督查”要求，健全人大信访工作机制，完善信访制度，规范工作程序，加大信访处理力度，推进问题解决。全年受理人民群众来信来访37件次，全部依法妥善处理。

·重要会议·

【州十一届人大二次会议】 1月6—8日在康定召开，大会应到代表289人，实到代表265人，符合法定人数。主要议程是：⑴听取州长益西达瓦作政府工作报告；⑵审查关于甘孜州2012年国民经济和社会发展计划执行情况及2013年国民经济和社会发展计划草案的报告（书面）；⑶审查关于甘孜州2012年财政预算执行情况及2013年财政预算草案的报告（书面）；⑷听取州人大常委会关于甘孜藏族自治州非物质文化遗产条例（草案）的说明（书面）；⑸审查批准了州政府工作报告、2012年国民经济和社会发展计划执行情况报告与2013年国民经济和社会发展计划草案的报告、2012年地方财政预算执行情况和2013年地方财政预算草案的报告、州人大常委会工作报告、州中级人民法院工作报告、州人民检察院工作报告；⑹审议通过了《甘孜藏族自治州非物质文化遗产条例（草案）》；⑺选举出甘孜州出席四川省第十二届人民代表大会的代表，补选扎西翁加、李文清为甘孜州十一届人大常委会委员。

·资料链接·

州第十一届人大二次会议主席团和秘书长名单

（以姓名笔画为序）

2013年1月6日州第十一届人大二次会议预备会议通过

主席团名单

王永康（汉） 王成康 公 纠 白苏英（女）
毕世祥 吕芙蓉（女，汉） 伍 强 向 秋
刘忠东（汉） 刘 坪（汉） 杜德清（汉）
李文清（汉） 李致民（汉） 李能武（汉）
李 康 杨国元 杨 凯 杨煜康 何晓春 何康林
汪 洋（汉） 汪 堆 张永德（汉） 阿基布珠
陈廷全（汉） 陈忠义（汉） 陈荣华（汉）
陈洪暴（汉） 陈德贵 郑显峰（汉）
春 莲（女） 赵 荣（汉） 赵景强
胡昌升（汉） 胡德明（彝） 相 洛
香根·巴登多吉 段内开 段毅君（汉）
祝 军（汉） 徐芝文（汉） 益西达瓦
康光友 雷建平 廖才坤

秘书长 李致民（汉）

【州委第四次人大工作会议】 6月27日在康定召开。会议主要任务是深入贯彻落实党的十八大和全国“两会”精神，认真总结全州人大工作，研究部署加强和改进人大工作的任务措施，扎实推进全州政治文明建设，努力开创人大工作新局面。会议出台《中共甘孜州委关于进一步加强人大工作的意见》，对人大工作中带有根本性、全局性、长远性的问题作出明确规定，会议决定设立人大研究室和代表联络室，设立机关党委专职副书记，提高人大工作经费、代表活动经费。

【常委会会议】 年内，州十一届人大常委会会议共召开6次。

2月28日，第一次会议召开（州十一届人大常委会第八次会议）。会议专题学习了党的十八大精神，邀请四川民族学院政法系主任、法学教授蒋超作题为《深入学习十八大法治精神着力推进甘孜州依法行政》专题讲座。会议书面传达了四川省第十二届人民代表大会第一次会议精神。

4月23日，第二次会议召开（州十一届人大常委会第九次会议）。主要议程是：⑴表决通过甘孜州第十一届人大常委会第九次会议议程（草案）；⑵听取州长益西达瓦所作的州政府关于近期财政工作情况的报告；⑶对《甘孜藏族自治州关于实施中华人民共和国村民委员会组织法的变通规定（草案）》进行了一审；⑷听取和审议州政府关于甘孜州2011年度财政预算执行情况和其他财政收支审计处理结果的报告，州政府关于《甘孜藏族自治州藏传佛教事务条例》贯彻情况审议意见办理情况的报告，州检察院关于民事行政检察工作情况的报告；⑸审议通过州人大常委会关于《代表密切联系群众工作暂行办法》、《代表小组活动暂行办法》；⑹表决通过了人事任免事项。

6月25日，第三次会议召开（州十一届人大常委会第十次会议）。主要议程是：⑴传达四川省第十二届人大常委会第三次会议精神和四川省第十七次市州人大常委会人事代表工作座谈会议精神；⑵听取州政府关于开展“六五”普法工作情况的报告、关于食品安全工作情况的报告、关于《中华人民共和国安全生产法》和《四川省安全生产管理条例》实施情况的报告、关于《四川省城乡环境综合治理条例》实施情况的报告、关于草

补工作审议意见办理情况的报告；⑶表决通过《甘孜州第十一届人大常委会代表资格审查委员会关于个别代表的代表资格审查报告》《甘孜州人大常委会关于调整甘孜藏族自治州第十一届人民代表大会代表资格审查委员会副主任委员的决定》《甘孜州人大常委会关于接受钟利军辞去州人大常委会委员职务的决定》，表决通过了《甘孜藏族自治州人大常委会专题询问办法》《甘孜藏族自治州人大常委会质询办法》《甘孜藏族自治州人大常委会任前供职发言规定》《甘孜藏族自治州人大常委会组成人员出席会议规定》《甘孜藏族自治州人大常委会关于“一府两院”列席州人大常委会会议和参加州人大常委会活动的规定》；⑷表决通过了人事任免案。

8月27日，第四次会议召开（州十一届人大常委会第十一次会议）。主要议程是：⑴对《甘孜藏族自治州突发事件应对条例（草案）》和《甘孜藏族自治州藏族语言文字条例（草案）》进行一审；⑵听取和审议州政府2013年1月~6月国民经济和社会发展计划执行情况的报告、2012年财政决算报告、2013年1月~6月月财政预算变动及财政预算执行情况的报告、2013年地方政府债券转贷资金安排情况和预算调整方案的报告、2012年度财政预算执行情况和其他财政收支的审计工作报告；⑶听取和审议州政府、州中级人民法院、州检察院关于《刑法》《刑事诉讼法》《治安管理处罚法》贯彻情况审议意见办理情况的报告；⑷审查批准了2012年州本级财政决算和今年预算调整方案；⑸审议通过州人大常委会特定问题调查办法和州检察院提请的人事任职案。

10月24日，第五次会议召开（州十一届人大常委会第十二次会议）。主要议程是：⑴听取州人大常委会农业和农村工作委员会关于《甘孜藏族自治州突发事件应对条例（草案）》审查意见的报告、州人大常委会民族宗教外事工作委员会关于《甘孜藏族自治州藏族语言文字条例（草案）》审查意见的报告；⑵听取州政府关于《甘孜藏族自治州“十二五”规划纲要》执行情况的中期评估报告、关于调整《甘孜藏族自治州“十二五”规划纲要》部分指标的报告、关于《中华人民共和国行政监察法》实施情况的报告、关于《甘孜藏族自治州生态建设规划》实施情况的报告、关于修编《甘孜藏族自治州州域城镇体系规划（2012—2030）》的情况报告、关于《甘孜藏族自治州义务教育条例》实施情况的报告、关于州十一届人大二次会议代表建议、批评和意见办理情况的报告；⑶听取州人大常委会人事代表工委关于州十一届人大二次会议代表建议、批评和意见处理情况的报告和甘孜藏族自治州人大常委会代表资格审查委员会关于个别代表的代表资格审查报告；⑷表决通过《甘孜藏族自治州人大常委会关于甘孜州人民政府调整〈甘孜藏族自治州“十二五”规划纲要〉部分指标的报告的决议》、《甘孜藏族自治州第十一届人大常委会代表资报告》。

12月24日，第六次会议召开（州十一届人大常委会第十三次会议）。主要议程是：⑴会议决定于2014年2月25日至27日召开州十一届人大三次会议；⑵对《甘孜藏族自治州突发事件应对条例（草案）》进行第三次审议，决定提请州十一届人大三次会议审议；⑶审议通过关于州十一届人大三次会议主席团和秘书长等名单草案，州十一届人大二次会议以来代表变动情况及代表资格的审查报告；⑷审议通过了州人大常委会工作报告（草案）、州人大常委会2014年工作要点（草案）、甘孜藏族自治州人民代表大会关于建设法治甘孜的决议（草案）；⑸表决通过了人事任免事项。

·立法监督·

【努力推进法治甘孜建设】 常委会及时跟进州委关于法治甘孜建设的决定，组织力量进行调研，就深入推进依法治州和法治甘孜建设提出围绕执法必严抓重点整治、围绕依法行政抓严格执法、围绕普法学法抓关键环节、围绕三年目标抓考核细化、围绕激励机制抓执法队伍、围绕监督问责抓平台建设等8个方面16条建议。坚持科学和民主推进立法工作，制定并颁布《甘孜藏族自治州非物质文化遗产条例》；重视社会管理立法，开展《甘孜藏族自治州突发事件应对条例》立法工作，开展了《甘孜藏族自治州藏族语言文字条例》《甘孜藏族自治州城镇市容和环境卫生管理条例》《甘孜藏族自治州集体人工商品林采伐运输管理条例》《甘孜藏族自治州生态环境保护条例》立法前期工作，协助省人大常委会开展《四川省财政监督条例》《四川省城镇住房保障条例》《四川省电力设施保护和供用电秩序维护条例》等15部法规草案征求意见工作。针对社会关注、群众关心的问题，对全州关于《中华人民共和国行政监察法》《中华人民共和国安全生产法》《四川省安全生产管理条例》《四川省城乡环境综合治理条例》《甘孜藏族自治州义务教育条例》等法律法规的实施情况进行检查，对东路、南路9县关于《刑法》《刑事诉讼法》《治安管理处罚法》实施情况进行检查，听取和审议民事行政检察工作报告，推动依法行政和司法公正。对全州18个县普法工作进行全面督查，听取和审议州人民政府关于“六五”普法工作情况报告，要求州政府及相关部门要以领导干部、青少年、农牧民群众、僧尼为重点对象，大力培训普法骨干，加强普法阵地建设，夯实法治建设基础。

【监督工作】 常委会把事关全州改革发展稳定大局和民生问题作为监督工作重点，依法开展监督。年内，听取和审议州政府关于本级预算执行情况的报告、本级预算执行和其他财政收支情况的审计报告、国民经济和社会发展计划执行情况的报告，依法审查及批准预算调整，及时了解经济运行和社会发展情况，针对存在的问题提出21条意见建议，督促州政府研究办法和措施，确保计划和预算顺利执行。听取和审议《甘孜藏族自治州义务教育条例》、食品安全工作情况和《甘孜藏族自治州生态建设规划》实施情况报告，并提出相应建议20余条。抓好跟踪督办，对北路9县《刑法》《刑事诉讼法》《治安管理处罚法》实施情况报告审议意见落实情况和存在问题整改情况进行跟踪检查，对《甘孜藏族自治州藏传佛教事务条例》贯彻情况、州本级和州级部门财政预算执行情况、草原生态保护补助奖励机制、医药体制改革等工作报告的审议意见贯彻落实情况进行检查，强化常委会审议意见的落实。

·代表工作·

【人大代表培训和调研】 常委会把加强学习培训作为依法履职的基础，采取“请进来”“走出去”“送教上门”等方式，举办了常委会组成人员中共十八大精神学习会和南北路代表培训班，共培训人大代表和人大工作者186人次；完成州十一届人大代表首轮培训；邀请18名代表列席常委会会议，组织25名代表参加一府两院座谈会、听证会等。年内，组织23名全国、省、州人大代表就甘孜州矿产资源开发和利用情况进行专题调研，组织140余名全国、省、州、县、乡5级人大代表，分3组深入南、北、东路，就交通基础设施、民生工程建设、农业产业化、寄宿制教育、亚丁机场及配套设施、水电资源开发和移民安置、生态能源开发建设、中等职业技术教育等情况进行视察，形成调研视察报告4份，助推了重点工程建设和支柱产业发展。

【人大代表深入联系群众】 建立人大代表联系群众制度、拓宽社情民意表达渠道的要求，建立常委会组成人员联系代表、代表联系选区群众“双联系”制度，建立履职登记制度。常委会主任、副主任分别联系2~3个县，覆盖全州。全年开展活动3689次，联系代表群众20.9万人次，收集交办意见建议2584条，州县政府办理解决1552件。

（杨　锐）

དཀར་མཛེས་ཁུལ་མི་དམངས་སྲིད་གཞུང་།
甘孜州人民政府

·重要政务·

【概况】 面对全州经济社会发展的困难和问题，州政府在甘孜州委的坚强领导下，把握“加快发展、科学发展”工作基调，精准发力、重点突破、整体推进，统筹抓好发展、民生、稳定三件大事，奋力实施“底部突围”，经济社会发展取得新成效。全年各项工作呈现出6个特点：一是抓得早、抓得实，各项工作取得新成效；二是既抓大、也抓小，产业培育增添新举措；三是盯项目、追投资，基础建设实现新突破；四是大手笔、大气魄，开放合作打开新局面；五是看得见、摸得着，民计民生得到新改善；六是创环境、促和谐，依法治州迈出新步伐。实现地区生产总值201.22亿元，增长12.1%；全社会固定资产投资406.93亿元，增长24.7%；地方公共财政收入22.12亿元，同口径增长19.1%；社会消费品零售总额57.35亿元，增长13.1%；城镇居民人均可支配收入21418元，增长9.5%；农牧民人均纯收入5435元，增长17.9%。

【基础设施建设】 2013年，全州交通建设投资突破100亿元，在建公路里程2100公里，完成路面工程1018公里。稻城亚丁机场正式通航，甘孜格萨尔机场场址、成康铁路项目建议书和雅康高速公路工可获批，9条公路纳入国家公路网规划。新建通乡油路256.9公里、通村公路1134.6公里，完成农村公路安保工程200公里。开工建设乡村客运站点47个，建成农村客运站点19个，开通客运班线45条。统筹推进全州新型城镇化，完成州域城镇体系规划和18县城市总体规划修编，编制34个新村建设规划。实施城市建设项目40个，完成投资8亿元，城镇化率达25.81%，同比提高1.4个百分点。加快推进电网建设，“电力天路”工程完成投资38亿元，丹巴、乡城500千伏输变电工程和2012年度无电地区电力建设、农网改造升级工程竣工投运，德格等10个县实现与主网相连，缓解群众用电难问题。强力推进生态立州战略，编制完成生态文明建设规划大纲和高寒草地生态修复工程建设规划；启动实施川西藏区生态保护与建设工程，完成公益林建设0.32万公顷、退牧还草30.01万公顷、鼠虫害防治30.06万公顷。加强耕地保护，整理土地0.15万公顷，新增耕地0.1万公顷。落实环评前置综合决策机制，严格执行环境保护“三同时”制度，开展环评前置审查项目125个，万元工业增加值能耗下降6.55%。推进“智慧甘孜”“无线城市”建设，新建光缆9943公里、通信基站2869个，通光缆行政村增至297个，城市宽带覆盖率达98%。

【旅游业快速发展】 2013年，全州旅游产业按照“两轴、三域、四重点”（国道317线、国道318线两条轴线，康东、康南、康北三个区域，香格里拉之魂——稻城亚丁、香格里拉之巅——贡嘎山、中国最美村寨——丹巴嘉绒文化、藏文化中心——德格四个重点）空间布局为核心，旅游业实现“三最”（投入最大、项目最多、营销最强），极大地推动了全州旅游业快速发展。全年共接待游客638万人次，实现综合收入63亿元，同比增长75%；第三产业实现增加值73.12亿元，同比增长10.9%。年内，新开辟旅游线路20条，推出亚丁冬季旅游产品；海螺沟、甲居藏寨等重点景区建设加快推进；组建文旅发展集团、亚丁景区旅游开发有限公司，“阿西土陶”等11类文化产品先后开发上市。

【特色农牧业】 打造特色品牌，加快发展高原特色现代农牧业。全面落实强农惠农政策，兑现各类补贴18.24亿元。建成农业产业基地5.33万公顷、药材种植基地666.67公顷、生态林果基地0.49万公顷、标准化养殖小区33个。培育各类专合组织201个。雅江县荣获“中国松茸之乡”称号，认定无公害农产品基地1.58万公顷，认证登记“三品一标”农产品18个。新建农田水利设施31处，增加灌面0.17万公顷。农业生产实现“六连增”，粮食产量增幅全省第一。牲畜出栏率、商品率分别达23.9%、18%，肉产量6.1万吨，奶产量10.6万吨。狠抓现代林业重点县建设，建成林业产业基地0.49万公顷，实现产值25亿元。

【第二产业有序发展】 坚持生态优先，科学有序推进能源、矿产业发展。能源产业完成投资178亿元，新增装机100万千瓦，在建装机1000万千瓦，太阳能、地热综合利用实现增加值30亿元，同比增长9.1%。“百亿矿业”取得新成效，探明矿产资源金属量60万吨，里伍铜矿等5个扩建项目全部上马，生产原矿500万吨，实现增加值13.4亿元，同比增长16.8%。大力推进园区建设，甘（孜）眉（山）工业园区协议引资52.32亿元，入驻企业3家，实现异地税收分成零的突破；康（定）泸（定）产业集中区列为全省“51025”重点产业园区，康东、康南、康北农产品加工区和九龙湾坝等工业园区建设前期工作加快推进。第二产业实现增加值80.78亿元，同比增长17%，工业经济支撑能力进一步增强。

【社会事业】 2013年，全州新建各类学校79所，启动建设区域性教育园区11个、示范性高中3所，在全省率先实施免费学前教育和特殊教育计划。落实教育惠民政策，兑现保障性学生资助3.8亿元。着力实施卫生发展十年行动计划和“健康甘孜2020”卫生事业跨越发展方案，12个县医院、6个县中藏医院竣工投用，加快推进州医院第二医疗区和37个乡（镇）卫生院标准化建设，在全省率先实施城乡居民大病医疗保险。大力实施就业促进工程，新增就业8050人，城镇登记失业率控制在4.2%；转移输出农村劳动力8.9万人，实现劳务收入8.8亿元。城乡居民医疗保险覆盖率达96%，新型农村和城乡居民养老保险覆盖率达64%，城乡低保28.33万人。福利慈善事业加快发展，举办首届爱心慈善月和第二届爱心慈善日主题活动，募集“爱心款”4263万元；敬老院新增床位210张，州老年大学挂牌成立。大力实施百姓安居行动，改造农村危房2.51万户、棚户区5076户，建成保障性住房600套，完成地质灾害避险搬迁1459户。深入推进扶贫和移民工作，投入扶贫资金6.5亿元，1.62万人实现脱贫；水电移民工作取得新进展，1998人享受移民安置后扶政策。建成安全饮水工程583处，11.64万农牧民喝上安全放心水。启动灾区美好新家园建设，建成过渡安置房1302套，重建民房545套。推进文化事业快速发展，成功举办炉霍“寻亲感恩奋进”活动、巴塘连北京联谊活动，德格、甘孜、稻城、丹巴等群众文化活动1100余场次；州档案馆晋升国家一级馆，州档案馆、德格印经院列为省古籍重点保护单位；成立康巴文化研究院，举办首届康巴文化研讨会。推进“村村通”和州县广播电视节目无线全覆盖工程，广播、电视综合覆盖率分别达 92.96% 和 92.51%。强力推进“百千万康巴英才工程”，招录、引进人才 3677 人，培训 2.77 万人次。认真落实校（厅、局）州战略合作协议，243 名干部上挂锻炼。实施科技项目 51 项，获专利授权 119 件。

【优化行政环境】 州政府自觉接受州人大及其常委会的法律监督、工作监督和州政协的民主监督，向州人大常委会报告工作 18 次，向州政协通报工作 3 次；办理人大代表建议 113 件、政协委员提案 167 件，办结率 100%。推进依法行政，加快法治政府建设。坚持州政府常务会学法制度，健全政府法律顾问制度。推进政府信息公开，完善“开放式决策”长效机制。动态清理州级行政权力 6344 项，清理全州规范性文件 1069 件；推进并联审批，取消、调整行政审批项目 75 项。充分发挥审计监察预警作用，完成审计和审计调查项目 565 个，查处问题资金 19.27 亿元。严格执行作风建设相关规定，认真落实廉政建设“三早三卡”预警机制。加大问责查处力度，问责 97 人，政纪处分 95 人。

【改革开放取得新成绩】 推进项目建设管理改革，组建县级项目促进中心，建立重点项目管理和考核奖惩制度，开展工程领域中介机构清理和名录库建设，探索项目要件审批集中办理和容缺办理机制，2000 万元以下幸福工程项目审批权下放到县。深化财税金融体制改革，出台财政管理改革的意见和州级财政资金审批管理办法，“营改增”为主的财税改革成功试点。健全资源开发惠民机制，完善水电资源开发惠民补助制度，出台矿产资源开发惠民帮扶资金征收使用管理办法。深化医药卫生体制改革，基层医疗卫生机构实行国家基本药物零差率销售，县级公立医院改革逐步实施。食品药品监管体制改革全面完成。

【开放合作不断深入】 坚定不移地“走出去”，成功举办“圣洁甘孜走进广东”文化旅游暨投资合作推介活动，被广东影响力网络盛典评为“年度效果营销案例”，取得了前所未有的政治、经济和社会效益；参加第十四届西博会，组织文艺团队赴东欧、香港、台湾等地区开展对外文化交流 65 场次，对外影响力不断扩大。赴浙江对接东西扶贫协作，在人才培养、经贸合作等方面达成合作意向，争取帮扶资金 7500 万元；与 15 个兄弟市州和省级部门（院校）签订战略合作协议，区域合作、部门合作不断深化。实施“请进来”战略，成功举办首届旅游商品展销会，积极承办海外华文媒体、知名汉学家甘孜行等对外交流活动。完善招商引资优惠政策，引进项目 114 个，到位资金 117 亿元。

【稻城亚丁机场正式通航】 2013 年 9 月 16 日，全球海拔最高机场（海拔 4411 米）——稻城亚丁机场迎来了首条航线（成都—稻城亚丁），稻城亚丁机场投入运行正式通航。正式开通的成都—稻城往返航班，每天一班（成都起飞时间 06：50，到达稻城时间 7：55），成都到稻城亚丁 2 天的车程缩短为 1 小时的飞行距离。稻城亚丁机场总投资约 15.8 亿元，建设工期 2 年；飞行区等级指标为 4C，跑道长 4200 米，航站楼占地 5000 平方米。

·重要会议·

【十一届州政府第三次全体会议】 7 月 15 日，十一届州政府召开第三次全体会议。会议回顾总结了全州上半年的工作，分析了当前的经济形势，安排部署了下半年的各项工作。州长益西达瓦在讲话中强调，下半年，全州经济社会发展总体形势十分严峻，完成今年目标任务压力巨大。全州各县、各部门必须认清形势，坚定信心，坚持投资拉动不动摇，突出以项目投资、工业生产和第三产业发展为重点，抢抓机遇、化危为机、负重奋进，坚定不移地完成全年各项目标任务。

【十一届州政府第四次全体会议】 12月24日，十一届州政府第四次全体会议召开。会议传达贯彻党的十八届三中全会、中央和省委经济工作暨城镇化工作会议精神，总结2013年工作，分析当前甘孜州经济社会发展面临的形势和问题，研究部署当前和今后一个时期的各项工作，并修改完善《政府工作报告》。会上，州长益西达瓦对菜篮子工程、安心工程、安全生产、作风纪律、维稳工作、节前慰问工作进行了安排部署。

【州政府常务会议】 2013年，十一届州政府常务会议共召开6次。

3月20日，州政府第8次常务会议召开。会前，与会人员集中学习了《中华人民共和国消防法》。会议研究了《推进“健康甘孜2020”卫生事业跨越发展的意见》《加快中藏药产业发展的实施意见》《“百千万康巴英才”工程实施意见》《规范州级财政性资金审批管理的请示》《规范抽调人员补助标准的请示》《仁亚路工程建设有关问题的请示》《联合修建人防综合基地相关事宜的请示》《甘孜州地震应急预案》，审议通过《甘孜州2013年重点项目计划》《甘孜州实施〈中华人民共和国村民委员会组织法〉的变通规定（草案）》《甘孜州招商引资任务分解与考核办法》，通报《新龙等5县创建州级计划生育优质服务先进县的评估报告》。

5月5日，十一届州政府第9次常务会议召开。会议研究了《关于亚丁景区环境影响评价相关事宜的请示》《甘孜州重点项目考核奖惩暂行办法》《加快德格马尼干戈至甘孜110千伏输变电工程建设的建设方案》《关于推进新型城镇化的意见（征求意见稿）》《关于设立甘孜藏族自治州康巴文化研究院的事宜》《州政府分管州长2013年固定资产投资工作目标任务书》《大力加强生态文明建设的意见》《2013年州级国有资本经营预算草案》，审议并通过了《甘孜藏族自治州重点项目管理办法（草案）》《甘孜藏族自治州会计人员管理办法（草案）》《甘孜藏族自治州人民政府2013年度规范性文件制订计划（草案）》《甘孜藏族自治州水电资源开发惠民补助办法（草案）》，通报了省安监局《关于安全生产工作的建议函》和《甘孜州矿产资源开发惠民帮扶资金及矿产品价格调节基金征收和使用管理暂行办法》《甘孜州有序推进矿业发展实施方案配套政策》。

7月27日，十一届州政府第10次常务会议召开。会议研究了道孚林业局佛都水泥厂转让设施设备、五里牌丹巴林业局资产拆迁安置、州属监管企业在成都市三宗土地资产置换及职工住户搬迁等相关事宜和省道215线九龙县城至凉山界段公路改建工程等三个公路建设项目施工招标方式，审议通过了《招商引资工作目标绩效考核办法》和财政支农专项资金分配方案。通过人事任免相关事宜。

9月24日，十一届州政府第11次常务会议召开。会前，参会人员学习了《中华人民共和国预算法》。会议研究了促进民营经济加快发展的意见，甘孜藏族自治州招商引资优惠政策，拟新开工交通建设项目管理模式，《关于稻城亚丁景区电瓶车道改造工程项目邀请招标的请示》《关于稻城县金珠镇上茹布街及金珠路改造工程和香格里拉镇镇区基础设施建设项目采取邀请招标的请示》《关于2013年稻城亚丁景区管理局新增考试聘用工作人员计划的请示》《关于州文化体育和广播影视局考核招聘工作人员的请示》，甘孜州参加第十四届中国西部国际博览会工作方案，稻城县人民政府稻城亚丁景区管理局《关于化解在开行四川省分行不良贷款的请示》，招录协警员事宜，甘孜州2013年重点改革工作方案，变更情歌大酒店土地性质的建议意见，2012

年度甘孜州科技进步奖建议名单，《财政专项资金分配方案》，审议通过了《甘孜藏族自治州国民经济和社会发展第十二个五年规划纲要》实施情况中期评估报告，《甘孜藏族自治州突发事件应对条例（草案）》《甘孜藏族自治州藏族语言文字条例（草案）》《甘孜藏族自治州行政效能告诫办法（试行）（草案）》《甘孜藏族自治州公路沿线非公路标志标牌设置管理办法（草案）》《甘孜藏族自治州人民政府开放式决策程序规定（草案）》《甘孜藏族自治州文学艺术奖评奖办法（草案）》《甘孜藏族自治州人民政府关于第七次第一批清理后取消、调整行政审批项目的决定（草案）》《关于德格县马尼干戈乡撤乡建镇的请示》《关于德格县竹庆乡撤乡建镇的请示》《关于色达县洛若乡撤乡建镇的请示》《甘孜州"十二五"社区服务体系建设规划》，甘孜藏族自治州土地整治规划（2011年—2015年），通报了《甘孜州审计局审计项目实行绩效考核和经费包干管理办法（试行）》《甘孜州审计局审计外勤工作经费管理办法（试行）》、州政府10月份重点工作安排。通过了人事任免相关事宜。

11月26日，十一届州政府第十二次常务会议召开。会议对2013年主要经济指标完成情况进行了预测，研究了2014年国民经济和社会发展工作重点；讨论了《甘孜州森林草原防火工作责任追究办法》；研究了《甘孜州关于加快工业经济发展的意见》《甘孜州关于加快农产品加工业发展意见》，甘孜州医疗服务二甲医院对接项目价格拟定相关事宜，《甘孜州贡嘎冰露矿泉水有限责任公司组建方案》《甘孜州海螺沟贡嘎天沐森林温泉有限责任公司组建方案》《关于将2014年考核聘用卫生事业单位工作人员计划提前实施的请示》《甘孜州藏医药人才培养方案》《甘孜州天然林资源保护工程一次性安置职工社会保险补贴州级实施方案》《关于雅江县呷拉乡撤乡建镇的请示》《关于康定县塔公、金汤、沙德乡撤乡建镇的请示》，四川康定机场集团公司经费管理及财政补贴相关事宜，财政专项资金分配方案；审议了《甘孜藏族自治州人民政府关于公布州政府（办公室）规范性文件清理结果的公告》；通报了康定县塔公乡"10·13"突发环境事件责任调查情况。

12月12日，十一届州政府第13次常务会召开。会议讨论《政府工作报告》（征求意见稿）、《甘孜州2013年国民经济和社会发展计划执行情况及2014年计划草案报告》和《关于甘孜州2013年财政预算执行情况和2014年财政预算草案的报告》，审议通过了《甘孜藏族自治州人民政府2014年度规范性文件制订计划》和《甘孜藏族自治州人民政府关于第七次第二批清理后取消和调整行政审批项目的决定》。

（州政府办）

·法治政府建设·

【概况】 以推进依法行政、建设法治政府为目标，认真履行依法行政参谋助手和法律顾问职责，努力推进依法行政和法治政府建设进程。加强政府规范性文件制定和审查工作，公开征集并编制2013年度州政府规范性文件制订计划，完成对甘孜藏族自治州会计人员管理办法、甘孜藏族自治州重点项目管理办法、甘孜藏族自治州水电资源开发惠民补助办法、甘孜藏族自治州成品油零售市场管理办法、甘孜藏族自治州行政效能告诫办法（试行）、甘孜藏族自治州文学艺术奖评奖办法、甘孜藏族自治州公路沿线非公路标志标牌设置管理办法、甘孜藏族自治州人民政府关于第七次第一批取消调整行政审批项目的决定、甘孜藏族自治州人民政府关于第七次第二批取消调整行政审批项目的决定、甘孜藏族自治州人民政府开放式决策程序规定共10份州政府规范性文件的制定。做好地方法规草案议案审议报送工作，《甘孜藏族自治州藏族语言文字条例（草案）》《甘孜藏族自治州突发事件应对条例（草案）》《甘孜藏族自治州实施〈中华人民共和国村民委员会组织法〉的变通规定（草案）》等3件单行条例经州政府常务会议审议通过，并依法提请州人大常委会审议。行政审批清理，完成州级行政审批项目第七次第一批第二批清理工作，共取消、调整75项行政审批项目。完成州政府第三届法律顾问聘任工作，面向全州选聘州政府法律顾问6名并充分发挥其顾问作用，参与州政府涉法事务7项，行政复议案件2件，出具书面意见12份，提出具体建议57条，为政府依法决策发挥了法律顾问和参谋助手作用。

【依法行政宣传】 坚持政府常务会议会前学法制度。组织开展四次州政府常务会议会前学法活动，重点学习《中华人民共和国消防法》《中华人民共和国企业国有资产法》《藏区法律秩序构建》《中华人民共和国预算法》等法律知识，进一步提高领导干部依法行政的意识和能力。组织31个州级部门和康定县在情歌广场集中开展“甘孜州暨康定地区行政复议法宣传日”活动，发放行政复议法宣传册子500余本、其他宣传资料5000多份，接受咨询26人；利用甘孜移动、联通、电信手机短信平台，发出手机短信14万条；在《甘孜日报》刊登《开创行政复议工作新局面》理论文章，连载3期《行政复议法》知识问答，对相关法律条款进行解释；在“中国甘孜”门户网站公布行政复议办理机构名称、受案范围和联系方式；在全州范围内开展行政复议法知识竞赛活动，评选出个人奖93名、组织奖5名。

【规范行政决策】 十一届州政府组建后，结合新形势新任务新要求，及时修订《州政府工作规则》，完善会议制度、政府决策、公文处理等制度，明确政府决策应当坚持依法科学民主决策。针对州政府常务会议议题，涉及多个部门的议题，由牵头部门分管领导商请其他分管领导达成一致意见后确定提出。重大决策的方案，一般应先征集基层意见，涉及专业性问题的应组织专家学者进行论证评估。在2013年的跑马山、燕子沟景区门票定价、城市规划、大中型水电站移民安置规划、招商引资、开放合作等重大决策前的审查中，严格执行了“公众参与、专家论证、风险评估、合法性审查、集体讨论决定”五项必经程序，落实相关制度，切实规范行政决策行为，取得了良好的社会效果。同时，州政府把推行开放式决策作为推进依法行政的重点，精心研究制定了《甘孜藏族自治州人民政府开放式决策程序规定》，形成了实施开放式决策的长效机制。2013年，州政府确定7件，各县人民政府平均确定5件，具有公共管理职能的州政府部门平均确定2件涉及公众利益的决策事项实行了开放式决策。

【规范性文件管理】 加强对规范性文件后评估工作。完成对《甘孜州新型农村社会养老保险试点实施办法》《甘孜藏族自治州耕地占补平衡管理办法》2件和各县10件直接关系民生、对经济社会发展有较大影响的重大行政决策事项的后评估工作。完成全州规范性文件全面清理，清理规范性文件1069件，其中州级236件（168件继续有效、8件予以修改、35件予以废止、25件失效）、各县833件（572件继续有效、19件予以修改、78件予以废止、164件失效）。

【行政执法】 按照省政府的安排，精心组织行政执法规范年活动，制定了活动方案、督查方案、验收方案，组织州级部门对行政执法主体资格进行清理，经审核后对50个州级各类行政执法主体在“中国甘孜”门户网站依法行政栏目进行了公示，其中法定行政机关39个、法定授权组织11个。严格行政执法证件管理，完成全州2013年度行政执法人员执法证件年审和主体资格公示，在《甘孜日报》、“中国甘孜”门户网站公布了全州2344名行政执法人员的基本信息，接受社会监督。

开展行政执法人员培训和办证，组织全州969名专业法律知识考试合格的行政执法人员进行公共法律知识集中培训和统一考试，938名考试合格人员取得行政执法资格，并通过四川省行政执法证件管理系统申办行政执法证。开展重点执法领域监督检查，牵头组织对州食品药品监管局、州住房和城乡建设局、州农业局、州安全监管局、州公安局、州交通运输局6个部门和部分县的执法情况进行了抽查。

【化解争议纠纷】 充分发挥行政复议和行政调解在畅通民意、化解行政争议中的主渠道作用，认真办理各类行政复议案件，全州各级行政复议机关收到行政复议案件13件，办结13件，受理率和办结达100%。做好行政复议规范化建设示范县推荐工作，泸定县被评选为全省行政复议规范化建设示范县。完善行政调解运行机制，强化由政府负总责、政府法制机构牵头、各职能部门为主体的行政调解工作体制，全州共受理行政调解矛盾纠纷1377件，调解成功1295件，调解成功率达94%，涉及金额245万元。

【《甘孜藏族自治州政府法制志》出版发行】 3月，甘孜州首部关于政府法治工作的志书——《甘孜藏族自治州政府法制志》出版发行，州委常委、常务副州长汪洋为志书作序。全书采用新编体本方式，详细记录了1984年6月—2011年12月州政府法治工作，对于进一步探索政府法治工作的原则和规律，促进全州法治工作发展，具有重要的现实和历史意义。

（郭迅珲）

·外事台侨·

【侨务活动】 8月2日—4日，“国际知名汉学家藏区行”考察团到州康定、丹巴、道孚等县参观考察，州委书记胡昌升在康定机场会见考察团一行。

9月12日—14日，“文化中国·海外知名华文媒体四川藏区行”考察团到州康定、泸定、丹巴、道孚等县采访报道，40余家海外知名华文媒体及特邀国内知名媒体参加此次活动。

9月26日，州政府与中国国际电视台在第十二届世界华商大会上签署广告播出合作协议。根据协议，加拿大中国国际电视台将向甘孜捐赠价值5000万元人民币的广告播出时段，用于甘孜的对外宣传。

10月16日—18日，“海外侨商藏区行”考察团到州参观考察。

12月，“侨爱工程——点亮藏区牧民新生活计划”医疗义诊暨侨法宣传活动在甘孜开展；同月，海外侨胞向丹巴县定居牧民捐赠电视机200台。

【美驻蓉总领事何孟德到州访问】 11月25日至27日，美国驻成都总领事馆总领事何孟德一行于在省政府外事办领事处负责人的陪同下到州参观访问。25日，副州长舒大春会见了何孟德总领事和马可为领事，双方主要就交通、旅游、文化、教育等方面进行交流。何孟德总领事在听了甘孜的情况介绍后，表示：虽然这是他第一次访问甘孜，但对甘孜的很多领域都非常感兴趣，愿意为深化双方的友好合作关系继续努力，让越来越多的美国人关注四川、关注甘孜的发展，进一步推动双方在人员往来、文化教育、经贸、旅游、环保等领域的交流与合作，为巩固和发展美中友谊做出积极的贡献。

【州艺术团赴台开展交流演出】 11月8日，由四川省海峡两岸交流促进会主办，以“魅力康巴，情牵两岸”为主题的四川民族歌舞交流团赴台湾交流巡回演出活动在台湾高雄拉开帷幕，甘孜州“康定情歌宝岛行”文化艺术交流团也随队参加了这次演出。此次活动旨在用歌舞演出的方式，对台湾同胞在汶川特大地震和芦山强烈地震中给予的无私援助和大力支持表示感谢，同时希望通过交流演出活动，促进甘孜与台湾交流合作。在为期7天的时间里，交流团赴高雄、南投、彰化、花莲等市县巡回演出6场，为广大台湾同胞献上甘孜的藏族歌舞、川剧变脸等精彩节目，让台湾同胞近距离感受来自《康定情歌》故乡的浓浓情怀和巴蜀文化的无限魅力。

（张莉娟）

·人事工作·

【概况】 紧紧围绕全州社会事业和六大支柱产业发展需要，以贯彻实施“百千万康巴英才工程”为抓手，推进事业单位人事制度改革，统筹推进各级各类人才队伍建设。推进公务员队伍建设，围绕深化干部人事制度改革、推进国家治理体系和能力现代化目标，制订2014～2020年行政机关公务员队伍建设规划，做好第五届全省“人民满意的公务员”和“人民满意的公务员集体”评选表彰工作。年内，申报省级高技能人才培训基地1个，全年新增高技能人才170人，其中技师、高级技师50人。

【深入实施“百千万康巴英才工程”】 组织召开全州实施“百千万康巴英才工程”启动大会，出台“百千万康巴英才工程”实施意见，明确了各类人才培养、引进、使用、管理、服务等各个环节的办法措施，形成系统分类、衔接配套、易于操作的工程实施政策支撑体系。继续加大州本级人才发展资金投入，落实康巴英才培训专项资金200万元，争取省级财政资金支持320万元，培训教育、卫生、医疗、农牧、水电、旅游、国有企业管理等各类人才5146人次。整合扶贫、新农村建设、就业等培训资金，培训农牧区实用人才2250名、社工人才100名。

【实施藏区人才培养振兴计划】 实施“希望之光”培养计划，努力提升中高级专业技术人才能力素质。争取省委组织部、省人力资源社会保障厅支持，举办“藏区特色旅游产业发展”等9个方面紧缺人才培训班，累计培训紧缺专业技术人才355名。实施“生态环境保护专家服务团甘孜行”等5个专家智力援藏工程，引进40余名专家赴甘孜州开展人才培训和智力援助。选派两批次共25名“领军人才”和27名“明日之星”赴内地访问研修和顶岗锻炼。争取省上向甘孜州选派博士服务团成员2名；选派15名企业经营管理人才到省级部门上挂学习。

【人才招录】 全年共招聘事业单位专业技术人才2761名，其中考试招聘教育类947名、卫生类275名、综合事业类987名，考核招聘教育类152名、卫生类86名、综合事业类314名。依托西南民族大学、成都农业科技职业学院等省内院校，完成1540名紧缺型专业技术人才定向培养招录工作。

（余　杰）

·地方志工作·

【《甘孜州年鉴》（2013年卷）出版发行】 4月，由甘孜州人民政府主管，州地方志编纂委员会办公室主办的《甘孜州年鉴》（2013年卷）正式出版。全书共35万字左右，收录政务图片47张、宣传图片300余张，共设特载、2011年大事记、州情概览等24个类目，卷末设索引以备读者查阅。该卷年鉴是《甘孜州年鉴》自2000年创刊以来连续编纂出版的第十三卷。

【《乡城县年鉴》（2012卷）评鉴工作】 3月，州地志办会同乡城、稻城、得荣、理塘、巴塘、雅江6县志办启动《乡城县年鉴》（2012卷）评议工作。9月，完成评鉴工作；收到评鉴文章7篇，文章从年鉴体例、框架结构分类、各层次栏目的编写、图片等方面提出建议意见60多条，文章已在甘孜州地情网

www.gzdzb.cn上进行刊载。

【《周易洪快板集》出版】 全国劳动模范周易洪是康定县金汤乡先锋三村村支部书记，用朴实的语言、具体生动的事例、群众喜闻乐见的快板向老百姓解疑授惑，宣传党的政策、国家相关法律法规是他的拿手绝活。自从全州开展群众工作全覆盖以来，州地志办就与先锋三村党支部结成共建共创支部，为了更好地记录宣传周易洪的快板，州志办组织人员历时一年，于11月完成《周易洪快板集》的编辑出版工作。快板集分原创作品和民间传承作品两部分，共收录周易洪原创作品163个、民间传承作品27个，全书37万字，收录图片19幅。

（朱英全）

·资料链接·

地方综合年鉴编纂出版规定（试行）

（2012年7月13日中国地方志指导小组四届三次会议通过）

第一条　为了规范地方综合年鉴编纂出版，提高质量，发挥地方综合年鉴在促进经济社会发展中的作用，根据国务院《地方志工作条例》，制定本规定。

第二条　本规定所称地方综合年鉴，是指系统记述本行政区域自然、政治、经济、文化、社会等方面情况的年度资料性文献。

第三条　本规定适用于以县级以上（含县级）行政区域名称冠名的地方综合年鉴（以下简称“年鉴”）。

第四条　年鉴编纂出版坚持以马克思列宁主义、毛泽东思想、邓小平理论和“三个代表”重要思想为指导，全面贯彻落实科学发展观。

第五条　年鉴编纂出版应遵守国家关于保密、著作权、出版、广告等方面的法律、法规或规章，遵守党和国家关于民族、宗教和对外关系等方面的法规或政策，维护国家利益、民族团结和社会稳定。

第六条　年鉴编纂出版应做到：观点正确，框架科学，资料翔实，记述准确，编写规范，编辑出版符合国家标准。

第二章　框　架

第七条　年鉴框架应涵盖年度内本行政区域的基本情况。

第八条　年鉴框架应做到：分类科学，层次清晰，领属得当，编排有序。

第九条　年鉴框架应突出年度特点和地方特色。

第十条　年鉴框架应相对稳定，同时依据年度特点和事物变化情况作适当调整，以体现稳定和创新的有机统一。

第十一条　年鉴分类可参照国民经济行业分类标准，并结合社会实际分工和本行政区域特点进行。

第十二条　年鉴框架各层次标题应简洁、准确、规范。

第三章　资　料

第十三条　年鉴主要辑录反映本行政区域自然、政治、经济、文化、社会等方面的基本情况，以及与本行政区域密切相关的资料。

第十四条　年鉴主要辑录年度性资料，一般不上溯下延。

第十五条　年鉴资料应突出时代性、年度性和地方性，具有为现实服务的价值和存史的价值。

第十六条　年鉴资料应具有连续性和可比性，能正确反映事物发展的脉络和轨迹。

第十七条　年鉴资料应真实，人名、地名、时间、事实、数据、图片、引文等应准确。

第十八条　年鉴采用的数据应以统计部门提供的为准，未列入统计范围的，以业务主管部门的为准。数据不一致时，应加以说明。

第十九条　年鉴编纂单位应拓宽资料搜集渠道，资料除依靠各供稿单位提供外，还要通过查阅档案、报刊和提炼网络信息，以及调查访问等方式进行搜集。

第四章　内　容

第二十条　年鉴内容应存真求实，客观反映经济社会发展中取得的成绩和存在的问题。

第二十一条　年鉴内容记述应综合运用多种形式，其主要形式是条目，条目分为综合性条目和单一性条目等类型。

第二十二条　条目。条目编写应做到：

（一）选题选材注重有效性、完整性和新颖、准确、系统。

（二）综合性条目反映年度内各个领域发展变化的总体情况和主要特点，具有高度的概括性；单一性条目一事一条，基本要素齐全。

（三）信息含量大，避免空洞无物和简单重复。

（四）坚持述而不论，寓观点于记述之中。

（五）标题中心词突出，题文相符。

（六）条目排列有序。

第二十三条　大事记。选录大事要得当，做到重要事项不漏，记述要素齐备。可将编年体和纪事本末体相结合。

第二十四条　图片。图片选用注重典型性、资料性，突出反映重大事件、重要成果和热点问题。

图片要清晰、美观；文字说明应简洁、准确、要素齐全。

地图选用和绘制应遵守国家关于地图管理的法规和有关规定、办法。

第二十五条　表。表格包括表题、表体以及必要的表注等。

表格内容要准确，设计要规范。

第二十六条　附录。附录内容应具有参考性、实用性和便览性。

第二十七条　其他形式。年度内具有特殊意义的资料可采用特载、特辑、专文、专记或其他形式集中汇辑。

第二十八条　人物记述可采用简介、名录、表等形式，入鉴人物应严格掌握标准，人物记述应做到客观、准确、公允。

第二十九条　年鉴应设编辑说明，主要介绍年鉴编纂的指导思想、记述的时空范围、栏目的设置情况、资料的来源等事项。

第三十条　年鉴具有工具书性质，应有完备的检索系统。

年鉴应编制中文、英文目录；中文目录详至条目。

索引应提供丰富的检索信息，名称概念清晰，标目符合主题原意，标引准确。

第三十一条　年鉴内容记述应减少交叉重复，多处记述同一事物的应各有侧重。

第三十二条　年鉴使用记叙文、说明文等文体，文风要朴实，记述要流畅。

第三十三条　年鉴使用规范、统一的简称和缩略语，名称、时间、地点、事实、数据、计量单位、术语等的表述前后要一致。

第五章　出　版

第三十四条　年鉴编纂应建立健全审读、审核和校对制度，以确保质量。

第三十五条　语言文字、标点符号、汉语拼音、数字、计量单位使用和索引编制、图片选用等，应符合国家有关法律、法规和规章、规定。

第三十六条　编辑校对应符合国家出版物质量管理的规定，差错率不超过万分之一。

第三十七条　封面设计应庄重大方，年鉴名称、卷号要醒目。

第三十八条　版式设计应疏密得当，留白页少，字体、字号选择要既能区别结构层次，又有较好的视觉效果。

第三十九条　版权页刊载版本记录应完整。

第四十条　采用16开本（889×1194mm），文字横排。

第四十一条　印刷、装帧应符合国家出版物质量标准。

第四十二条　制作出版电子版年鉴，应遵守国家关于电子出版物管理的规定。

第四十三条　年鉴应逐年编纂，做到在出版年度的上半年内出版。

第六章　附　则

第四十四条　各省、自治区、直辖市地方志工作机构可根据本规定，结合本地区实际，制定实施细则。

第四十五条　专业年鉴可参照本规定执行。

第四十六条　本规定由中国地方志指导小组办公室负责解释。

·档案工作·

【概况】　2013年，全州档案局（馆）加快实施“两优化（优化管理、优化服务）、两提升（提升水平、提升形象）、两转变”（征集管理向征集管理与开发利用并重转变、监督指导向监督指导与强化服务并重转变），强调档案文化引领，认真履行档案工作职能。档案规范化建设，全州有27个机关档案室的档案规范化建设达到省级标准，33个机关档案室规范化管理完成复查工作，207个行政村建档完成工作。州档案馆成为全国藏区首个国家一级档案馆，泸定县档案馆晋升国家二级档案馆，康定县档案局成为省级新农村建设档案工作示范县，州档案局（馆）成为全省档案系统第一个第一批四川省人民政府文物古籍重点保护单位。探索档案编研跨行业合作的新路，推出《甘孜档案》（邮政特刊）。年内，联合州直工委开展全州首次档案业务技能大比武比赛，来自州级机关、省属行政企事业单位的档案业务人员50余人参赛，比赛评出一等奖1名、二等奖2名、三等奖3名，优秀奖14名。

【档案接收】 2013年，全州接收各门类档案36725卷、63124件，其中州档案馆接收档案12647卷、27945件，接收州著名文学家张央个人档案、资料10000余卷。以网上查阅、来信来电查阅、来馆查阅等方式向社会提供档案服务，共接待查阅利用档案3815人次，调阅档案16179卷，为近500人落实政策、享受待遇提供了证明材料。加大珍稀档案资料的征集，接收野生动物标本档案524件，民间征集珍贵历史档案100多件，其中最有价值的是泸定县档案局征集的明万历四十五年（1617年）确保茶马古道安全通行的多方合约，有望成为甘孜第4件中国档案文化遗产。

【积极创建爱国主义教育基地】 建成州档案馆和泸定县档案馆爱国主义教育基地，州档案馆爱国主义教育基地"腾飞的足迹"规划建成康藏曙光、民主改革、社会主义建设、改革开放4大板块。年内，已建成康藏曙光板块，分为"进康前的相关准备""解放康定""我们胜利了、下一步该怎么办""康区民族区域自治的提出""新中国第一个地区级民族自治政权的诞生"6部分，初选馆藏档案552件，精选367件。

【档案信息化建设】 州档案馆加快档案信息化建设步伐，以《四川省电子文档管理系统》档案馆版和《甘孜州电子文档管理系统》软件为依托，积极开展馆藏重要档案著录工作，全州完成馆藏档案案卷级著录14.29万条，其中州档案馆著录14967条。推动各县已公开现行文件网上上载工作，为社会各界提供网上查阅利用文件平台，全州上挂各单位电子文件12700多份。推动数字档案馆建设，完成120万页馆藏部分重点档案数字化加工，对10000多件藏文档案进行了重新整理、编目。

【企业档案管理】 认真开展州、县属国有企业《企业文件材料归档范围和档案保管期限规定》编制指导工作。完善、规范重点建设项目档案管理工作，组织开展白松茨巫水利工程项目档案的专项验收；对42个省级重大建设项目，其中新开工重点项目13项、续建重点项目29项，123个州级重大建设项目的档案工作进行监督检查。对大唐国际、华能水电等水电开发公司企业单位档案试行上门指导，完成20个企业、科技事业单位档案工作规范化管理升级和复查工作，完成30个企事业单位档案工作年检及行政执法检查。

（李　黎）

·民族干部培训·

【概况】 2013年，州民族干部学校（行政学院）学院充分发挥干部培训主阵地作用，培训学员32699人。其中，举办干部教育、社院教育、老年教育和电大教育等主体培训，培训学员4940人；开展大中专学历培训、创业培训、安全生产培训和机关事业单位公开招录考试的考前培训等社会培训，培训学员4859人；协助州县部门做好业务培训、考试工作73次，考试人数13600人；开展公益性活动1次、社会性活动2次，共9300余人参加。推进精神文明建设，学校成功创建省级文明单位。

【教师队伍建设】 加强师资力量，选派教师51人参加州内外各类培训和进修。组织教师开展调查研究，撰写《关于加快推进新型城城镇化建设的几点建议》等调研文章20余篇，完成中共四川省委党校（四川行政学院）系统科研课题《甘孜藏区公务员初任培训学员需求的调查研究》《建立和谐关系与藏汉双语对比教学研究》《影响甘孜藏区稳定发展的对策研究》等重要课题的调研。

（赵　媛）

 སྲིད་གྲོས་དཀར་མཛེས་ཁུལ་ཨུ་ཡོན་ལྷན་ཁང་།

政协甘孜州委员会

·全委会议·

【州政协十二届二次会议】 1月5日至7日在康定召开。大会应到会委员287人，因事因病请假43人，实到会委员237人。会议审议了政协甘孜州第十二届委员会常务委员会工作报告、十二届一次会议以来提案工作情况的报告，列席了州人大十一届二次会议，协商讨论了州人民政府工作报告和计划、财政预算报告及法检两院工作报告。

·常委会议·

【常务委员会会议】 年内，州政协十二届委员会常务委员会会议召开4次。

1月7日，十二届五次常委会召开。会议听取了十二届州政协二次会议小组审议情况报告，审议了提案委员会关于十二届州政协二次会议提案审查情况的报告（草案）、十二届州政协二次会议决议（草案）。

6月27日至28日，十二届六次常委会召开。会前，邀请省政协人口资源环境委员会副主任、省城乡规划设计院副总工程师、工会主席陈懿作了“新型城镇化”专题讲座。会议传达了省政协十一届二次常委会议和州委政协工作会议精神，州人民政府州长益西达瓦通报了全州财政工作情况，12名州政协常委和州级相关部门的同志围绕“推进新型城镇化、建设美丽幸福家园”主题作大会发言，对新型城镇化建设提出建设性的意见建议，审定了州政协机构设置和有关人事事项。

11月10日至11日，十二届七次常委会召开。会前，邀请全国政协委员、民进四川省委常委、国浩律师事务所律师施杰作了《运用法治思维和法治方式推进依法治国》专题讲座。会议传达了全州法治甘孜建设会议精神，6位常委、7个县政协和2个专委会围绕“法治甘孜建设”主题作大会发言，州政协主席易凡作题为《发挥政协职能优势，推动法治甘孜建设》的重要讲话。

12月19日至20日，十二届八次常委会召开。会前，邀请省委党校哲学教研部主任黄辉教授举办了十八届三中全会精神专题讲座。会议期间，听取州政府副秘书长、办公室主任程永红作的《关于州政协十二届二次会议委员提案办理情况的报告》、州发改委主任王成康作的《关于全州2013年主要经济指标完成情况及2014年主要经济指标预安排建议的通报》；审议通过了十二届州政协三次全会的议程、常委会工作报告和提案工作情况报告、2014年政协工作要点、2014年常委会建议方案和相关人事事项等。

·重要活动和提案办理·

【历次重要活动】 3月26日，州政协召开州政协传达全国“两会”精神会议，驻康州政协常委、机关干部职工参加了会议。

5月14日，州政协组织在康部分政协委员和机关全体干部职工80多人，召开“实现伟大中国梦、建设美丽生态和谐幸福新甘孜”主题教育活动动员大会。

7月24日，省政协副主席、秘书长高烽一行到州开展调研，听取广大政协委员、基层群众对省政协开展党的群众路线教育实践活动的意见建议。

9月16日，省政协副主席王正荣应邀赴稻城县出席州委、州政府在亚丁机场举行的四川稻城亚丁机场通航仪式。

7月17日至18日，全州政协专门委员会工作会议在康召开。省政协理论与实践研究会顾问陈宏志作了专委会工作讲座，18个县政协相关专委会和州政协5个专委会围绕“发挥专委会在政协工作中的基础性作用”主题作交流发言。

7月18日下午，全州政协新闻宣传工作会议在康召开。会议总结回顾了2012年全州政协新闻宣传工作，研究部署下步工作。表彰了2012年度全州政协新闻宣传工作先进单位和优秀通讯员，甘孜日报社、甘孜电视台两家新闻媒体，炉霍县政协及优秀通讯员代表分别作了工作经验交流发言。

9月28日至29日，川西南片区政协后勤工作联系会议在泸定县磨西镇召开。会议以深入贯彻落实中央“八项规定”、省委“十项规定”和省政协“六项规定”为主题，围绕加强政协后勤服务工作，交流经验，为人民政协发挥作用提供优质服务建言献策，为政协事业发展提供坚实的后勤保障，促进政协后勤工作再上台阶。来自省政协、成都、德阳、雅安、资阳、眉山、阿坝和甘孜州政协的领导和代表参加会议。与会代表考察了磨西红石公园、磨西会议遗址、冰川公园、泸定桥和泸定红军纪念馆。

11月18日，州政协组织部分省、州、县三级政协委员，在州检察院召开政协委员民主评议州检察院测评会，50余人参加了民主测评。

12月20日，甘孜州人民政协理论与实践研究会正式成立，并召开第一次理论研讨会。会议审议并通过了甘孜州人民政协理论与实践研究会章程，选举产生了理事会和常务理事会组成人员，刘昌泽当选为名誉会长，刘勇当选会长。

【提案工作】 十二届州政协一次会议以来，共收到委员提案213件，内容涉及将甘孜纳入三江源重点治理保护、启动实施乡城至稻城110千伏变电线路工程、加强全州青少年活动场所建设、建立医患纠纷调解组织等方面，审查立案211件，并案处理2件。1月7日，十二届州政协二次会议召开提案审查委员会会议，大会共收到提案197件，参与提案的委员169人、808人次。提案审查委员会共立案195件，其中：专委会提案9件，作为并案处理2件。所立提案中涉及经济建设方面79件，教育卫生等社会事业方面34件，人事社保、社会管理方面43件，其他方面提案39件。州政协紧扣州委、州政府中心工作，积极向上级政协提交议案，其中向全国政协提案10件、省政协提案16件。

·调研视察和对外交流·

【年内历次调研视察】 2012年年底至2013年1月初，州政协文教医卫群团委和州疾控中心联合组成调研组深入康定、丹巴、道孚、炉霍以及州疾控中心对全州疾病预防控制工作开展调研，形成《关于甘孜州疾病预防控制工作的调研报告》。

3月初至4月中旬，由5名州政协副主席带队、州政协专委会和部分州县政协委员参加的5个调研组，深入全州18县、158个州县部门、63个乡、106个村和22座寺庙，以入户调查、查阅资料、问卷调查、召开座谈会、提问解答等方式，全面了解群众工作全覆盖活动情况，重点了解结对认亲、同心同向活动开展情况，形成《关于推进群众工作全覆盖的调研报告》。

7月，州政协3名副主席带队组成3个调研组，深入15县32乡53村，采用州县联动、入户调查、查阅资料、查看项目、座谈讨论等方式，广泛了解扶贫开发情况，深入调研扶贫工作的困难和问题，形成《关于我州连片贫困地区扶贫工作的调研报告》。

9月中旬，州政协3名副主席带领部分政协委员，组成3个视察小组，深入康定、泸定、德格、白玉、色达、道孚、理塘、巴塘、乡城9县，就贯彻落实全州推进教育跨越发展大会精神情况开展专题视察，形成《关于全州推进教育跨越发展大会精神贯彻落实情况的视察报告》。

10月13日至23日，由州政协民宗委、州教科所组成的视察调研组赴色达、德格、白玉3县就“全州推进教育跨越发展大会”精神和《甘孜藏族自治州藏传佛教事务条例》贯彻落实情况进行视察调研。

11月上旬，州政协经科委牵头组织经济、工商、科技科协界委员对全州经融系统开展联合视察，形成《关于进一步加强金融工作的几点建议》。

【关于打造317、318国道旅游风景线的建议】 2013年入夏以来每天经州内318、317国道到西藏的自驾游客有5000多人，平均每天为沿线农牧民群众带来经济收益100余万元。据估测，今后每年经甘孜州的川藏线骑游者将达到10000人以上，州境内骑游人数3万余人，必将带动国道沿线旅游产业、民居接待等服务业的蓬勃发展。针对目前境内317、318国道沿线的公共服务设施严重滞后，综合设施、服务管理水平落后，安全隐患突出，旅游信息服务发布不及时等突出问题，州政协通过深入调研后建言：一是统一规划，专题制定《318、317国道沿线综合建设规划》、专项编制《318、317国道两侧地段详细规划及风貌设计方案》，统一组织实施；二是综合整治，全面清除国道两侧乱搭乱建，统一民房风格，依法严厉打击各种违法经营、垄断服务、恶性竞争等破坏旅游市场秩序行为，增加流动治安和交通巡逻点，加强对沿线村民和商铺的教育管理；三是注重配套，加快国道沿线的民族风景园、民居接待中心、游客接待中心等民族风景点打造，加强骑游接待和民居接待管理，实行统一授牌、统一标志、统一标准的“三统一”制度，设置和公开监督投诉电话；四是加强宣传，大力发展户外旅游，高度重视骑游、徒步游等特种旅游的发展，建设信息发布网站，运用论坛、QQ、手机微博等多种信息传播方式，切实为游客提供旅游信息服务；五是明晰责任，与沿线县、乡镇、村签订《国道环境综合整治目标责任状》，印发《致国道沿线居民的公开信》，广泛宣传打造国道风景线的意义、内容、举措和目标，激发沿线群众的参与和监督热情。

【对外交流】 10月30日至11月2日，江西省新余市政协副主席刘新政一行到丹巴、康定等地参观考察，州政协副主席周冬秀陪同考察。刘新政受新余市政协廖兰芳主席委托，将在新余市筹集到的首批慈善资金20万元捐赠给了甘孜州爱心慈善基金，用于州“爱心帮扶”慈善活动。

（黄礼霞）

དཀར་མཛེས་ཁྲུལ་སྒྲིག་ཁྲིམས་ཞིབ་བཤེར་ཨུ་ཡོན་ལྷན་ཁང་།

中共甘孜州纪律检查委员会

·综述·

【概况】 2013年，全州各级党政组织和纪检监察机关贯彻中央和省、州关于反腐倡廉建设的决策部署，突出重点、统筹推进，党风廉政建设和反腐败工作取得新成效。制定《关于进一步优化发展环境的实施意见》，出台《甘孜州行政效能告诫办法》，建立优化发展环境效能“三卡”机制。成立19个公共资源交易服务中心，开展电子远程异地评标项目527个。开展“庸、懒、散”治理专项监察182次，问责42个单位53人。开展城乡环境综合治理专项监察126次，提出整改措施166条。开展纪检监察干部持有会员卡清理，纪检监察机关（组织）递交会员卡零持有报告589份，1989名纪检监察干部递交个人会员卡零持有报告。

·重要会议·

【州纪委十届三次全体会议】 2月26日在康定召开。州纪委委员41人出席会议，188人列席会议。会议传达学习了省纪委十届二次全会精神，审议通过州委副书记、州纪委书记刘坪代表州纪委常委会所作的《围绕中心、服务大局，为建设美丽生态和谐幸福新甘孜提供坚强的纪律作风保障》工作报告。报告提出，2013年全州党风廉政建设和反腐败工作要坚持融入州委、州政府中心工作，体现围绕中心，服务大局职能；要严肃政治、组织、群众工作、廉政四项纪律，确保政令畅通；要实施作风建设深化、惩防体系推进、廉政文化覆盖、行政效能提升“四大工程”，推动工作落实；要抓实抓好群众路线教育实践活动、党风廉政建设责任制落实、监督检查、损害群众利益问题专项治理、案件查办、反腐倡廉宣传教育、自身建设7项工作。

·廉洁从政·

【严明纪律确保政令畅通】 制定出台《甘孜州共产党员和财政供养（补贴）人员违反政治纪律行为的处理办法（试行）》，查处违反政治纪律案件2件3人。紧扣州委、州政府重大决策部署，开展4轮督促检查，发现问题32个，提出整改意见46条。全面推进公务卡制度改革，州本级公务卡结算资金同比增长131.34%。大力治理公款吃喝、超标准接待等问题，州本级公务接待费用同比下降30%。规范因公出国（境）管理，全年因公出国（境）18批82人次（其中歌舞团演职人员63人次），同比减少13批18人次。全州11362名干部作出不出入私人会所、不接受和持有私人会所会员卡承诺，825名县处级以上干部主动报告个人有关事项，9名干部上交违规款项39.04万元。

【强化党风廉政责任】 加强“一把手”履行党风廉政建设第一责任人责任、落实“四个亲自”要求和班子其他成员履行“一岗双责”情况的监督检查。对全省党风廉政建设社会满意度评价排名80位以后的县，通过“点球”方式进行警示提醒并督促整改。查处违反党风廉政建设责任制案件18件，追责35人。落实“三谈两述”制度，州县纪检监察机关负责人同下级党政主要负责人谈话1131人次，开展任前谈话915人次、诫勉谈话171人次、领导干部述职述廉2585人次。

【廉政文化建设】 以甘孜监狱、州委党校、州行政学院等教育基地和“炉霍廉政文化广场”、“丹巴廉政文化长廊”等为代表，建立特色廉政文化示范点269个。创作以《十二月廉政歌》《丹巴三句半》等为代表的廉政文艺作品20余个，推行建设、管理、施工、监理、协调办“五项廉政承诺制”，开展“现身说法”等警示教育200多场，20000余名国家公职人员受到教育。

【雪域卫士·四川甘孜廉政网开通】 3月，雪域卫士·四川甘孜廉政网（www.gzjw.gov.cn）开通，州委书记胡昌升为网站题词。网站设置“三项建设”“群众工作”“作风建设”“惩防体系”“党风廉政”“廉政文化”“纠风执法”“效能监察”“招投标监督”等板块，上传各类信息180多条。网站还与国家、省和州相关网站进行了链接，设置了“纪委书记信箱”和“监察局长信箱”，广大干部群众可以在网上对各种违纪、违法行为进行投诉和举报。

·惩防体系和作风建设·

【惩防体系建设】 各级各部门确定廉政风险岗位3050个，查找风险点6329个，制定防范措施5680条，完善制度1575个。开展廉政教育1509次、交心谈心5980人次，警示提醒或责令整改156人次。落实“三早三卡”预警纠错机制，对37个单位50名干部发出预警卡。

【贯彻落实改进工作作风密切联系群众的规定】 制定州委、州政府《关于改进工作作风、密切联系群众的规定》，从严守纪律、务实调查研究、精简会议活动、精简文件简报、规范出国（境）管理、改进公务接待、改进新闻报道7个方面作出规定，贯彻落实中央八项规定和省十项规定。务实调查研究，州委领导全年共计2341天在基层调研指导工作，撰写各类调研报告共计50余篇，走访慰问宗教界代表人士及困难僧尼4800余名，发放慰问金及慰问品折价共计200余万元。精简会议活动和文件简报，州委召开的全州性会议次数、天数，比上年分别减少35.71%、44.18%。规范出国（境）管理，全年州级领导因公出国（境）人数、天数同比减少2.44%、26.79%。

·监督检查和案件查处·

【概况】 以交通建设三年攻坚项目、安全生产等为重点，强化监督检查，发现问题893个，纠正720个，提出监察建议135条。对白玉“1·18”、芦山“4·20”、得荣“8·28”、“8·31”抗震救灾工作及物资资金管理发放情况进行专项督查。开展招投标专项检查307次，受理公共资源交易投诉举报39起，责成查处涉诉企业事项10件。加强扶贫项目建设和资金监管，涉及资金5916万元。扎实开展廉租房入住条件和租赁补贴核查，对9248万元征地拆迁、土地流转补贴发放实施监督。

【案件查办】 出台《甘孜州纪委监察局案件线索集体排查暂行办法》，全州纪检监察机关受理信访举报617件，初核违纪线索272条，立案184件，结案180件。给予党纪政纪处分198人，其中县处级干部9人、科级干部90人；立案、结案和处分数同比增长23.49%、30.43%和2.06%。坚持惩处与保护相结合，为79名干部澄清是非。

（李　三）

སྤྱི་ཚོགས་ཚོགས་པ།
社会团体

·甘孜州总工会·

【概况】 州总工会围绕“组织起来、切实维权”的工会工作方针，认真履行工作职能，创新甘孜工会工作，在服务全局、服务发展和服务职工中彰显新作为。全州各级工会组织开展富有地域特色和行业特点的职工职业技能比赛，形成上下联动的竞赛格局，推动全州职工技能大练兵。继续开展创建“工人先锋号”活动，深化“当好主力军、建功‘十二五’”劳动竞赛活动，评选推荐全国五一劳动奖章1名，四川省五一劳动奖章3名，四川省工人先锋号2个，芦山地震抗震救灾工人先锋号1个。雅安芦山地震灾情发生后，倡议全州各级工会组织、广大干部职工向灾区人民传递爱心，募集捐款137.35万元。开展以“我为节能减排做贡献”为主题的群众性经济技术活动，全州3292人次参加活动，参加技术练兵、技术比武1326人次，提合理化建议209条，采纳并实施172条，直接节约经济价值66.36万元。建立健全工会女职工组织，签订女职工权益保护专项集体合同454份，覆盖率达77.5%。安排专项资金4.5万元对患尿毒症、癌症等重大疾病的15名困难女职工给予每人3000元的医疗救助。及时办理劳动争议和个案维权，共接待职工来信来访、职工法律维权服务共24件，已妥善办结17件，涉案资金385万元，其中拖欠工资201万元、工伤工亡资金184万元。年内，新建基层工会组织42家，新发展会员3210人，签订工资集体协议484份，涵盖企业582户，覆盖职工19167人，签订率达90%以上。全州164家国有、集体及其控股企业实现厂务公开、职代会建制100%，已建会的418家非公有制企业开展厂务公开、民主管理面达82.1%。康定民贸公司和农行九龙县支行分别荣获全国“模范职工之家”、全国“模范职工小家”称号，州总工会被命名为“州级文明单位”。

【州总工会八届四次全委（扩大）会议】 5月20日在康定召开。会议回顾总结了2012年工作，部署2013年主要工作；会议通过了州总工会第八届委员会人事事项，进行了省工会十三大代表选举。熊维权同志当选为州总工会第八届委员会副主席，相洛、丹珍志玛等24人当选为四川省工会第十三次代表大会代表。

【关心关爱劳模】 州委常委会专题听取甘孜州第五届劳模推荐、评选、表彰工作情况汇报，按照民主推荐、自下而上、逐级评审的原则推荐评选出99名劳模，并在甘孜日报、州电视台进行公示。启动“劳模关爱周”活动，走访慰问全国劳模20人、省部级劳模257人、州级劳模58人，发放帮扶慰问金68.13万元；组织13名劳模先进赴广西、厦门等地参观、休养；组织240名全国、省劳模进行健康体检，并为劳模们办理了医疗证。

【帮扶困难职工】 全年培训下岗失业人员412人，为132人困难职工家庭高校毕业生提供实习见习机会，就业技能培训140人，创业培训指导323人，帮助落实就业扶持政策59人，继续推动劳务输出地和输入地之间构建用工信息交流，帮助农村劳动力实现转移输出31人。通过"春送岗位、夏送清凉、秋送助学、冬送温暖"困难职工帮扶系列活动，全年累计发放帮扶资金520万元，帮助302人实现下岗再就业；帮助517名困难职工子女圆梦大学，帮扶困难职工3574人，救助金额为245.39万元。开展元旦、春节及藏历新年走访慰问活动，共筹集资金320余万元，走访慰问困难职工5800余户。拨付各县和企业工会困难职工帮扶专项资金520.9万元，按照"依档帮扶"和"实名制救助"的原则对困难职工进行生活和医疗救助3574人，救助金额245.39万元。职工住院医疗互助保险新参保和续保单位410个，赔付785人次，赔付金额115万元；女职工大病互助保险新参保人数2281人，赔付14人，赔付金额17万元。

（晏继品）

·共青团甘孜州委员会·

【概况】 坚持服务大局、服务青年、服务社会，在巩固基层组织、扩大团组织覆盖面、助力社会管理、关注青少年成长发展等方面取得成效。重点推进基层团组织建设，新建基层团组织131个，清理整顿软弱涣散团组织114个，新发展团员3245名，推优入党317名；建设以村级团支部、农村专合组织团支部、功能区联建团支部为主的乡镇直属团组织3000个，开展安全自护、技能培训、志愿服务等主题团日活动3000余场次；2734个村（社区）团组织完成换届选举工作。积极争取助学、关爱阵地、活动阵地等项目，建设留守儿童之家10所、牧民定居点青少年活动中心40所，上报6所中小学校参与"城乡少年手拉手·安利阳光成长计划"活动，发放30所"扬起希望快乐中心项目"配套设施。积极为青年就业创业创造条件，开展"青春岗位建功"等创先争优活动100余场次，在丹巴、稻城2县举办两期农牧民旅游技能培训班，覆盖农牧区青年700余人次；以青年种养大户、青年致富能人及有创业意愿的优秀农牧区青年为主要对象，开展实用技能培训20余场次。

【州委加强全州共青团工作会议】 5月27日在康定召开。州领导胡昌升、刘坪、杨晓东出席会议。会议主要任务是贯彻落实党的十八大、省委十届三次全会精神，研究部署加强新形势下的共青团工作。会上，胡昌升强调，一是主动融入工作大局，奋力书写共青团工作崭新篇章。要密切联系青年，当好青年的知心人；要教育引导青年，当好青年的引路人；要组织发动青年，当好青年的带头人；要热心服务青年，当好青年的贴心人。二是加强共青团自身建设，增强共青团的凝聚力和社会影响力。要加强团的组织建设，创新团的工作思路，保持团的蓬勃朝气。三是凝聚各方力量，合力推进共青团工作科学加快发展。要加强领导，健全机制；要提升能力，建强队伍；要大力支持，形成合力。会议期间，参会代表观看了2013年度重点工作宣传片，并为康定县、丹巴县、道孚县、石渠县、理塘县、四川民族学院的万名志愿者爱心大行动服务队代表授旗。

【少先队甘孜州第二次代表大会召开】 10月13日，中国少年先锋队甘孜州第二次代表大会在康定剧场召开，来自州第一届少工委委员代表、州级有关部门、关工委"五老"代表、全州各县和少年儿童代表共计500余人参加会议。会议宣读了州委书记胡昌升、州长益西达瓦《致全州少先队员的一封信》和省少工委发来的贺信，听取和审议了甘孜州第一届少工委所作的《凝聚红领巾共筑中国梦·为建设美丽生态和谐幸福新甘孜做好全面准备》的工作报告，选举产生新一届少工委；会上还为获得全州“优秀少先队员”“优秀少先队辅导员”“优秀少先队集体”荣誉称号代表颁发奖牌和证书。14日，会议闭幕。

【青少年思想政治建设】 坚持用党团最新理论成果来引导广大青少年，采取报告会、座谈会、理论学习、主题团日活动、专题讲座、片区宣讲、发放藏汉双语宣讲手册等形式，覆盖23.5万名青少年。按照“走进基层讲大会、走进一线谈盛况、走进青年传精神”的传达思路，采取“1+1+N”模式（即1名党组成员、1名团十七大代表、优秀专兼职团干）组成团十七大精神宣讲组，按东路、南路、北路分片区开展州级示范宣传10场，各县开展宣讲200余场，各级团组织开展主题团日活动135场次，参与团员青年17400人次。雅安芦山“4·20”地震发生后，组织全州团员青年踊跃缴纳“特殊团费”13.59万元支援灾区。

【志愿者服务工作】 各级团组织以“心愿快车”公益圆梦活动为载体，组织动员社会各界加大对未成年孤儿、留守儿童、贫困家庭子女、进城务工人员子女等特殊困难青少年关爱力度，整合340余万元物质，帮助实现特殊困难青少年22405个心愿。广泛开展“青山绿水、美丽甘孜”节能宣传、“护航——青春无悔中国梦”禁毒宣传、“奉献爱心 祈福雅安”、义务植树、公益培训、会务服务等志愿服务18900余人次，通过“雨露计划”“快乐暑假 关爱成长”暑期公益培训班、“放飞梦想 阳光起航”甘孜州青少年夏令营等活动，使2000余名特殊困难青少年感受社会大家庭温暖。

（杨治国）

·甘孜州残疾人联合会·

【概况】 2013年，共征收残疾人就业保障金410万元，全州共办理残疾证4478本。开展残疾人组织建设“强基育人”工程，举办残疾人职业技能及法律法规培训5期，320人接受培训人。加强全州残疾人个性化服务平台管理，服务平台已录入21195名残疾人的基本信息，其中为14775名残疾人落实65788项次个性化服务。州残联被中国残联杂志社评为2013年度先进单位。

【残疾人民生工程】 大力实施以残疾人医疗、教育、康复、就业、扶贫等为主的民生服务工程，改善残疾人生产生活条件。年内，实现残疾人居家灵活就业5263名，投入资金103.5万元；帮助819名农村贫困残疾人改善生产生活条件；对全州100多名患儿进行术前筛查，筹措120万元对65名脑瘫儿童进行111项次的手术治疗、康复训练或辅具适配救助，组织29名脑瘫儿童实施手术救助并接受康复训练、14名脑瘫儿童接受康复训练；发放托养资金190.98万元，3183名残疾人受益；争取补助资金14.5万元，对54户残疾人家庭实施无障碍设施改造；完成贫困残疾人人工耳蜗项目的调查和初筛工作，救助贫困家庭重度听力残疾儿童36名。

（荆林庆）

·甘孜州妇女联合会·

【概况】 2013年，全州各级妇联组织坚持以服务大局、服务基层、服务妇女为宗旨，积极投入全州推进群众工作全覆盖活动，全面加强基层妇女群众工作，妇女儿童事业迈上了新台阶。通过完善政策保障、协调解决难题等途径，推进妇女贴息小额贷款工作，发放小额担保贷款共4637.7万元，扶持自主创业850人，带动劳动就业1879人。依托“妇字号”基地，举办手工编织、种养殖等各类实用技术培训170期，培训妇女6130人。促进创业就业，组织专场招聘活动2次，提供免费服务人数253人，成功介绍70名女性就业，跨地区组织劳务输出农牧区妇女6人，9名妇女参加创业培训，自主创业成功女性67人，为56名妇女提供劳动维权服务。妇联组织建设，在州第二建筑公司、康定情歌大酒店有限责任公司、康定民族贸易有限责任公司、格萨尔大酒店成立妇委会，将这4个妇委会确定为“两新”组织妇委会示范点，在康定县建立“妇女之家”示范点2个。引导妇女参政议政，推荐35名妇女参加四川省第十二次妇女代表大会，其中觉姆代表4名；推荐1名妇女参加中国妇女第十一次全国妇女代表大会。开展巾帼文明岗创服务更优、窗口更亮活动，评选州级“服务更优、窗口更亮”先进集体22个、先进个人44人。

【维护妇女儿童合法权益】 坚持“一手抓发展、一手抓维权”的工作方针，借助基层司法所、人民调解委员会、法律援助中心、“12338”妇女维权热线等的作用，建立政法部门与社区妇联法律援助共建点5个，妇联人民陪审员参与妇女儿童案件审理6件，州、县两级妇联共受理群众来信来访来电案件65件72人次，结案率达到96%。积极开展法制宣传教育活动，共开展各类法制宣传服务193场次，发放宣传资料10万份，解答群众咨询4000余人次。

【帮困助难显真情】 在春节、妇女节、儿童节等节日期间，对贫困女党员、觉姆寺庙组织负责人、残疾妇女、留守儿童的开展慰问活动，发放慰问资金物资80万元。启动全州首个覆盖十万贫困儿童的“格桑花”关爱行动，发放各类物资4000件，助学金45.52万元，3000名儿童受益，实现321名城镇学生与745名农村学生爱心结对。全年救助贫困母亲15人，发放救助资金10.7万元；救助大病儿童3名，帮助筹集医疗费近7万元；为康定、泸定、白玉、得荣地震受灾妇女儿童争取救灾物资40万元。邀请成都锦江区妇幼保健院、蜀都乳腺医院专家开展女性健康知识专题讲座，为544名农牧区妇女免费体检，节约费用9.3万元。

（布拉西　廖移海）

·甘孜州工商业联合会·

【概况】 2013年，全州有民营企业1600户，注册资金59亿元；个体工商户22315户，注册资金11.43亿元；从业人员59102人。实现民营经济增加值86.89亿元，占全州GDP的比重为43.3%，比上年提高0.9个百分点；分别缴纳地税6.5亿元、国税8.3亿元。民营经济增加值对全州地区生产总值贡献率达48.1%，比2012年提高0.1个百分点。顺利完成18个县的工商联（民间商会）换届工作，积极推进“甘孜州光彩事业促进会”成立工作。7名贫困学生被“光彩事业”项目“李锦记希望厨师”面试录取。建立完善非公有制经济代表人士人才库，对300名担任工商联（商会）领导职务的非公有制经济代表人士进行调查、登记和建档。加强非公有制经济人士培养，选派5名非公有制经济人士和县级工商联主席到省社会主义学院培训，1名民营企业家参加全省民营经济中高级管理人才培训班。指导开展“三分类、三升级”活动，培养非公企业入党积极分子23人，撤销二郎山水泥有限公司和泸桥企业2个党支部，邓开华被评为全省诚实守信道德模范。引导民营企业（个体工商户）积极参与州“爱心慈善”活动，捐款300余万元。

【州企业联合商会第一届二次会员大会召开】 6月24日在康定情歌酒店召开，州领导刘坪、杨晓东、陈德贵、赵彬出席会议。会上，州企业联合会会长白上海作《甘孜企业联合商会的工作报告》，报告指出：目前，商会设会长1人、副会长10人、理事17人、秘书长1人，均为州内各个行业企业家代表；现已发展会员单位112家，理事单位17家，在康定和丹巴2县已建立办事机构；现有会员中有州县人大代表、政协委员近30余人，“两代会”期间，作为州人大代表和政协委员的商会会员向州人大、州政协提交，反映经济发展过程中在存在的环境污染治理、土地流转、园区建设与失地农民保障、科研创新等方面存在的问题的议案和提案，得到州委、州政府的高度重视和采纳。会议期间，还举办了由中国人民大学张龙泉教授的《现代企业经营管理》知识讲座。

【会员企业经济工作】 年内，康巴情人食品有限责任公司、乡城县雪松天然绿色食品开发有限责任公司、泸定县桑吉卓玛青稞酒有限责任公司、炉霍县雪域俄色茶有限责任公司、康定青藏谷地农牧业生物科技有限公司、甘孜州三药王高原名贵特产有限责任公司、甘孜州达折渚商贸有限责任公司、乡城县藏乡田园农业开发有限责任公司、雪域阳光生态农业有限责任公司9家企业成功申报为四川省2014~2015年度“成长型”中小企业。实施企业“走出去”战略，推荐7家民营企业参加第六届中国西部国际采购商大会、2013四川农业博览会等重要会议，实现特色产品贸易成交598万元，其中现场成交34万元、合同成交564元。

（敬向峰）

·甘孜州科学技术协会·

【概况】 2013年，州科协认真履行科技团体职能职责，在服务经济社会、提高公众科学素质、搭建学术交流平台、促进科技人才成长与提高等方面做了大量工作。优化科协科普工作环境，制定下发《关于加强新时期科协工作的意见》《甘孜州全民科学素质行动计划纲要》，着力开发藏区实用性科普资源，组织州内外专家编印《青稞种植技术》《核桃栽培技术》《牦牛养殖技术》《健康随身贴》《居民科普实用手册》《抗震救灾知识》藏汉双语科普资料和科普读物6套。加强青少年科技教育，“中国流动科技馆”以“体验科学”为主题在甘孜州四年的巡展活动，已完成泸定、康定、九龙、丹巴4个县第一轮巡展任务，接待观众10万余人次。第28届全州青少年科技创新大赛圆满结束，本届大赛全州有29所中小学校参加，参赛作品（小论文、科技实践、小发明）342项，评选推送省组委会作品25件，获奖16项，其中获得本次大赛最高奖“安捷伦”立志专项奖1项，属首次荣获省级青少年科技创新大赛最高奖项。《四川里伍铜矿B2矿体铜锌多金属矿工业试验研究》项目获得省“金桥工程”优秀项目。实施基层科普行动计划和“站栏员”建设，推荐上报项目11个，获得国家项目7个，争取资金110万元；争取省级项目11个，资金62万元；命名表彰州级农村专业协会9个、州级农村科普示范基地36个，州级优秀农村科普带头人37人、州级优秀示范社区15个先进进行了表彰。投入资金60万元，实施康定、泸定、九龙、巴塘、德格、炉霍、得荣等7个县300个“站栏员”宣传栏。主动加强与内地发达地区科协的联系，得到成都、绵阳、宜宾、泸州、乐山、雅安等6个市科协的关心支持，商定并落实区县“结队”援建工作机制，初步实现与州内18个县科协“一对一”“多对一”的对口结对帮扶工作机制。

【州科协第五次代表大会召开】 3月31日，州科协第五次代表大会在康定召开。会议邀请省科协党组书记、常务副主席吴凯，雅安市科协党组书记、主席方毅修参加。大会听取了州科协第四届委员会工作报告，并审议通过了选举办法（草案）、总监票人、监票人名单，选举出州科协第五届委员会委员，通过了州科协第五届委员会主席、副主席、秘书长、常务委员候选人名单，会上对2012年度全州的先进集体、先进个人、优秀科技成果进行了表彰，大会选举产生州科协第五届委员会主席、副主席、常务委员，罗振远当选州科协主席。

【发挥科技社团服务优势】 组织动员各级学会发挥优势，围绕牦牛、青稞、春小麦、半高山玉米、马铃薯等州内特色农畜产业和产品，开展农业新技术、新品种、新模式的研究与开发。支持发挥学会作用，为20个州级学会支持经费各5000元，共计10万余元；组织开展课题研究，编辑发行《科普与创新》3期，评审表彰科技论文35篇。开展“科技服务农村发展”“科普进藏家”“科普进寺庙”等主题宣传活动30余次，发放《青稞栽培技术》《核桃栽培技术》《牦牛防病》等藏汉双语科普读物20000余册，发放挂图、图书、科普光盘等科普宣传资料10余万份，编印的《国家级省级保护野生动物野外识别手册》《甘孜州农田杂草原色图谱》《青稞栽培技术》《科普与创新》读物和期刊获得首届四川省科普资源双年展优质科普资源奖。

（杨绍林）

·甘孜州社会科学界联合会·

【概况】 2013年，州社科联组织全州广大社科工作者积极开展学术交流、课题调研、社科知识宣传普及等工作，为繁荣发展哲学社会科学事业和建设美丽生态和谐幸福新甘孜做出了应有的贡献。增强学习贯彻科学发展观和十八大精神的主动性，及时编印《群众工作资料汇编》《干部作风建设学习资料汇编》《实现伟大中国梦、建设美丽生态和谐幸福新甘孜主题教育活动资料汇编》等学习资料，编印藏汉双语版《十八大精神学习简明读本》《同心谱写伟大中国梦甘孜精彩篇章社科知识普及200问》《实现伟大中国梦建设美丽生态和谐幸福新甘孜主题教育活动学习指南》特刊8期。深化社科知识进藏家，结合科技之春科普宣传月、科普活动周等活动，发放《十八大精神学习简明读本》《甘孜州基层农牧区实用工作手册》等科普读物4000余册。完成全州“社科专家数据库”建设，收录全州社科专家214人，其中教育学类36人、语言学类33人、管理学类18人、中国文学类16人、法学类13人、马列社科6人、民族问题研究7人，其他85人。四川民族学院康巴文化社科普及基地通过省级专家组评审，批准认定为第四批“四川省哲学社会科学普及基地”。

【课题研究】 聚焦甘孜发展，以建设“美丽生态和谐幸福新甘孜”为主线，突出重大民生问题、重大经济社会问题的研究，全年立项社科课题10项，完成8项。年内，推荐申报省社科规划项目10项，省社科联批准立项3项。做好课题调研工作，完成《培育和壮大甘孜州民族文化产业跨越发展的对策思考》《坚持群众路线　确保实现中国梦》《甘孜州社会科学界联合会关于全州社科系统信访工作的调研报告》等课题调研及论文撰写；做好四川省社科院第十次市县院所优秀科研成果评奖工作，向省社科院推荐优秀社科成果10项，其中获一等奖1项、二等奖1项、三等奖3项。

（谢　敏）

·甘孜州文学艺术界联合会·

【概况】 2013年，州文联以活动为载体，围绕中心、服务大局，创造性地开展文联工作，切实增强干部职工的文化自觉、文化自信。全面启动康巴新歌100首创作活动，通过报刊电视、网络等途径，征集反映康巴民族、牧民生活、田园风光等方面的歌词，公开征集到词曲、作品200余首。进一步扩大“康巴作家群”的影响力，出版“康巴作家群”作品集第二辑，全年“康巴作家群”推出新作10部。积极扶持文艺创作，加大康巴文艺新作的宣传推介，21位作家作品被《中国藏族文学卷》收录，州作协主席格绒追美成为中国作家协会定点深入生活扶持作家，达真长篇小说《天意》和梅萨的诗进入中国作协2013年度少数民族重点作品扶持项目；加强文艺人才队伍建设，成功举办第四届《贡嘎山》杂志大岗山文学创作笔会，州文联舞蹈家协会选送的《情侣锅庄》荣获省舞蹈新作比赛一等奖，州青年美术家刘忠俊创作的4幅藏画参加了“2013·和美西藏美术摄影作品澳大利亚展”，其中《邂逅神山》《走进西藏》在国外反响强烈；选送的美术作品《鹰姿翱翔》《走进香巴拉》《扎西参军》《舞之魂》入选第二届“和美西藏”美术大赛作品展。完善“甘孜州文学艺术奖评奖办法”，9月，《甘孜州文学艺术奖评奖办法》经州政府第11次常务会议审议通过。

·资料链接·

2013年“康巴作家群”10部新作

仁真旺杰：长篇小说《雪夜残梦》

泽仁达娃：长篇小说《走在前面的爱》、《雪山的话语》

郭昌平：散文集《箭炉夜话》

南泽仁：散文集《遥远的麦子》

拥塔拉姆：诗集《萍客莲情》、《康巴作家群评论集》

达真：中篇小说集《落日时分》

梅萨：诗集《半枝莲》

扎西：藏文原创散文集《飘扬的雪花》。

【第四届《贡嘎山》杂志大岗山文学创作笔会召开】 5月20日至25日，第四届贡嘎山文学笔会在大岗山召开。参会人员由资深专家6人及州内文学爱好者25人组成。笔会为期6天，其间，由各位资深专家讲授文学创作经验及如何提升创作水品，并就目前本土青年作家所面临的创作瓶颈和相关困难做了认真的梳理和排解。笔会方式主要采取相互交流的形式，专家通过作者的稿子谈作品本身所存在的问题及修改方向，扩展作者思维，为作者推荐适合自身的好书、好文章，作者通过朗诵自己的作品、谈及自己的创作理念达成和所有人沟通交流，为今后创作铺好了路、理顺了方向。其中2位专家为大岗山国电企业职工讲授了2堂新闻写作培训课。

【甘孜作家4部文学作品获奖】 1月15日，第七届四川文学奖、第五届四川少数民族文学创作优秀作品奖颁奖典礼在成都举行，省作协主席阿来为获奖者颁奖。第七届四川文学奖获奖作品共16部，其中包括格绒追美的长篇小说《隐蔽的脸：藏地神子秘踪》和尹向东的中短篇小说《鱼的声音》；第五届四川少数民族文学创作优秀作品奖作品共11部，其中包括拥塔拉姆的诗歌《亲吻雪花》和罗凌的散文集《远岸的光》。

·资料链接·

2013年度贡嘎山杂志社优秀文学作品
获奖作者名单及获奖理由

小说

《传说》 次仁罗布 2013年第一期

获奖理由：生活中我们向左转或向右转，与真知和已知无关，而与我们是否存有一颗敬畏之心有关。次仁罗布告诉我们，这不是传说，是事实和经验。

《丢失》 嘎子 2013年第四期

获奖理由：生活有如这个温婉的故事。我们获得了，我们丢失了，我们到底是获得了还是丢失了？这是作家嘎子的命题，亦是我们一生都在追寻的答案。

《问天》 格尼 2013年第三期

获奖理由：在略显夸张的语言中，格尼为我们讲述了一个堂吉诃德的故事。天地之差，云泥有别，英雄的背影远去了，凡夫俗子在现实的生活中继续。

《中彩》 马建华 2013年第五期

获奖理由：好故事是养人的。在浓郁的方言和充满情趣的叙述里，我们看到的是真实而熟悉的生活，不管你是看客或是小说中的角色，都可以受到这个故事的温养。

散文

《一次迟到的对话》 郭昌平 2013年第二期

获奖理由：郭昌平先生似乎在说，我们每一个人都生活在上苍的恩赐与先贤的恩惠之中。记住这些，不是关乎良心或道德，而是关乎人类的传承与命运。

《塔公草原写意》 紫夫 2013年第五期

获奖理由：一片魂牵梦绕的圣地，在紫夫的笔力下变幻着镜头，塔公之美，是自然之美，是洁净之美，是纯朴之美，是慢节奏之美。

《老照片》 实笠 2013年第二期

获奖理由：实笠女士说得很好，闲置的老照片或老物件，它为我们真实地还原了过往的岁月，并让我们能够宠辱不惊地面对未来的变幻莫测。

《石渠行记》 潘敏 2013年第一期

获奖理由：一个现代意识与高原的纯净与性灵碰撞之后，浸染上了彷徨，多出了某种思绪。潘敏女士的石渠行记，一次心灵的净化之旅。

诗歌

《甘南》 扎西才让 2013年第三期

获奖理由：在宁静的叙述与跨越时空而来的符号里，我看见历史的深邃与诗歌的深邃走到了一起，甘南的风骨与诗人的风骨合二为一。

获奖理由：青藏是地球的坐标。

《在一抹秋色里接近冰冷》 梅萨 2013年第二期

获奖理由：康定迷离的街灯，是梵音驻足的光影。柔美的文字与浓稠的秋意里，透露出某种淡淡的忧伤，独特而准确地表达了诗人梅萨触摸世界的方式。

《打马向西》 远泰 2013年第六期

获奖理由：一棵草就是一次完成，一片草原就是一部史诗。打马向西，去体验草原幽微的诗意，去感悟草原苍茫的大美。

《阿爷的目光》 康若文琴 2013年第六期

获奖理由：康若文琴的诗歌在证明，生活大于想象，因为生活充满着鲜活的细节，充满着意想不到的别致，生活，本身就是诗意人生。

藏文小说：坎坷 尕昂 2013年第二期

藏文诗歌：希望 尖扎多吉 2012年第一期

颂更登曲批 甲央 2012年第二期

（李琴英）

·甘孜州佛教协会·

【概况】 2013年，全州有经政府批准开放和依法登记的佛教寺院525座，其中宁玛派217座、格鲁派129座、萨迦派78座、苯波派51座、噶举派37座、属于汉传佛教性质的宗教活动点13座，有佛教教职人员50000余人。加强各县僧尼资格认定备案的督查指导，配合宗教部门完成20410枚僧尼证、162枚活佛证的制作工作。推进创建和谐寺庙活动，居里寺，甲登会长分别荣获全国创建和谐寺院先进集体和先进个人，州佛协等9个佛协组织荣获全省创建和谐寺院先进佛协。“4·20”芦山地震后，全州佛教界向灾区捐款48.76万元，捐物折合人民币100余万元。

【州佛协第七届理事会第三次常务理事会召开】 12月21日在康定召开。州政协副主席、州佛教协会理事会会长甲登·洛绒向巴，州政协副主席、州佛教协会理事会副会长多吉扎西，副会长格达·扎西绒布出席会议。会议主要议程：⑴学习传达党的十八大精神和省佛教协会第九次代表大会精神；⑵总结州佛教协会2012年工作、安排部署2013年工作；⑶研究讨论州佛教协会成立50周年庆典活动方案和州佛教协会2012年7月至2015年7月间的工作规划；⑷听取州佛教协会2011年度财务收支情况报告。会议增补巴塘县竹瓦寺甲纳巴十四世江南活佛和雅江县南真寺堪布斯郎旺青为州佛教协会第七届理事会理事，补选甲纳巴十四世江南活佛为常务理事。

【州佛教协会成立五十周年庆祝大会召开】 10月17日，甘孜州佛教协会成立五十周年庆祝大会在康定剧场举行。州县宗教、统战部门有关负责人和来自全州18个县佛教协会的近200多人出席庆祝大会。州委书记胡昌升出席会议，省宗教局副局长杨伯明代表省委统战部、省宗教局到会祝贺，州委副书记、政法委书记向秋主持会议。胡昌升对州佛教协会今后的工作提出3点要求：一要高举旗帜，再接再厉，教育引导宗教人士继续发扬优良传统。二要明辨是非，智慧选择，积极引导宗教与社会主义社会相适应。三要立足长远，发挥作用，引导宗教人士凝心聚力参与美丽生态和谐幸福新甘孜建设。

【举办“全州五大教派推进依法治教长效机制”研讨会】 11月27日至30日，第五期全州五大教派推进依法治教长效机制研讨会在泸定举行。来自省、州17个部门，州5大教派高僧大德，泸定县等代表共108人参加了会议，州领导胡昌升、向秋、段内开、舒大春、甲登·洛绒向巴副主席出席会议。研讨会共收集有论文15篇，研讨会达成在全州佛教界开展为期2年的“五热爱（热爱中国共产党、热爱祖国、热爱民族团结、热爱人民、热爱佛教）两遵守（遵守法律和遵守戒律）三负责（对国家负责、对人民负责、对佛教负责）”主题学习教育活动。

（曲　西）

·甘孜州红十字会·

【概况】　弘扬“人道、博爱、奉献”的红十字精神，开展救灾、救助、救护工作。公益援建行动取得新实效，中国民族贸易促进会组织金地集团等企业开展“大爱无疆情暖中华”促进民族地区团结进步公益援建行动走进甘孜活动，向甘孜捐赠物资1000万元。应急救援体系现成效，第一时间向白玉“1·18”、得荣“8·31”地震灾区发放85万元应急物资（家庭包600个、棉被500床、帐篷100顶）。开展救护知识进学校、进机场等活动，在州特殊学校、康定飞机场开展应急救护培训6次，培训急救员327名；组织5名乡村医生参加北京“同心·博爱”藏区乡村医生培训。芦山“4·20”地震发生后，组织州志愿者队伍赴灾区开展工作，共搜救排查1000余户，提供心理援助500人次，建通引水点1个，接收和发放上千万物资，其中接收捐款538万元。紧扣“每一份献血都是生命的礼物”主题，累计开展无偿献血主题集中宣传活动20余场次，印发无偿献血宣传资料30000余份。充分发挥红十字会民间外交渠道的作用，全年争取国外红十字会援助资金708万元，其中加拿大红十字会援助408万元、美国红十字会援助300万元。

【爱心慈善活动成效显著】　11月19日，全州首届爱心慈善月暨第二届“爱心慈善日”活动启动仪式在康定情歌广场举行。州委书记胡昌升出席并致辞，州长益西达瓦主持启动仪式。活动共募集爱心慈善基金4263.52万元，其中单位和干部职工捐款1069.3万元、企业及企业职工1692.61万元、个体工商户30.95万元、宗教界260.8万元、驻州部队14.83万元、州外组织或单位1140.64万元、群众及其他捐款54.39万元。捐助资金主动接受州县纪委监督检查，对每一笔资金进行了明细登记并建立规范台账，及时在州红十字会门户网站、州县电视台、甘孜日报等进行公示。

【多渠道宣传红十字会】　在“5·8”博爱周、“12·1”世界艾滋病日、“11·19”甘孜爱心慈善日期间，州红十字会组织宣传活动15场次，发放宣传资料10000余份。通过建立红十字会网站和在电视台、报刊报道等，宣传红十字精神，普及预防、救护常识、提高民众对红十字会认知度。全年开展红十字知识进校园等活动10余次，州红十字会网站发布募捐信息和工作动态100余条，在媒体刊发红十字会业务工作报道201次。

【人道救助见成效】　“红十字博爱送万家”得民心，向得荣、巴塘、雅江、新龙、白玉发放价值57.01万元的家庭包；“红十字小餐盒”有效运转，投入60万元，向泸定县加郡乡河口小学、得妥乡湾东小学、丹巴县巴底乡中心小学等学生提供免费午餐，受益学生584人；“博爱家园”顺利推进，第一期“博爱家园”项目在康定、泸定、丹巴、九龙、道孚县实施，投入资金245万元；第二期“博爱家园”项目安排在泸定、道孚县实施，投入资金210万元；申报“小天使基金”项目资料13份，向3名贫困白血病发放救助金10余万元。

（青　松　尼苦领前）

ཁྲིམས་ལུགས།
法　治

·综述·

【概况】　全州政法机关以维护和谐稳定为目标，以反对民族分裂为重点，以强化综合治理为基础，以建设忠诚队伍为保障，推进平安甘孜、法治甘孜建设。认真贯彻落实《四川省社会稳定风险评估责任追究暂行办法》，对283个重要决策、重点工程、重大活动实施稳定风险评估，提出整改意见1600多条。开展"和谐边际协作月"活动，推动州内县与县、乡与乡、村与村之间加强协作，与毗邻7个市（州）签订"主动创稳协作协议"，初步构建了州内外、多层次、宽领域的和谐边界联动协作体系。以乡村、机关、家庭、社区为单位，扎实开展平安创建活动，全州基层平安单位已达4200多个，广大群众对平安创建活动满意度达85%。

【综合治理工作更加扎实】　创新服务管理，实现"治理一片、稳定一片、巩固一片"的目标，全年集中开展"红色天网"行动8次，排查社会治安问题1247次，摸排治安重点地区112处，检查治安复杂场所4000多处，发现并责令整改治安隐患400余个。开展"三电"犯罪专项整治，重拳治理大渡河沿线水电建设和S217线公路建设环境，破获各类案件110多起，抓获各类犯罪嫌疑人136人。推动缉枪治爆行动纵向发展，全州共收缴各类枪支452支、子弹7091发、炸药5889.6公斤、雷管4910枚、管制刀具215把。开展严打行动，依法严厉打击盗窃抢劫、敲诈勒索、伤人杀人、贩卖毒品等违法犯罪活动，全州共破获刑事案件648起，抓获犯罪嫌疑人669人；查处治安案件835起，处罚违法人员1086名。

【深化"铸忠诚警魂"教育活动】　加强对政法队伍的政治思想教育，筑牢树立"五个忠于"和"扎根康巴高原，献身和谐甘孜"的忠诚信念，全年举办思想政治教育、理想信念教育、群众观念教育专题学习活动2000多期，培训干警3.3万人次。开展作风专项巡查，分两批次派出工作组8个，深入政法机关95个和基层政法单位195个，责令整改问题100多个，严肃查处德格、得荣、巴塘等县的违法违纪干警，对30多名工作不在状态、纪律散漫、办事拖拉的干警给予处分。

【创新基层服务管理】　坚持以服务农牧民群众为重点，加强基层服务平台建设，指导各县建成乡镇便民中心315个、村社代办点113个、村社服务设施190个、法律援助中心95个，以及农村服务社、养殖协会、合作社等633个，提高基层服务管理能力。按照"街巷定界、规模适度、无缝衔接、动态调整"的原则，在康定炉城镇启动网格化管理试点工作。强化流动人口服务管理，建立流动人口、出租房屋信息资源库，采集信息83.4万条。建立州县乡村（社区）四级特殊群体管理服务机制，落实刑释解教人员和社区矫正人员的管理和帮教工作，完善了“12355”青少年综合服务平台。

（杨树清）

·公安·

【概况】 持续推进和谐社会、“平安甘孜”建设，深化打、防、管、控各项措施，服务水平、警务执行力和队伍整体素质均有新提升，全州社会治安持续稳定。信息化建设成效凸显，采集标准地址信息23.88万条，录入实有房屋信息20.98万条、人口信息67.29万条、单位信息10851条，建立DNA数据库信息9000余份，通过指纹比对系统成功破获案件8起，依托DQB情报信息系统抓获逃犯6人。积极开展社会矛盾排查化解，全年共调解矛盾纠纷320起；全面梳理排查涉法涉诉信访积案，梳理排查信访积案3起，化解3起。职业教育培训不懈怠，全年培训民警1000余人，警务技能专题培训2批次550人，全省维稳处突比武练兵活动200余人，选派业务骨干50人到省内发达地区跟班学习。

【专项整治行动成果显著】 年内，州县公安机关在全州部署开展了打击扰乱水电建设、公路建设、“三电”建设、涉枪涉爆等治安专项整治行动。其中，“两江一河”水电建设环境治安专项整治破获案件56件，追回赃款赃物折合人民币51余万元；公路建设环境治安专项整治破获案件10余件；“三电”突出犯罪专项整治破获案件23起（其中积案4起），抓获犯罪嫌疑人31人，挽回经济损失142万元；缉枪治爆专项行动，收缴各类枪支452支、子弹7091发，收缴销毁炸药5889.6公斤、雷管4910牧、导火索452米、管制刀具215把，缉枪治爆专项行动战果排名全省第一。

【严打整治】 强化严打整治长效机制，全力打造一流社会治安环境。全州共破获刑事案件697起，比上年增加9.9%；抓获刑事作案成员545人，比上年下降14%；破获盗窃案件268起，破获盗抢机动车案件66起，追回被盗车辆55辆；破获各类侵财性案件43起，抓获犯罪嫌疑人43人，打掉团伙2个，追缴返还赃款财物合计358.85万元。加大打击重大经济犯罪和毒品犯罪力度，破获经济犯罪案件12起，抓获犯罪嫌疑人14名，涉案金额2.4亿元，成功侦破全州首起保险诈骗案，追缴全部保险理赔金共计14.4万元；破获各类涉毒案件58起，抓获涉毒违法犯罪人员106人，缴获各类毒品1732.5克。

（兰　京）

·检察·

【概况】 2013年，全州检察机关围绕建设美丽生态和谐幸福新甘孜的工作大局，全面履行检察职能，为全州经济社会跨越发展提供强有力的司法保障。依法严厉打击各类刑事犯罪，全年受理审查批准逮捕案件332件、474人，提起公诉案件329件、504人。惩治和预防职务犯罪，全年立案查办各类职务犯罪案件38件、39人，其中渎职犯罪3件、3人，为国家挽回直接经济损失503.84万元。全面履行民事检察监督职能，共受理各类民事行政案件22件，其中省检察院采纳提请抗诉2件。两级院深入全州重点交通工程项目和惠民工程开展专项预防和行业预防，共举办职务犯罪预防讲座44场次，3150余人聆听了讲座。州预防职务犯罪警示教育基地（设甘孜监狱）共接受司法、农行、税务、国网甘孜公司等15个行业系统和部门参观，635人接受现身说法教育。强化诉讼监督，全年共退回补充侦查刑事案件165件，对7件应当立案而不立案案件进行刑事立案监督，纠正漏捕13人、漏诉2人，书面纠正刑事侦查活动违法1件，提出刑事抗诉3件。坚守防止冤假错案底线，办理各类民事行政检察监督案件11件，其中提请民事抗诉2件、提出再审检察建议1件，对审判和执行过程中的违法情形监督6件、作不支持申请监督决定2件。强化刑罚执行和监管活动监督，清理监外执行罪犯188人，依法纠正提请“减、假、暂”不当23人。开展“查办和预防发生在群众身边、损害群众利益职务犯罪”专项工作，立案查办民生领域职务犯罪29人；开展清理拖欠农民工工资专项行动，通过支持起诉帮助21名农民工追讨工资3.7万元。深化信访积案化解专项行动，共办结控告、申诉、举报82件。检察长接待信访群众72人次，促成刑事和解19件、民事和解11件，息诉化解信访积案2件，立案复查刑事申诉案件4件4人，办理刑事被害人救助9起，为当事人解决救助金及物资60000元，帮助当事人挽回经济损失7800元。扎实开展“铸忠诚警魂”等主题教育实践活动，基层党建、“四好”班子和精神文明创建成果巩固提升，全年两级院19个先进集体、57名先进个人荣获州以上记功表彰。

【举报宣传周活动】 6月24日至28日，州、县检察机关在全州范围内开展以“完善举报制度，加强举报人保护”为主题的“举报宣传周”活动。活动周期间，组织了多种形式的宣传活动：州检察院通过《甘孜日报》《甘孜电视台》对“举报宣传周”活动进行全程报道；泸定县检察院将近年来发生在泸定地区的典型案例汇编成《圆“中国梦、铸忠诚警魂”普法宣传手册》向群众发放，每个案例内容包括案情简介、法律解读、社会现象、检察官忠告四个部分，并配以生动形象、幽默诙谐的漫画插图，通俗易懂、方式新颖；稻城县检察院围绕“完善举报制度，加强对举报人保护”的宣传主题，编制《保障民生相关法律法规》《举报指南》《举报有功人员办法》等宣传资料，并邀请县人大代表、政协委员、人民监督员、特约检察员到现场参加宣传活动；色达县检察院抽派精通藏语的检察官到现场为农牧民群众进行法律咨询解答，并专门制作了以漫画、寓言、真实案例等形式和内容，图文并茂、通俗易懂的法律知识宣传挂图放置于宣传点；乡城县检察院利用广场LED大屏幕滚动播放《举报人保护制度》《人民检察院举报工作规定》《举报有奖制度》，发出举报宣传短信5000条，发放宣传册和宣传卡500本。在“举报宣传周”活动中，两级院共设宣传点54个，出动检察干警180人，出动宣传车35辆，制作展板260张，发放藏、汉文宣传资料10000余份，向群众发送手机短信20000余条，新闻报道66次，接受群众咨询366人，受理举报12件，控告、申诉案件6件。

【依法查处社保系统窝、串案】 年内，州两级院联合出击，深入摸排案件线索，依法立案查办发生在全州社保系统的贪污、贿赂职务犯罪窝、串案共10件10人，涉嫌犯罪金额近500万元。该案件已在年内全部侦结并依法移送起诉，追回赃款近400万元。该系列案的成功查办，有力震慑社会保障领域职务犯罪，确保社保资金安全，法律效果和社会效果显著，四川省检察院对查办该系列案件的做法向全省作推广。

（贺 毅）

·法院·

【概况】 忠实履行宪法和法律赋予的职责，服务全州稳定、发展、民生大局，各项工作取得新进展。全州法院受理各类案件3045件，审执结2936件，其中州法院审执结751件，结案率为96.42%。受理刑事案件396件，审结384件，判处罪犯592人；其中，州法院受理61件，审结55件，判处罪犯106人。严厉打击分裂势力犯罪活动，依法审结危害国家安全案件4件、14人；依法严惩故意杀人、“两抢一盗”等易发高发暴力犯罪，审结案件150件、257人；审结贪污、贿赂、渎职等职务犯罪案件38件、44人；审结毒品案件18件、30人。积极推进量刑规范化，依法判处5年有期徒刑以上刑罚44人，判处缓刑、管制、拘役17人，免予刑事处罚2人，减刑418人、假释29人。创新刑事赔偿、刑事和解举措，促成案件调解、和解30件。受理民商事案件1505件，审结1424件，结案标的额4.03亿元；受理行政案件24件，审结24件；受理执行案件643件，执结628件，执结标的额6978.77万元，11个基层法院结案率达100%，全年集中兑现执行款23次，为150余名当事人当场兑现1000多万元。深入企业、学校、社区、农牧区、寺庙调研走访200余次，开展"司法大拜年""法官进敬老院、进军营、进特殊学校""青年法官校园辅导站""司法服务月""法制进基层"等活动，进行法制宣传教育1800余次、访贫问苦400余次。彰显司法人文关怀，依法为经济困难的当事人减免缓诉讼费100多万元，落实司法救助金48.03万元，为37名当事人指定辩护人、诉讼代理人。积极推进社区矫正，共同做好非监禁刑和刑满释放人员的跟踪帮教工作，帮教人员38人次；开展案件回访321人次。组织开展基层法庭庭长、法警技能大练兵、藏汉双语等专项培训20余次，培训干警1700余人。开展警车专项治理，清理警车191辆，警牌185付，督促警车上户6辆。加强人才储备，着力解决法官断层问题。2013年，全州初任法官培训合格33人，藏汉双语人员培训合格22人，合格率均达100%。州法院刑事审判第一庭被最高法院表彰为全国法院"先进集体"。

【立案信访工作】 2013年，全州法院受理申诉、申请再审案件30件，审结29件。实行藏汉双语导诉服务，为当事人提供"零距离、一站式、高效能"的诉讼服务。推行预约立案、上门立案等便民利民举措，全年上门立案200余件。在社区、乡镇、林区、牧区增设"收案点"，满足多样化立案需求。畅通信访渠道，领导干部定期接访、法官带案下访、巡回接访当事人1000余人次。清理排查重复访、过激访、越级访案件35件，5件信访积案全部化解。特别是通过三级法院联动，协调党政相关部门在立案源头妥善化解刘某诉陕西某公司白玉项目部硅肺病赔偿案。通过"帐篷法庭""车载法庭""马背法庭"，把"大调解"工作重心沉到基层，纠纷化解在源头，调解率达63.81%。

【接受人大、政协监督】 州两级法院始终将自觉接受党委领导、人大的法律和工作监督、政协民主监督，作为推动各项工作的强大动力和重要保障。严格执行人大各项决议，向州人大常委会专题汇报贯彻执行《中华人民共和国刑法》《中华人民共和国刑事诉讼法》的情况，及时将审议意见转化为推动刑事审判工作的动力。制定人大代表联络工作方案，安排州县法院中层以上干部"一对一"走访人大代表436人，主动听取人大代表意见建议，收集意见建议25条，办理提案、督办案件10件；邀请人大代表、政协委员庭审观摩39场次。依法接受检察机关诉讼监督，受理抗诉案件4件，1件改判，2件撤诉，1件正在审理。启动审判流程、裁判文书、执行信息"司法公开三大平台建设"，努力提高执法办案透明度。人民陪审员"倍增计划"顺利推进，选任人民陪审员160名，参审案件275件，扩大司法公开和民主。开展"法院开放日"活动，邀请社会各界到法院参观161次，邀请群众观摩庭审3038人次。

（吴　杰）

·司法行政·

【概况】 2013年，全州司法行政工作坚持矫正、帮教突出一个"实"，化解矛盾突出一个"早"，宣传教育突出一个"新"，法律服务突出一个"优"，队伍建设突出一个"严"，基层基础突出一个"牢"和群众工作突出一个

“情”七个突出，各项工作水平全面提升。全年调解各类矛盾纠纷5464件，调解成功5237件，调解成功率96%，涉及金额4676万元。办理律师业务2874件，公证2075件，法律援助事项8500次，承办法律援助案件535件，帮助农民工讨回欠薪195万余元；办理司法鉴定233件（含司法鉴定援助案件9件），预约上门法律服务233件，为困难群众减免费用30000余元，司法鉴定采信率达98%以上。落实“底数清、政策明、重关爱、措施实”工作要求，对全州3年内刑释解教人员进行清理排查，建立州、县、乡实名登记台账；开展亲情帮教活动51次，走访慰问4200余人次，帮助协调落实和解决低保、临时生活救助等生产生活困难1080余人次，发放帮扶资金及物资折合人民币12.8万余元，刑释解教人员帮教率达100%，安置率达95%。深化服刑人员“现身说法”宣讲，组织服刑人员赴石渠、雅江、理塘、巴塘、稻城等5县开展“现身说法”巡回宣讲13场次，参与群众19000人次，其中僧尼受众380人。年内，州委、州政府将法制宣传教育纳入“爱国、守法、感恩、团结”主题活动，开展“送法进寺庙、进校园”“法律七进”主题活动5800余场次，接受法律咨询60000人次，发放宣传资料11万余份，受教育人数27.23万人次。8月，召开全州首次“刑满释放解除劳教人员安置帮教工作会”。举办为期6天全州司法行政系统素质技能培训，培训围绕如何做好办公室、法律援助、人民调解技巧和运用、司法所规范化建设、社区矫正和安置帮教、法制宣传、视频会议系统使用和操作等方面进行，培训150余人。阿扎、江继萍、贾靖、翁小丁真4名调解员被司法部授予“全国模范人民调解员”称号，九龙小金乡洋桥村人民调委会被授予“全国模范人民调委会”称号。

【全州法律援助工作会议召开】　3月3日，州政府在康定召开全州首次法律援助工作会议，副州长、州公安局局长舒文出席会议。来自州人大法制委、州政协法制提案委和州县参会代表共100余人参加会议。会上，州司法局局长李春兰总结分析了甘孜州法律援助工作开展情况和存在的问题，提出了“通过州县两级政府3年至5年的共同努力，全面打开工作局面，逐步做实全州法律援助工作”的发展构想。会议要求，各级政府要切实落实法律援助工作主体责任，加快法律援助机构和队伍建设，加强法律援助工作经费保障和监管，落实法律援助的“三个纳入”，全力推进法律援助民生工程目标任务，积极探索切合甘孜藏区实际的法律援助工作路径。石渠县政府、白玉县司法局、甘孜州法律援助中心在会上作交流发言。

【创办《法治甘孜》电视栏目】　3月，州司法局联合州电视台、州法制办创办了《法治甘孜》电视栏目。电视栏目设置《法治咨询》《与法同行》《图说法律》3个版块，重点针对森林草原防火、交通运输秩序整治、藏传佛教寺庙管理、虫草资源纠纷等社会突出问题，全年制作播出节目6期，播放36轮次。

【州人大专项督查“六五”普法工作】　5月，以公、检、法、司等部门组成工作组，在州人大常委会副主任廖才坤带领下，深入18个县进行“六五”普法中期督导和专题调研；6月，州第十一届人大常委会第十次会议专题审议“六五”普法工作；7—8月，州人大常委会2次组织全国、省、州、县、乡5级人大代表集中视察炉霍、乡城2县“六五”普法工作情况，有力提升了各县党政及相关部门对法制宣传教育的关注、重视。

（李　映）

དམག་དོན། 军 事

·甘孜军分区·

【概况】 2013年，甘孜军分区紧紧围绕党在新形势下的强军目标，按照“突出首位、围绕中心，抓住关键、夯实基础，创新发展、高位求进”的工作思路，聚精会神搞建设，改进作风抓落实，稳中求进谋发展，各项工作有序推进，全面建设稳步提升。加强思想政治建设，认真学习贯彻党的十八大精神，开展“坚定信念、铸牢军魂”主题教育、“中国梦·强军梦·官兵的梦”和“贯彻全会精神，拥护支持改革”专题教育，红军飞夺泸定桥纪念馆被授予甘孜藏区首个“国家国防教育示范基地”，成立了泸定桥小学、田坝八一爱民小学两所少年军校。抓好党委班子和干部队伍建设，制订《分区党委机关进一步改进作风的规定》，扎实开展廉政文化“五进”活动，开通廉政短信平台，举办违纪违法典型案例图片展，泸定、巴塘县人武部分别被省军区表彰为“全面建设先进人武部”、“基层建设标兵单位”。推进部队实战化训练，圆满完成“康巴使命—2013”野外驻训演习；积极参加白玉“1·18”、芦山“4·20”、得荣“8·28”、“8·31”抗震救灾行动，扑灭康定“2·27”森林大火。积极宣传部队建设成绩，在省级以上媒体上稿285篇，其中中央级媒体65篇，军分区政治部和理塘县人武部被省军区政治部表彰为“新闻宣传工作先进单位”，甘孜军分区被解放军总政治部表彰为“全军预防犯罪工作先进单位”，泸定县民兵应急连被四川省军区表彰为“芦山‘4·20’抗震救灾先进单位”。

【军分区党委十三届一次全体（扩大）会议】 8月18日至19日，军分区党委十三届一次全体（扩大）会议在康定召开。会议听取和审查通过了军分区政委赵荣代表军分区第十二届党委作的工作报告和杨继平作的纪委工作报告，明确了今后五年的奋斗目标和主要任务。

【组织官兵赴得荣抗震救灾】 得荣“8·28”、“8·31”地震发生后，军分区和得荣县人武部立即启动应急预案，迅速组织民兵共650人投入抢险救灾。同时，军分区工作组在抵达灾区后，及时对救灾工作进行安排部署：一是组织民兵警戒巡逻；二是协助卸载发放救灾物质；三是积极协助地方查灾核灾；四是排险除险。

【举行“康巴使命—2013”实战演习】 围绕“能打仗、打胜仗”的目标，积极探索实践部队实战化训练路子，11月，甘孜军分区组织部队官兵在拔4000米高寒山地开展“康巴使命—2013”驻训演习。此次演练不设预案、不搞预演、不通报情况，着眼实战要求，演习着眼高寒山地特点，以实战化演练为主线，以提升部队遂行多样化军事任务能力为目标，促进军分区部队军事斗争准备的有效落实。演习中，组织部队进行了实战化条件下夜间摩托化行军，生疏地形上徒步强行军、识图用图训练、5公里武装越野、负重攀爬及隐蔽伪装、觅食野炊等训练，先后完成10余种火器实弹射击，命中率均达到98%以上，展现了部队过硬的军事素质。

【成立首个“国家国防教育示范基地”】　红军飞夺泸定桥纪念馆已成为进行爱国主义教育、国防教育和革命传统教育的重要平台，近年来接受教育人数100余万人次。10月10日，红军飞夺泸定桥纪念馆国家国防教育示范基地授牌仪式在泸定县泸定桥广场举行，这是甘孜首个“国家国防教育示范基地”，来自泸定县各学校师生、驻军官兵和各界群众代表1600余人参加授牌仪式。仪式上，省、州国防教育委员会领导致辞，向红军飞夺泸定桥纪念馆和刚成立的泸定桥小学、田坝八一爱民小学两所少年军校授牌、授旗，仪式上，少年军校学员还进行了汇报表演。

（肖达喜　杨　佳）

·武警甘孜州支队·

【概况】　2013年，甘孜支队依法从严治警，督促干部履职尽责，有效践行宗旨、履行使命，支队全面建设持续健康发展，被总队表彰为“基层建设先进支队、正规化执勤优秀单位、安全工作先进单位”等荣誉称号。年内，支队全面推进“四防一体化”建设，全年举办干部《纲要》集训2期，培训机关和基层干部178名；开展整治超标准用车、超面积住房、超预算花钱、超规格接待、超编制用人活动，共清理违规住房1套，收回外借车牌3副，压减超编干部7人，清编机关公勤人员7人。深入开展条令法规学习教育、安全隐患排查、作风纪律整顿、车勤人员整训等活动，查处43名尽责守纪差的官兵，清退26名不合格兵员。

【召开党委四届五次全体（扩大）会议】　1月21日至22日，支队党委四届五次全体（扩大）会议在康定召开。武警四川总队副司令员赵罡大，州领导向秋、舒文出席会议并作讲话，支队党委常委、委员41人出席会议。会议认真学习贯彻落实武警总部、总队党委扩大会议指示精神，回顾总结2012年工作成绩，提炼升华做法经验；在深刻分析任务形势的基础上，系统部署2013年工作。会议还表彰了2012年度先进单位和先进个人。

【圆满完成历次救灾任务】　2月23日，康定县雅拉乡三道桥村发生森林火灾，过火面积约30公顷。参谋长徐世安带领200余名官兵紧急驰援，连续奋战10多个小时，搬运水源500余桶，扑灭暗火点1000余个，确保了数千群众的安全。

2月28日至3月2日，支队出动官兵200名，在海拔4000米高原草甸连续奋战48小时，完成康定县木格措景区红海子森林火灾扑救任务，扑火余火、烟点2000余处。

3月13日至15日，色达县中队出动官兵50名，连续鏖战72小时，完成色达县翁达镇明达村森林灭火任务。

得荣县“8·31”地震发生后，得荣县中队组织20名官兵参加救灾，转移安置受灾群众1100余人，搭建帐篷250顶，排除危房险点近百处。得荣县中队荣立抗震救灾集体二等功，5人荣获“抗震救灾先进个人”。

【武警泸定医院建成揭牌】　7月1日，武警四川省总队泸定医院落成庆典揭牌仪式在泸定县田坝乡举行。仪式由支队长主持陈荣华，甘孜支队官兵及医护人员共200余人参加仪式。武警泸定医院是首家落户甘孜藏区的武警医院，医院占地1.33公顷，共投资3000余万元；医院集门诊部、住院部、医疗综合楼、宿舍楼、车库等配套硬件设施，配备有CT

机、DR机、高压氧仓、腹腔镜、电子胃镜、膀胱镜等设备，可展开床位100张，将为部队官兵和藏区群众的医疗健康提供服务。

（杨善涛）

·武警甘孜州森林支队·

【概况】 州森林支队按照“抓组织强班子、抓中心谋打赢、抓制度促规范、抓安全保稳定、抓作风树形象”工作思路，加强党委班子建设，先后组织12名常委和机关干部到基层中队当兵锻炼，改进党委机关作风，部队整体建设稳步发展。始终保持“箭在弦上、引而待发”的战备状态，全年完成灭火任务23次。

【提高部队后勤综合保障】 突出保中心、保生活重点，修订完善财务管理规定和车场日管理规定，开展“交通违法行为专项治理整顿”活动，及时组织更换新式军车号牌，规范车辆牌证管理。严格落实伙食五项管理制度，官兵伙食满意率达到95%以上。积极发展特色种养殖业，乡城大队生态养猪试点稳步推进，出栏生猪20头、羊40只；用好高原温室大棚，收获各类蔬菜6000余公斤。

（侯鸿亮）

·甘孜州公安消防支队·

【概况】 2013年，全州火灾形势持续保持稳定，共发生火灾73起，死亡1人，受伤1人，直接财产损失466.11万元。全州消防部队共接警出动306次，参与维稳执勤和消防安保工作109次，出动消防车510台次，出动警力4199人次，营救和疏散被困群众1240人，避免和挽回经济损失616.78万元。支队在“坚持党的群众路线，培育消防战斗精神”主题演讲比赛中夺得第一名，在全省消防部队片区演讲、授课、知识竞赛活动中，夺得了2个二等奖、1个一等奖。研究制定的加强基层党组织建设“232”实施意见，省消防总队给予肯定并推广。

【提升消防服务能力】 深化火灾隐患“大排查、大整治”工作，全年共出动警力3718人次，检查单位10459家次，发现火灾隐患或违法行为10411次，督促整改10225次，临时查封86家，责令“三停”107家，罚款290.09万元，拘留12人。拓展消防宣传教育培训工作，在州电视台、《甘孜日报》等媒体开设消防宣传专栏，开设“甘孜119”微博、微信平台，在中央级媒体刊播22条，在省、部委级媒体刊播500余条，发放藏汉双语宣传资料10000余份，宣传挂图3000余份；深入辖区各类中、小学校，开展消防知识培训和疏散演练15次，全面启动全州城区60余所中、小学创建省级“消防安全教育示范学校”活动。创新旅游景区和民居接待点防火工作，结合州政府提出全域旅游发展思路，将景区消防工作做到同步规划、同步实施，创新民居接待点分级挂牌管理制度，打造康定木格措、稻城亚丁等7处旅游景区和雅拉雪山酒店等23家星级民居接待点等一批消防管理示范点。深化寺庙消防服务指导工作，向寺庙赠送灭火器材、藏汉双语宣传资料，协调争取资金525.42万元，用于寺庙消防器材采购和整治火灾隐患。

【全面提升部队战斗力】 加强部队处置各类灾害事故训练的力度，全州消防部队顺利完成各类急难险重的灭火救援任务，其中包括康定“2·27”木格措景区大火处置和九龙“7·18”泥石流抢险救援工作。芦山“4·20”地震发生后，支队按照指令迅速集结地震抢险救援队，第一时间赶赴灾区，徒步10余小时携带重型装备挺进宝兴县灵关镇，连续奋战60余小时，完成对其19个村组、1002户的搜救，抢救被困人员1名，排除房屋危险处1160处，抢救财产价值210余万元；支队地震救援队被省消防总队荣记集体三等功。

（张　刚）

དཔལ་འབྱོར་དོ་དམ།
经济管理

·发展和改革·

【概况】 2013年，州发改委按照“底部突围”的总体要求，把握“加快发展、科学发展”的工作基调，突出发展重点，资金争取再创新高，投资保持持续增长，项目建设管理机制不断创新，重点项目支撑作用明显增强，电力体制改革、行政审批改革顺利实施，区域合作取得新进展，发展动力、活力不断增强，全州经济实现了平稳较快增长。全州实现地区生产总值201.22亿元，比上年增长12.1%，增速居全省第一。其中，第一产业增加值47.32亿元，比上年增长4.1%；第二产业增加值80.78亿元，比上年增长17%；第三产业增加值73.12亿元，增长10.9%。全社会固定资产投资406.93亿元，比上年增长24.7%；地方公共财政收入22.12亿元，同口径增长19.1%；社会消费品零售总额57.35亿元，比上年增长13.1%；城镇居民人均可支配收入21418元，比上年增长9.5%；农牧民人均纯收入5435元，比上年增长17.9%。

【积极发挥宏观调控职能】 针对全国、全省经济下行的严峻形势，密切关注国际、国内宏观形势变化，做好经济运行季度分析和重要情况报告，为领导决策提供参考，最大限度地减少了经济下行的不利影响。年内，完成州“十二五”规划纲要中期评估工作，《甘孜州生态文明建设规划》完成省级评审，《甘孜高寒草地生态修复工程建设规划（2013—2020年）》上报国家，全面启动川西藏区生态保护与建设工程。同时，牵头开展《环亚丁两小时旅游圈旅游发展规划》修编工作，提出《环亚丁两小时旅游圈旅游发展规划推进方案》，完成《甘孜州康东地区综合抗震减灾体系方案》编制，研究提出《关于加快产业园区发展的指导意见》。围绕州委、州政府中心工作和重大问题及热点难点开展调研，完成《甘孜州建成小康社会主要指标体系及未来8年工作建议》等9篇调研课题，提出的加快推进广播电视农牧区全覆盖、对石渠县给予差别化扶持等建议被省委、省政府采纳，并上报中央和国务院，石渠县被省发改委确定为全省高寒县城城镇供暖唯一试点县。

【加强项目建设管理】 突出基础设施、产业培育、民生改善、生态建设等重点领域，科学谋划，争取更多的项目进入省和国家规划笼子，赢得发展先机。抢抓国家加快重大项目审批和扩大有效投入的政策机遇，加大到省进京频度、加强资金争取力度。2013年，共有1144个项目获得国家和省资金支持，资金总额61.2亿元。回收并滚动安排2009年以来重大项目前期工作经费3018万元，推动了全州政府性投资项目的加快建设，协调组织开展了2013年社会事业、城镇基础设施和道路交通151个项目集中开工仪式，龙洞电站、麻窝电站、S215九江路等一批重大项目获准立项。国道318线东海路、长河坝电站、雅江措拉锂辉石矿采选一期工程、金珠制药、康北儿童福利院等一大批项目建设加快。认真做好芦山“4·20”地震、得荣“8·28”“8·31”地震恢复重建，争取灾后重建项目217个，总投资27.8亿元。开展调研和督导检查8次，对道孚寄宿制学校建设等6个项目、雅江城区二完小等10个项目分别进行专项稽查和专家督查，对30个项目的招投标成果落实情况和8个县1000万元以下政府类投资项目审批权限下放执行情况开展了专项检查，对发现的199个问题及时提出了整改意见。

【加快优势产业发展】 有序、科学、环保推进水电、矿产资源开发，长河坝、猴子岩、黄金坪3座大型电站建设进展迅速；斜卡、关州、乡城等一批电站具备发电能力，新增水电装机100万千瓦，装机总量达到550万千瓦，在建装机突破1000万千瓦。规模以上工业实现增加值46.44亿元，比上年增长13%。树立全域旅游观念，重点打造香格里拉国际精品旅游区，有序推进海螺沟、木格措AAAAA级、泸定桥AAAA级旅游景区和甲居藏寨国家生态景观创建工作，全年接待游客638万人次，实现旅游收入63亿元，比上年增长75%。物流、商贸、金融等行业加快发展，新增限额以上商贸企业11家，社会消费品零售总额57.35亿元，比上年增长13.1%。加强农业基础设施建设，加快推进白松茨巫、打火沟、洛须等水利工程，泸定顺河堰、炉霍易日河、巴塘巴楚河、康定力曲河水利工程项目获得批复。

【强基础破发展瓶颈】 加快实施“电力天路”，启动川藏联网工程，丹巴、乡城500千伏输变电工程建成投运，新都桥500千伏，雅江、茨巫220千伏，乡城、稻城等11条110千伏输变电工程开工建设，雅江红龙、理塘江达、稻城桑堆35千伏输变电工程建成投运。交通三年攻坚“25+1”项目全面开工，全州国道由2条增加至9条，2条高速公路纳入国家高速公路网规划；G317—G318连接线、理君路竣工投运，雅康高速工可通过审查，成康铁路项目建议书获得批复，稻城亚丁机场正式通航，甘孜格萨尔机场选址获批。完成州域城镇体系规划和18个县城市总体规划，完善城镇道路、管网、垃圾污水处理等城乡基础设施，子庚等10个乡撤乡建镇。生态环境建设申报和储备项目43个，16个项目获得省发改委路条；完成固定资产投资项目节能审查登记备案200件；启动实施川西藏区生态保护与建设工程，总投资3.59亿元。“飞地”经济快速发展，《甘眉工业园区发展规划》通过审查，西南最大铝型材生产项目落户园区，争取园区建设引导资金400万元。强化留存电量管理，留州电量比2012年净增5.18亿千瓦时，达23.5亿千瓦时，有力支持全州工业经济和甘眉工业园区发展。

【市场监管】 加强粮食流通、质量安全监管，确保全州“军需民食”和粮油市场安全，超额完成粮食购销任务，全州收购粮食5080吨、调入粮食32045吨、销售粮食38065吨，粮食购销企业实现盈利50.2万元。安排州级价格调节基金2000万元扶持农副产品生产、流通、储备和销售，提出物价稳控9条措施，做好1500个医疗服务项目成本测算工作。组织开展涉农价费大整治和教育收费专项检查，降低农产品生产环节用水用电价格，降低农副产品加工业客运价格，为消费者减轻负担420万元。

【各项改革稳步推进】 积极推进行政管理、要素配置、社会领域和城乡一体化等方面的体制改革。调剂291名事业编制组建18县项目促进中心，下放2000万元以下幸福工程项目审批权限。开展工程领域中介机构名录库清理，规范政府投资工程建设项目中介服务机构行为。从医疗服务定价入手，加强公立医院内部管理，改革运行机制，逐步建立维护公益性、调动积极性、保障可持续的公立医院运行新机制，开展了4个“代建制”管理试点项目建设。组建县级项目促进中心，建立政府投资项目要件集中办理机制，协调国土、环保、安监、住建、林业等部门主动搞好服务，及时解决项目建设过程所需的土地、水电、通讯、交通等生产要素配置问题，加快项目核准、备案、审批等工作。加强浙江对口帮扶合作和省内“7+20”对口支援合作，积极落实与云南迪庆州、丽江市和西藏昌都地区的区域合作，成功举办“圣洁甘孜·走进广东”大型旅游宣传推广暨招商引资投资推介活动，现场签约9个项目，协议资金87.55亿元。第十四届西博会期间签约项目15个，投资总额79.54亿元。

（王　鑫）

·国有资产管理·

【概况】 2013年，州属25户企业资产总额62.03亿元，比上年增长13.81%；所有者权益43亿元，比上年增长72.97%；营业总收入8.15亿元，比上年减少16.69%；利润总额2.38亿元，比上年减少31.56%。全州国有企业上缴税金1.63亿元，其中州属监管企业上缴税金1.38亿元，上缴国有资本收益1.08亿元，完成全年收入任务的108.07%。

【国有企业改革】 历时两年半的全州电力体制改革工作基本完成，14户县级供电企业完成资产移交工作，四川省甘孜州电力公司为各县供电企业进行了授牌，同时开展全州独立供电台区改革调研等基础工作。国有资本整合步伐加快，组建甘孜州贡嘎冰露矿泉水有限公司，泸定燕子沟矿泉水开发完成勘查设计招标和初设工作，完成州弘合民爆公司与雅化集团合作，以甘孜州文旅投资发展有限公司为龙头，推进稻城亚丁景区和海螺沟景区开发工作。

【国有资产监督管理】 加大项目监管力度，切实提高资金的使用效率，全年国有资本经营收入1.09亿元，国有资本经营预算支出项目10个，预算支出1.07亿元。州级监管企业实施项目投资25个，完成投资2.73亿元；州属监管企业上报入库项目共计27个。完成2013年度州国资公司等6户企业考核和兑现奖惩工作，完善企业考核分类指标，综合评议指标。企业国有产权监督管理，完成丹巴美人谷酒店、四川康巴水泥有限公司国有产权交易2宗，通过拍卖转让增值180.06万元，增幅为36%。全面完成企业国有资产产权重新登记和数据汇总工作，全州各级国资委履行出资人职责的企业及各级子企业共办理产权登记89户，注销产权登记1户。充分发挥监事会中心的职能作用，对四川里伍铜业股份有限责任公司、州交通投资有限公司、州中小融资担保公司、州惠民农业担保有限责任公司、甘眉工业投资发展有限责任公司等5户监管企业生产经营管理、财务管理及高管人员执行公司职务的行为进行现场监督检查，完成5个企业《监事检查报告》，查出企业存在的问题13个，提出整改建议意见22条。

（刘煊华　段慧超）

·国土资源·

【概况】 2013年，州县国土部门加强对项目建设用地规模、结构和布局的审查，全州共受理各类建设项目用地预审281件，涉及各类用地面积16.8万公顷，全州建设占用土地总量、新增占用耕地总量得到有效控制，实现全州耕地保有量和基本农田保护面积不减小。截至年底，全州实际耕地保有量10.3万公顷，基本农田保护面积5.48万公顷。进一步保障重点项目、民生工程和重大基础设施建设用地，审查项目建设用地21个，总面积1951.58公顷。推进“金土地”工程，完成高标准基本农田建设任务3886.67公顷，新增耕地766.67公顷，投入资金1.45亿元。加强土地管理，在供地时将计划、出让公告、成交公示和结果等信息按照相关要求及时在中国土地市场网公开发布，土地动态监测管理逐步规范。经营性用地实现了100%的招拍挂出让，商品住宅用地100%以拍卖方式出让，全年出让土地17.71公顷，实现土地收益1.07亿元；成功拍卖出让7宗探矿权，成交价款5100万元；征收矿产资源补偿费1800万元；补收2012年矿权交易价款3400万元。完成非税收入21026万元。窗口服务质量和效率不断提升，政务服务窗口受理审批服务事项1780件，办结1780件，规定收费项目缴纳入库402万元。

【有序推进矿产资源开发和管理】 制定《甘孜州有序推进矿业发展实施方案（2013—2016年）》，明确矿业发展的开发思路、奋斗目标、主要任务和工作措施。按照“招大引强、突出重点、有序发展”的原则和“重点开发一批、重点勘查一批、整合规范一批”的要求，确定九龙里伍公司黑牛洞铜矿、白玉呷村银多金属矿、康定甲基卡锂辉石矿、雅江措拉锂辉石矿、九龙子杠坪铅锌矿等矿山企业为矿产资源开发重点矿山，矿山改扩建累计完成投资3.92亿元。规范矿山储量动态监测工作，通过比选方式选取23家2013年度矿山储量动态监测工作的承担单位。

【地质灾害防治成效显著】 建立甘孜州地质灾害气象预警预报信息短信发布平台，将重要预警预报信息通过短信群发平台，及时传达到一线的监测责任人、监测人员、在建工地管理和施工人员等，提高信息传递效率，与州气象局联合建立地质灾害风险等级预警预报机制。全年紧急疏散转移避让受灾群众4529人，成功预警预报8起地质灾害，避免1166人可能因地质灾害造成的伤亡，地质灾害连续3年“零死亡”。年内，争取到地质灾害防治资金2.4亿元，用于30余处重大地质灾害治理工程、5处矿山地质环境恢复治理工程、3054户地质灾害易发区群众防灾避险搬迁、2850处地质灾害隐患点专职监测队伍建设；争取“4·20”芦山地震、“8·28”“8·31”得荣地震震后地质灾害防治资金3.6亿元。

【严格国土资源执法】 将卫片图斑核查与动态巡查工作相衔接，开展国土资源动态巡查120余人次，实现重点区域巡查覆盖率达90%，违法行为发现率达100%，违法行为制止率达100%。同时，督促指导各县将动态巡查工作落到实处。对各类非法开采点、已关闭矿山进行“拉网式”排查，严防“死灰复燃”，特别是无证开采、超层越界、以探代采、以开采砂石名义开采砂金、无证开发温泉等线索进行排查，不留死角后患。

（银　萍）

·审计·

【概况】 贯彻“依法审计、服务大局、围绕中心、突出重点、求真务实”工作方针，建立事前审核、事中跟踪、事后检查评估的监督新机制，突出预算收支执行、国有资产管理以及财政资金、民生资金使用、税费征收管理、问题整改情况等审计专题。全年完成审计项目688个，查出管理不规范资金20.87亿元，其中应上缴财政资金4549万元、应减少财政拨款或补贴资金1.49亿元。年内，完成专项资金审计及审计调查项目122个，审计查出违规改变项目计划和资金用途150万元，虚报冒领30000元，资金滞留闲置185万元，配套资金不落实4334万元，扩大开支范围或提高开支标准支675万元，其他查处问题金额2886万元；完成社保审计项目1个，查出问题主要是少征收、缴存社保金额545万元；完成企业审计8个项目，其他查处问题金额475万元。全年提交审计报告和专项审计调查报告688篇，移送司法机关、纪检监察机关和有关部门处理事项4件，提出审计建议1630条，信息41篇，被采用7篇。

【财政金融审计】 完成对州本级和全州18个县2012年财政预算执行情况及财政决算审计项目121个，审计查出预算编制批复不规范资金1.92亿元，未按规定征收、缴纳预算收入4867万元，未按规定征收缴纳收入9130万元，预算编报不真实不完整1364万元，违规改变资金用途21530元，违规变更调查预算1967万元，其他查处问题金额29837元。

【行政事业审计】 完成行政事业单位审计45项目，违规改变资金用途40000元，虚列支出71万元，为落实收支两条线和专户管理规定66万元，超标准超计划支出103万元，未按规定纳入预算管理1568万元，虚列支出71万元，其他查处问题金额189万元。

【固定资产投资审计】 完成固定资产投资审计项目388个，项目总投资41.98亿元，核减工程结算款2.27亿元。查出的问题主要有工程价款不实多计1.7亿元，工程不实少计5631万元，其他查处问题金额1445万元；审计后挽回（避免）损失2.27亿元。

【经济责任审计】 州、县审计机关完成经济责任审计项目51个，审计县级领导干部5人、区科级干部46人（其中企业法人3人）、任中审计12人，离任审计39人，审计查出主要违规金额163万元，其中领导负主管责任149万元、领导责任14万元；管理不规范金额4748万元，其中领导负主管责任2676万元、领导责任1988万元、直接责任84万元。

（王明强）

·统计·

【概况】 不断加强统计基础建设，努力提高统计数据质量，切实提升统计服务水平，积极推进统计改革创新，为全州经济跨越发展、科学发展提供统计保障。全年先后4次深入全州18县，围绕农牧民收入问题，调查了解农村经济形势、农牧民生产生活状况，其中专题调研报告《掌握实情　摸清家底　为决策提供服务——对德格县马尼干戈镇马尼村龚垭乡来格村情况调查》被州委、州政府转发到县。加大数据分析力度，努力提高分析研究的有效性和整体水平，《甘孜州经济发展在全国10个藏族自治州中所处地位及评价》在全国民族自治州统计联合会第二十三次年会论文评选中荣获三等奖。

【做好第三次全国经济普查工作】 1月2日，甘孜州第三次全国经济普查登记工作正式全面启动。建立州县乡三级入户登记指挥系统，实行24小时值班和每日进度监测制度，建立普查办公室、普查指导员和普查员三级联络制度，落实解决登记过程中出现的问题。提高风险预防能力，州政府印发《甘孜州第三次全国经济普查公告》，各级普查机构广泛散发《致调查对象的一封信》，确保普查登记资料真实可靠。5月14日至20日，全州18个普查质量抽查组分赴36个普查区720个普查单位和360个个体经营户开展经济普查州级事后质量抽查验收工作，省经普办数据质量抽查组于5月26日至29日对康定县炉城镇11个普查区的40个单位和20户个体户开展事后质量抽查工作。抽查结果表明，甘孜州普查表的登记质量符合质量控制标准，单位申报数据真实可信。

【甘孜统计调查工作显著】 全面实施住户调查一体化工作10月，州政府办下发《关于转发甘孜州分县住户调查一体化实施方案的通知》，对全州住户调查一体化工作进行布置，并举办业务培训2期，为“一体化”顺利实施打下基础。顺利推进农村贫困监测工作，5月，甘孜调查队从经费落实情况、人员落实情况及基础工作3方面对6个国家农村贫困监测县进行了督查。着力抓好常规调查业务，切实加强居民消费价格、低收入消费价格、工业生产者价格、规模以下工业、采购经理、批零住餐小微企业、退耕还林和主要畜禽等常规调查各项基础建设，与新增调查企业签订《调查关系告知书》，并发放“国家调查企业”铭牌，实行依法挂牌管理。加强执法检查，制定《统计执法行政约谈制度》，组织执法队伍深入54个调查企业，对2户数据不真实、误差比重大和基础工作不规范的企业进行了立案处罚，分别给予罚款3000元、警告和限期改正处罚。开展好各项民意测评工作，5月至6月，甘孜调查队历时20天，在全州66个党政机关、46个事业单位、20个企业、73个乡镇开展调查，对全州及各县开展“作风建设年活动”情况、贯彻落实中央、省、州“规定”情况、转变作风情况进行总体评价，共发放调查问卷1393份，回收问卷1393份，收集梳理548条意见建议。开展好州级机关公众满意度测评，派出调查小组7个，在“两代表一委员”、州级部门负责人、县领导、行风监督员、企业人员、城乡居民等11类人群中，开展州级81个部门社会公众满意度测评，为年度目标绩效考核提供依据。

（秦成杰）

·工商行政管理·

【概况】 围绕“提高行政效率、增强服务意识、依法履行职能、公平公正执法、廉洁高效从政”的目标，通过加强队伍建设，创新执法监督，强化社会监督途径，提升服务和监管水平。全州累计有各类内类企业2839户，注册资本219.08亿元；个体工商户22139户，注册资本159.97亿元；设立农民专业合作社333户，出资额2.69亿元；外资企业19户，注册资本1.39亿美元。年内，新登记各类内资企业（含私营企业）525户，新增注册资本17.64亿元；新登记外资企业1户，新增注册资本2544万美元；新增农民专业合作社144户，新增出资额1.39亿元。着力强化市场监管，全年立案查处案件171件，案值1.37亿元，罚没款144.14万元。受理消费者申诉70件，已处理70件，为消费者挽回经济损失13.64万元。全州工商系统完成食品安全监管职能划转。

【实现地理标志商标申报“零”突破】 年内，州工商系统正式启动“我助藏药飘香”创新工作，这项工作是以申请注册地理标志商标的形式助推甘孜特色产业发展。3月，州工商局出台关于开展“我助藏药飘香”活动实施方案，确定康定、泸定、炉霍、德格、白玉、色达、稻城、乡城8县为培育地理标志商标试点县，通过“政府主导、工商助推、企业主创、部门协调、社会参与”的商标战略工作格局，重点围绕发展中藏药种植基地，培育农民专业合作社，培育注册地理标志商标开展创新工作。地理标志商标申报实现“零”的突破，全州新申请注册商标35件，其中地理标志商标7件，是历年注册商标的数量之最，其中中藏医药产业新申请注册商标9件，占新申请注册总量的30%。

【红盾春雷行动成效显著】 从1月11日开始，州县工商系统集中70天在全州开展“质量安全”“消费维权”“诚信广告”“春耕护农”四个专项行动，加大食品抽样检验和重点商品质量监测，加大市场巡查力度，突出重点区域、重点场所、重点品种，实施严密监控，保障节日消费安全；提升维权网络覆盖率，完成“12315”20个联络站和20个维权服务站标准化、规范化建设任务；加强农资质量监测和规范，开展好化肥、农用薄膜等农资商品的专项检测工作，督促和指导农资经营者严格落实进货查验、索证索票、购销台账、质量承诺等制度，切实保障群众用上“放心农资”。其间，共受理申诉26件，挽回经济损失1.22万元，食品案件案值20余万元；查处违法案件33件，罚款22.81万元。

【开展格式条款规范监管工作】 10月，州工商局以银行业和电信业合同格式条款规范监管为突破，采取个人初审、小分组复审、评审小组最后论证审定的方式，集中审查银行、电信企业提供的合同协议62份、条款2100余条，审查出涉嫌不公平条款110条，对有争议条款多次反复讨论后确定85条，州移动、州联通、州信用联社、州农行等公司共计修改、认可修改条款20余条。

（徐　佳）

·质量技术监督·

【概况】 认真贯彻国务院《质量发展纲要》精神，履行质量监管服务职能，加强食品安全管理工作，开展“质量监管、质量提升”示范推广，全面推进质量强州工作。全州产品质量总水平稳步提升，抽查产品184批次，合格率为94.6%，比上年提升3个百分点；全年共出动执法人员235人次、车辆31台次，检查生产企业92家，下发整改通知书18份。开展食品安全专项整治、农资打假执法、汽车配件专项整治、建材产品专项整治、儿童玩具专项检查、消防产品专项检查、民生计量器具检查、“黑心棉”专项检查活动，办理行政执法立案案件15起，结案15件。积极推进首届州政府质量管理奖评选工作，2家企业荣获州政府质量管理奖。加强品牌创建工作，“乡城藏鸡”“乡城藏鸡蛋”获批实施地理标志产品保护，全州地理标志产品达到7个，19家企业分别被评为四川省质量信用等级AAA、AA、A级企业称号。

【加强标准化和计量工作】 加大标准化工作力度，共制（修）订6项区域性地方标准，指导3个在建省级农业标准化示范项目，企业采用国际先进标准1项，企业标准备案3项，商品条码新注册10家、续展6家；建设标准化种植基地3个，葡萄示范基地400公顷，蔬菜示范基地120公顷。强化计量监督检查，全年开展了集贸市场和电子计价秤专项整治、眼镜制配计量、金银饰品计量、加油站、节假日市场计量监督检查行动，检查集贸市场、餐饮店、商场（超市）180家，加油站加气机52台，金银饰品经销商116家，检查在用计量器具400余台件，抽查定量包装商品60个批次，合格率100%。开展部分计量器具免费检定活动，免费检定集贸市场、超市计量器具共计104台件，免收检定费7800余元。

【特种设备安全有保障】 加强特种设备安全监管，全州特种设备已连续14年“零事故”，全年检验锅炉81台、压力容器356台、电梯469台、起重机械326台。开展工程建设领域特种设备专项整治，餐饮场所燃气安全专项治理，出动检查人员62人次，检查各类特种设备600余台，发现安全隐患30余处，发出监察指令书10余份。

（朱春雨）

·安全生产监督管理·

【概况】 坚持“科学发展，安全发展”理念，监督重点领域，加强隐患治理，筑牢安全防线，以安全有序的发展环境保障经济平稳健康发展，保障社会和谐安定。全州发生各类安全生产伤亡事故99起，死亡64人，受伤104人，直接经济损失925.3万元。与2012年相比，事故起数、死亡人数分别上升15.12%、28%，受伤人数、直接经济损失分别下降2.8%、28.16%，无重大及特别重大事故发生。认真开展安全生产监察执法工作，检查矿山企业79家、客运企业8家、水电施工企业17家、公路建设施工企业14家、危化品经营企业110家、烟花爆竹销售点57个，查处违法违规行为731项，出具执法文书246份，责令企业停产停业整顿9家，下达限期整改指令书220份、行政处罚决定书13份，实施行政处罚42万元。

【安全专项整治重点突出】　深入开展打击非法违法生产经营活动行为，对非煤矿山、道路交通、建筑施工和水电建设、危险化学品、烟花爆竹、民用爆炸物品、特种设备8大重点行业领域进行联合执法行动，全州累计检查生产经营单位1006家，排查一般安全隐患5739项；排查矿山企业生产安全事故隐患818项，责令当场整改780项，限期整改30项，下发限期整改指令35份；排查出涉及环境隐患的矿山20家，下达限期整改通知书15份；查封不符合安全要求的矿山企业炸药库2处，并停止其炸药审批；整改10宗违法探矿，查处1起越界采矿。7月，集中对全州所有矿山项目开展“大摸底、大检查、大执法”专项行动，出动执法人员80余人次，检查矿山企业20余家，发现隐患40余处，下达责令限期整改书8份、强制措施决定书2份，责令停产整改2家；开展隧道施工安全生产专项检查，检查隧道施工企业8家、施工现场8个，查处违规违章行为143项，下达整改指令书8份，对1家施工企业进行了处罚。

【职业卫生监管】　年内，对泸定县山盛水泥有限责任公司、泸定桥水泥有限责任公司、巴塘佛光水泥有限责任公司、康定跑马山水泥有限责任公司、炉霍华康水泥有限责任公司5家企业开展了粉尘危害专项治理活动。完成26家企业职业卫生“三同时”、职业危害因素现状评价和检测工作，其中有21家企业已通过专家组的评审；职业危害申报93家，正在申报42家。督促用人单位依法组织员工3144人体检并建立职业健康监护档案，其中岗前体检681人、岗中体检2415人、离岗体检48人。

【加强安全警示教育宣传】　在全国第十二个“安全生产宣传月”和“安全咨询日”活动中，全州共设立宣传咨询台420多处，制作宣传展板950多个，出动宣传车20辆次，悬挂安全生产标语3500多条，印发安全生产宣传资料50种20多万份，群众参与达10万余人次。年内，在州、县广播电视台和LED大屏幕播放安全生产警示片35部，发放手机安全生产信息50万余条，在折多山康定机场设立了1个单立柱大型安全生产公益广告牌。严格责任追究，对2012年发生的较大事故进行责任追究，对新龙、白玉、甘孜、色达4县11家企业负责人和安全管理人员进行了安全生产警示约谈。突出安全培训教育，全年组织各类安全业务知识培训10多期，1000多人接受培训。

（鲁正君）

·食品药品监督管理·

【概况】　2013年，全州食品药品监督管理部门强化食品药品执法能力、技术监督能力和服务发展能力，重点抓好食品药品监管队伍建设、制度建设、能力建设，提升服务水平，确保人民群众饮食用药安全有效。至年底，全州有QS认证食品生产企业38家，食品流通经营企业3723家，餐饮服务单位4097家，药品生产企业4家，药械经营企业336家，医疗机构577家，保健食品经营店908家和化妆品经营店1130家。年内，全州食品药品监督管理体制改革工作正式启动，州县工商、质监系统划转的74名执法人员已全部到岗，州、县食品药品监管执法编制从226名增加到518名。深入开展药品流通领域、含麻黄碱类复方制剂等专项检查，全系统检查涉药单位5721家次，涉械单位4855家次，药械立案56件，罚没款24.53万元。加强药品生产企业和藏药制剂室检查，完善基药品种中标备案制，完成115个藏药制剂品种注册工作，核发“药品经营许可证”24个，乡城县创建国家药品安全示范县顺利通过国家食品药品监管总局验收。电子监管信息化建设稳步推进，建立了特殊药品监控信息网络，在全州160家药品经营企业运行电子监管系统，实现购销存数据上传。

【食品药品安全监管】 对辖区内餐饮服务单位和保化生产经营企业进行摸底调查，建立监管档案，全年保健食品备案登记310件。相继开展食品安全专项整治“百日行动”，以及餐饮服务环节食用油、肉类等重点品种及保健食品化妆品经营和使用环节等专项整治工作，出动执法人员4458人、车辆844台，检查餐饮服务单位7998家次，立案93件，罚没款49.2万元；监督检查保健食品化妆品经营企业及使用单位4572家次，责令整改52家，立案5件，没收产品15个品种、187盒。开展“州两会”、国家领导来州考察等33次重大餐饮环节食品安全保障工作，未发生一起食品安全事故。

【全面提升监管服务水平】 坚持一手抓监管、一手抓服务，促进全州食品医药产业发展。全年完成食用油、猪肉、馒头等13个品种225批次餐饮服务食品安全监督抽检工作，其中合格216批次，合格率96%；药品监督性抽验347个品种，700批次，快检筛查药品192批次，对不合格品种的经营单位依法进行处理。州食品药品检验所新取得食品检验机构资质，已具备对130个药品及化妆品、143个食品及保健食品参数的检验检测能力。深入推进量化分级管理工作，全州共有各类持证饮服务单位3672家，通过餐饮服务食品安全监督量化分级管理动态等级评定的3325家。一是稳步实施示范工程建设，成功创建省级餐饮服务食品安全示范县1个（泸定县）、示范街2个（丹巴县沙子坝后街和色达县步行街）、示范单位5个。推进特色藏药新产品研发，指导药品生产企业开展新药申报工作，康定金珠制药有限责任公司申报的藏药新药“然降多吉”胶囊，通过国家药品认证管理中心药品注册生产现场核查；色达金马药业有限公司通过省验收取得“药品生产许可证”。加强中药材基地GAP规范指导工作，对康定、色达、石渠、白玉等县中藏药材人工种植与野生抚育基地进行规范指导，开展医药商品购销员、药品经营企业药品电子监管、餐饮服务食品安全知识等培训，受训人员600多人。

（李　霞）

·住房公积金管理·

【概况】 进一步加强对住房公积金的管理，全力推进住房公积金制度实施，维护住房公积金所有者的合法权益，促进城镇住房建设，提高职工的居住水平。全州住房公积金归集持续增长，有65000人缴交住房公积金，比上年新增1400人，住房公积金归集总额44.5亿元，比上年增长22%，缴存余额为31.5亿元；全州住房公积金累计提取额为13.5亿元，占归集总额的30%，全年提取额为4.5亿元，缴存人数和归集额保持持续平稳增长。年内，发放公积金贷款2400户6亿元，其中支持职工“安心工程”购房贷款500户，发放贷款额1.25亿元；公积金贷款逾期90户，逾期贷款额100万元，个贷逾期率0.4‰。进一步完善网络和业务软件功能，方便广大缴存人员及时准确掌握个人住房公积金缴、支、贷等情况，及时准确掌握州住房公积金相关政策，10月开通甘孜州住房公积金管理中心门户网站。

【多方式实现住房公积金保值增值】 一是加强住房公积金贷款工作，尽量把住房公积金资金贷给购房职工，增加利息收入；二是将各县管理部不能按时完成贷款计划的部分资金转存3个月或6个月定期存款；三是部分县中心与受托银行签订住房公积金存款账户协定存款协议；四是在增值收益中提取的贷款风险准备金，在保障使用的前提下实行定期存款，全年实现增值收益6000万元。

（洪　彬）

ནོར་སྲིད་དང་ཁྲལ་དོན།
财政·税务

·财政·

【概况】 围绕“保工资、保运转、保民生、促发展”工作大局，加大民生保障投入力度，致力促发展、稳增长，为全州经济社会发展提供保障。全州财政总收入22.12亿元，比上年增长19.10%。其中，税收收入16.15亿元，比上年增长10.32%。全州财政总支出275.33亿元，比上年增长24.99%。

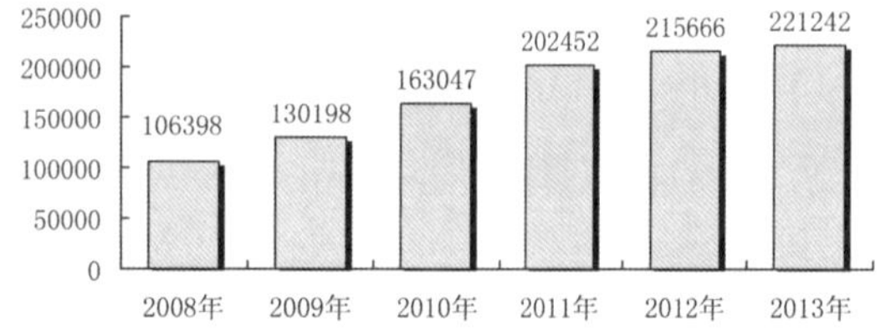

图3　近年来全州地方公共财政收入情况（万元）

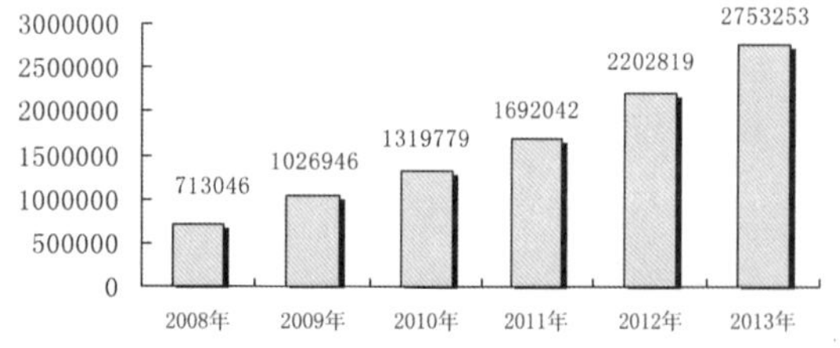

图4　近年来全州公共财政支出情况（万元）

【财政重点支出有保障】 确立“公共财政”理念，调整优化支出结构，财力突出向民生领域倾斜。全州各级财政投入资金28.99亿元，推进包括幼儿教育、义务教育、职业教育、普通教育、特殊教育以及高等教育在内的教育事业发展。投入财政资金15.47亿元，重点推进实施新农合、基本药物制度、医疗救助、计划生育等重点卫生计生民生事项。安排社会保障支出9.32亿元，重点推进实施城乡居民养老保险、最低生活保障、孤儿保障、五保户供养等社保民生事项，按照每人不低于250元/月标准，给予农村五保户供养补助。发挥财政政策调控作用，投入财政资金9.64亿元，推进公租房廉租房建设、棚户区改造、农村危房改造，保障群众住房建设顺利推进。丰富藏区文化生活，共投入资金4.76亿元，重点推进包括农村公益性电影放映工程、“五馆”免费开放、农家书屋在内的文化民生事项实施，切实改善农村文化生活，让广大农牧民共享先进文化的发展成果。按照“一优先、二有序、三加快”的产业发展思路，各级财政共投入资金4.56亿元，为产业强州战略的实施提供保障。支持基础设施建设，投入资金77.22亿元，改善交通、水利等基础条件，缓解经济社会发展瓶颈。支持“三农”（农业、农村、农民）建设，投入“三农”资金57.78亿元，为实现农业增效、农村发展和农民增收提供资金保障。

【财政改革新举措】 加强财政管理，强化制度建设，出台加强财政管理改革、县级财政运行绩效考核实施细则、创建财政管理“三化”示范县等意见。强化绩效改革，建立政府主导部门预算编制机制，规范财政性资金审批程序，创新财政资金分配办法，强化预算执行中期评估和财政支出绩效评价工作，对全州117个项目2.39亿元资金实施财政支出绩效评价。强化专户管理，加大县级财政专户清理力度，清理州本级预算单位共开设银行账户406个。深化国库集中收付制度改革，在全州18个县全面实行国库集中支付制度改革，已改革单位1343个。深入推行公务卡改革，全州公务卡结算423.71万元，比上年增长167.29%。

（洛松次仁）

·国家税务·

【概况】 2013年，全州国税实现税收收入12.35亿元，比上年增长13.72%，增收1.49亿元。其中，水电业税收收入7.22亿元，比上年增长29.84%，增收1.66亿元，占税收总收入的58.46%。计划口径税收收入增幅排在全省国税系统第7位，增收贡献排在第13位。纳税服务持续优化，全州国税系统落实各类税收优惠1.88亿元，免收101.8万份（本）发票工本费。第三方机构调查结果显示，纳税人对全州国税工作总体满意度为80.74分，排名全省第13位。

【顺利推进“营改增”税收】 8月，甘孜州康定新川藏运业有限责任公司顺利开具全州“营改增”（即：交通运输业和部分现代服务业营业税改征增值税）首份旅客运输机打冠名发票，康定县国税局也代开了全州“营改增”首份普通发票，标志着甘孜州国税系统“营改增”试点正式启动。9月，道孚县国税局征收入库全州首笔“营改增”税款，标志着“营改增”工作顺利推进。全年共有“营改增”试点纳税人319户，其中企业212户、个体工商户107户，累计入库税款1230万元。

2013年全州国税系统税收收入统计表

表4 单位：万元

项目	累计收入	2012年同期税收收入	同比增减比例（%）	同比增减额
税收收入合计	123459	108560.8	+13.72	+14898.2
增值税	93261.9	78166.9	+19.31	+15095
消费税	3949.7	3555.3	+11.09	+394.4
企业所得税	14855.3	13098.8	+13.41	+1756.5
储蓄存款利息个人所得税	3.2	8.2	-60.98	-5
车辆购置税	11388.9	13731.6	-17.06	-2342.7

（朱艳秋）

·地方税务·

【概况】 2013年，全州实现地方税收收入18.1亿元，比上年增长20.01%。其中，税收收入入库16.38亿元，比上年增长19.03%；基金附加收入入库1.72亿元，比上年增长30.20%。地税系统共组织地方公共财政收入13.76亿元，比上年增长16.26%，占全州公共财政收入的58.84%。全州地税收入增幅在全省21个地市州中位列第10位。积极推进各项应用系统建设，全系统Tips签约户数达3739户，15个县局顺利完成第二期存量房交易计税价格评估系统上线工作，全州存量房交易计税价格评估系统实现全覆盖。全力服务地方经济发展，税收优惠共计减免企业所得税2841万元，支持和促进就业税收政策减免各项地方税收65.57万元。“营改增”试点工作全面落实，顺利完成交通运输业、部分现代服务业、邮政服务业营业税改征增值税工作，全系统共计移交试点纳税人203户。年内，州地税局机关和石渠县地税局、九龙县地税局局成功创建省级文明单位，石渠县地税局荣获“全国税务系统先进集体”称号。

【依法治税】 坚决打击涉税违法行为，积极开展建筑安装、房地产等重点行业税收专项检查，实现稽查查补收入1088万元。年内，全州地税系统共确认税务行政执法权力90项，对2006年至2012年制定的税收规范性文件依法进行清理，共清理出州级各类税收规范性文件23件，完成1件税收重大案件审理和1件税务案卷评查工作。加强税收执法督查，省局税收执法督查组对州局及一、二直属分局、康定县局4家单位进行重点督查，对巴塘、得荣、稻城、乡城县局2011年及2012年度的税收执法情况进行重点督查。

【开通“12366”纳税服务热线】 9月1日，州地税局正式开通“12366”纳税服务热线，成为全省地税系统中第二个开通运行的单位。“12366”纳税服务热线主要提供纳税咨询、发票查询、服务功能、综合查询、受理接转涉税举报、受理接转投诉监督、通知提醒等服务功能，热线开通以来每日均接到来电20余条，内容主要涉及发票真伪查询及税务登记办理、个人所得税缴纳等涉税事项。

（黄世才）

“12366”纳税服务热线开通

དངུལ་ཆ་དང་ཉེན་འགོག་འགན་ལེན།

金融·保险

·中国人民银行甘孜藏族自治州中心支行·

【概况】 2013 年，州人民银行认真贯彻执行稳健货币政策，积极支持经济发展方式转型升级和经济结构调整优化，全面提升金融服务和监管水平，不断深化金融改革创新，维护金融稳健运行，有力地促进了地方经济健康发展。全州金融机构各项存款余额 442.99 亿元，新增 67.43 亿元，同比增长 17.95%，增速位居全省 11 名；各项贷款余额 167.6 亿元，新增 17.8 亿元，同比增长 11.88%；保费收入 3.06 亿元，新增 0.35 亿元，同比增长 12.92%。

【货币政策执行】 优化货币政策传导机制，通过召开经济金融形势分析会、金融机构主要负责人会议、专题工作会等形式，向经济主管部门、金融市场主体传导货币政策意图，提升政策执行针对性。鼓励和引导金融机构创新旅游金融产品和服务方式，深入开展“支农再贷款支持民居接待提档升级”等专题活动，支持丹巴、稻城等县千余户农牧民开设旅游民居接待点，金融支持旅游针对性不断增强。2013 年，全州新增旅游业贷款 1.2 亿元。出台《甘孜州中小微企业金融服务提升工程实施细则》，加大高原特色现代农牧业、特色中藏医药产业、特色文化产业的金融支持力度，新增高原特色现代农牧业贷款 3600 万元，特色中藏医药产业贷款 4990 万元，特色文化产业贷款 563 万元。督促金融机构为符合生态环保条件的大型水电项目和优势矿产企业提供全方位优质金融服务，新增水电业贷款 11.64 亿元，矿产业贷款 1.05 亿元。充分运用“金融服务示范窗口”引领、信贷政策导向效果评估等方式，引导金融机构积极主动发放小额担保、助学、民族贸易优惠利率、扶贫专项、牧民定居行动计划等民生类贷款，全州新增小额担保贷款 4484 万元，其中妇女小额担保贷款 3602 万元；累计发放国家助学贷款 112 万元，帮助千名贫困学生实现大学梦。累计发放牧民定居专项贷款 3.59 亿元，支持 1.9 万户牧民建成定居房。金融支持“扶贫惠农”工程扎实推进，出台《甘孜州金融支持“扶贫惠农工程”工作规划(2013—2020)》，形成“政府主导、人行推动、相关部门配合、金融机构参与”的“扶贫主体全域联动、金融服务全域覆盖、行政资源全域统筹、金融资源全域优化、扶贫对象全域受惠”的工作格局，梳理和归集了农业产业化龙头企业、农民专业合作组织、生源地助学贷款、妇女创业贷款等扶贫项目近千个，涉及融资意向 5 亿元；20 余家农业产业化龙头企业中小微企业与银行达成融资意向 15 亿元。在全县 16 个乡镇建立“一站式”金融服务点，为藏区县域金融支持扶贫开发作出了有益探索。银行间市场直接债务融资工作有序推进，州县金融机构与12家涉农小微企业及农户代表签订贷款合同与银行授信合作协议，金额总计1.42亿元。

【金融监督管理】 “两管理、两综合、一保护”成效凸显，开展综合执法4次、专项执法检查7次，对违法行为实施行政处罚，全年共受理投诉64起，申诉12起，咨询95起，办结率和消费者满意率均达100%。大力推进社会信用体系建设，设立“甘孜州中小微企业信用信息服务中心”，建立数据采集共享机制，现已录入全州1956户中小微企业信息。大力推动农村信用体系试验区建设。开展信用农户、信用村、信用乡镇建设工作，为7142户农户建立信用档案，评定信用农户1274户、农村青年示范户50户、信用村21个、信用乡镇1个，金融机构为信用农户累计发放贷款7785万元，支持农村专业合作社30余个。

【建立毗邻四省藏区金融稳定协调机制】 9月5日，由中国人民银行甘孜州中心支行发起，四川甘孜、阿坝，西藏昌都、云南迪庆、青海玉树5地州毗邻藏区人民银行在康定县召开了毗邻藏区金融稳定协调机制第一届联席会议，签订了《川藏滇青四省区毗邻藏区金融稳定合作备忘录》，成功建立起金融稳定合作机制，为民族地区金融稳定工作协调联动作出了有益探索。会议确定了5地州毗邻藏区人民银行在货币政策执行、反洗钱、人民币反假、金融消费者权益保护、民间融资、非法集资、金融突发事件处置、跨省存取现业务和各项业务操作系统运维等9个方面的合作内容；建立起毗邻藏区金融稳定协调机制工作方案、联席会议制度、信息共享与重大事项联动制度、金融突发事件应急处置预案、金融稳定论坛（研讨会）制度、金融稳定协调机制通讯联络制度、轮值行工作制度、新成员接纳制度等8项工作制度；确立加强金融生态环境建设合作、加强业务系统应急处置合作、加强金融突发事件处置合作、加强信息交流实现资源共享、加强监测分析全面掌握跨区域稳定风险、加强应急演练提升联动处突能力、加强沟通协调促进合作常态化等7种合作方式。

【金融服务】 支付结算环境不断改善，全州共发展银行卡助农取款服务点1741个，覆盖257个乡镇、1599个行政村，消除金融服务空白乡镇192个、行政村1440个，实现具备条件的金融服务空白村镇全覆盖。全州银行卡累计发卡量已达到168.32万张，人均持卡量达到1.41张。布放ATM机具224台，已实现镇镇ATM的全覆盖。全州建立26个金融惠农服务站，试点开办代理转账、代理缴费、小额零钞兑换、新旧钞兑换以及征信、反假等相关金融知识宣传。国库服务效能不断提升，全辖国库共办理各级预算收入34.46亿元，其中，地方一般预算收入18.58亿元，预算支出199.40亿元，预算收入退库644.42万元。加强与财政、税务部门的沟通协调和对银行机构的督促指导，促进了横向联网业务量的有效提高，全辖电子缴税业务量占比达到56%。积极开展假币专项治理，收缴假人民币1034张，合计9.98万元。外汇管理和跨境人民币业务水平不断优化，辖区实现涉外收入1014万美元，12户经营正常的外资企业已全部通过网上外汇年检与联合年检，实现藏区跨境人民币业务“零”的突破，全州实现跨境收支1276万美元。

（邹寅寅）

·中国银行业监督管理委员会甘孜监管分局·

【概况】 2013年，甘孜银监分局确立“统筹兼顾，持续创新，效能优先，遵章守纪”工作思路，加强民生领域金融服务，持续强化内部管理，不断提升监管有效性，有力促进全州银行业稳健运行。全州银行业机构存款余额426.01亿元，比年初增加78.18亿元，增幅22.47%；贷款余额167.60亿元，比年初增加17.85亿元，增幅11.92%；不良贷款率5.08%，比年初增加2.68个百分点。全州银行业机构实现利润3.79亿元。加强信息报送，全年各类信息被省政府采用2期、新浪网采用1期、银监会采用1期、州委政府采编46期。涌现出甘孜州优秀团员1名，分局机关荣获四川银监局系统目标管理先进单位，全州社会管理综合治理工作先进单位、档案工作优秀单位。

【金融服务与改革】 坚持服务实体经济，加大调研力度，启动“银行业支持县域经济发展”和关于“稻城亚丁景区开发融资”两项调研，形成调研报告3份。制定《甘孜州银行业支持县域经济考核办法》，督促全州银行业，特别是大型银行信贷服务小微、服务“三农”、服务县域经济，提高对县域经济的贡献度，全州银行业机构涉农贷款150.51亿元，较年初增长20.25亿元，增速高于全州贷款平均增幅3.63个百分点；小微企业贷款129.79亿元，较年初增长12.83%，余额占全部贷款余额77.44%，位居全省前列。全年支持银行业机构设立自助设备40个，POS机328个。有效开展金融宣传工作，创新“送金融知识下乡”机制，组织全州银行业机构组成40个金融宣传小分队，统一标志、统一工作机制、统一宣传资料，印发宣传资料10余万份，开展宣传工作5次，受益群众15万人次。

【风险防控】 重点风险化解和处置成效显著，州农行、信用社全额收回1.28亿元地方政府融资平台贷款。抓好案件防控，派出现场检查和督查工作组21个，完成现场检查项目8个，现场督导项目7个，共检查督导99个银行业机构，检查金额3.53亿元，发现问题131个，问题涉及金额1.17亿元，提出整改意见87条，成功堵截一起上亿元资金诈骗银行案。督促银行业压降不良贷款，全州农行收回不良贷款90.16万元，不良贷款率较年初下降0.1个百分点；农业发展银行顺利收回丹巴县和众电力开发有限责任公司全部贷款3650万元。

（董碧霞）

·中国农业银行股份有限公司甘孜分行·

【概况】 2013年，州农行坚持面向“三农”市场定位，围绕“金融服务经济”主题，为建设生态甘孜、和谐甘孜、幸福甘孜提供有力信贷支持和优良金融服务。全行各项存款余额264亿元，各项贷款余额117亿元，成为全省农行第5家贷款破百亿元的大行。创新和完善小微企业金融产品，加强小微企业服务平台建设，全年向小微企业发放贷款26.23亿元，小微企业贷款余额96.21亿元。

【助力六大产业发展】 一是加大旅游产业开发的优先支持力度，继续围绕“环贡嘎山两小时经济圈”和“香格里拉核心景区”建设，支持旅游项目客户23户，累计发放贷款10.92亿元；二是加大对能源发展的支持力度，支持大唐国际长河坝、大唐乡城、泸定前溪等大中小型电站建设，支持水能资源开发装机容量1255万千瓦，累计发放水电贷款151.17亿元；三是稳步推进矿产资源开发，重点扶持里伍铜业、鑫源矿业扩大产能，与四川雅砻江矿业公司签署4.5亿元的融资协议，已发放4600万元，支持其开发黑牛洞铜矿；四是通过支持农业产业化龙头企业发展，辐射带动农业产业发展壮大，重点支持甘孜州华康进出口有限责任公司、乡城县雪松天然绿色食品开发有限责任公司、乡城扎西公司、炉霍雪域俄色茶公司、泸定永安兴魔芋、康定青藏谷地、大渡河茧业8家省州级农业产业化龙头企业，累计提供信贷支持5.55亿元；五是加大支持中藏药业发展，向康定金珠制药公司企业发放流动资金贷款3800万元，向州藏医院投放贷款500万元；六是大力支持藏文化、雕版印刷、药泥面具、唐卡艺术等民族文化产业的发展，累计对康定跑马山旅游开发有限责任公司、四川明人实业有限公司投放贷款5500万元。

【推进“三农”业务转型】 大力推广运用小企业快速简式贷款产品，采用短期流动资金收回再贷的形式，向农业产业化龙头企业提供“快捷、滚动”的金融资服务，大力满足农业产业企业季节性收购、农产品原材料储备、扩大生产等资金需求，确保农业产业化企业通过走“银行+公司+基地+农户”的经营模式，辐射带动农业产业发展壮大，全年共支持康定青藏谷地、乡城扎西公司、炉霍俄色茶、泸定永安兴魔芋、大渡河茧业、丹巴集贸市场8家省州级农业产业化龙头企业贷款余额9360万元；通过推广运用小企业简式快速贷款业务品种，共支持农业、商贸、服务业等行业小企业18户，贷款余额1.55亿元。加快建立农村支付结算体系，在不通固话网络、但有移动网络的村镇率先布放移动POS机，累计布放助农取款点601个，覆盖全州208个乡镇、530个行政村；全州惠农卡发卡总量近23万张，布放ATM机124台；加大社保IC卡发放力度，全年共发放社保IC卡20.7万张。

【提升网点服务水平】 全面推进网点装修立项改造工作，全年新装修改造网点13个，新建离行式自助银行12个，其中泸定4个，炉霍2个，丹巴、九龙、甘孜、德格、理塘、稻城各1个。推进实施自助设备“全面覆盖”计划，结合县域人口特点、经济情况、金融需求等要素，采取新建离行式网点和在现有网点增加自助机具配备的形式，大力推进自助机具布放工作，全年新增布放自助机具48台，累计布放数达到234台。建设刷卡无障碍街区，全年新增布放商户POS机具389台（含助农取款移动POS机），累计布放量达到807台。

（吴怀钰）

·中国建设银行股份有限公司甘孜分行·

【概况】 2013年，建行甘孜分行各项存款余额为60.54亿元，比年初新增13.44亿元，增速28.54%，其中对公存款余额53.74亿元、储蓄存款余额为6.80亿元。同业存款比年初下降3000万元。全年信贷资金贷款余额13.25亿元，比年初新增1.67亿元，增速14.16%，其中公司类贷款余额13.24亿元、个人类贷款余额18万元，中间业务净收入878万元；实现利润6647万元，比上年同期增长1083万元，同期增速19.46%。大力支持地方经济发展，全年向全州水电产业累计发放贷款2.44亿元，为各类企业办理银行承兑汇票和保理业务1.75亿元。中小企业领域信贷投放有新突破，全年向中小企业发放流动资金贷款4560万元。

【强化内控管理】 认真落实“内控和案防制度执行年”工作要求，建立完善案防工作机制，全年实现“无案件、无重大违法违纪事件、无重大责任事故”目标。落实开展关键风险点检查，对关键风险点环节进行按月检查，落实案件防控责任包干制，明确和落实案防目标、责任内容以及问责标准，深入推进票据、信贷、柜面业务、商业贿赂、银行卡、电子银行、客户经理违规代客服务、违规动用公章等“八项突出案件风险”专项治理。严格执行重要岗位轮岗和强制休假制度，加强网点负责人、客户经理、现金柜员等重要岗位员工管理。

（王学东）

·中国农业发展银行甘孜州分行·

【概况】 按照“夯实基础转作风、强化职能重发展”工作思路，贯彻落实“守阵地、强管理、清贷款、稳队伍、有作为”工作要求，继续抓好粮油收储信贷业务不放松，督促粮食企业切实做到“库存实、勤轮换、不挤占”，全年累计收回贷款8640万元，其中收回中长期贷款8180万元。累计发放贷款230万元，继续保持了不良贷款零增长的目标。全年各项贷款余额4.27亿元，比年初减少8410万元；各项存款余额为6379万元，比年初减少3193万元。

【粮食管理和风险防控】 按照全省粮食清仓查库工作要求，奔赴全州18个县19家粮食购销企业69个站（点）开展粮食清仓查库工作，此次检查粮食库存47404吨，普查面达100%，进一步摸清粮食企业家底，准确掌握了粮食库存情况。针对清查中发现的个别企业存在管理不善、粮食轮换困难等问题，向存在问题的粮食企业所在县政府致函，要求主管县政府切实履行其管理职能，督促粮食企业解决粮食库存轮换、经营管理不善等问题，确保国家粮食安全。加强信贷管理，开展贷款客户风险排查和分类排队工作，对24户存量贷款客户开展了企业信用等级评定工作；认真履行财补管理监督拨付职责，全年监督拨补到位补贴财政资金1.37亿元。继续强化清收中长期贷款工作的力度和成效，全年全力做到贷款本金按还款计划应收尽收，成功地收回了两笔风险隐患贷款，避免不良贷款的产生。

（杨艳琼）

·中国工商银行股份有限公司甘孜直属支行·

【概况】 中国工商银行甘孜直属支行定位于全功能、综合化经营性支行，秉承“立足甘孜、服务甘孜、建设甘孜、回报甘孜”的宗旨，依托工商银行先进的服务渠道、强大的科技力量、雄厚的资金实力、完善的金融产品和高效的服务流程，为客户提供存款、贷款、结算和人民币理财、银行卡、代理发行与兑付政府债券、金融债券，代理保险、基金、各类收付款业务以及个人外汇存款，个人外汇汇款，结售汇（对私业务）等本外币全方位金融服务。全年各项存款余额为10.9亿元，比年初增加5.24亿元；其中，机构存款9.23亿元，储蓄存款6669.12万元，保证金存款120.56万元。各项贷款余额为7408.67万元，其中公司贷款6400万元、个人贷款1008.67万元。

（王　林）

·中国邮政储蓄银行甘孜州分行·

【概况】 2013年，全州邮政储蓄存款余额10.79亿元，比年初增加0.75亿元，增幅7.47%，占全州金融机构存款余额的7.73%；邮政电子汇兑业务开出汇票19.23万笔，汇出金额5.49亿元，兑付汇票50102万笔，兑付金额1.21亿元；办理代收付业务40.95万笔，金额7.36亿元。公司业务存款余额3779.73万元。信贷业务发放14笔，金额100万元；服务质量客户满意达到87分。邮政体制改革，完成州内17个一级支行二类网点“名行实所”改制，涉及17名支行负责人调州分行统一安排工作。精神文明建设得到巩固提高，继续保持省级文明单位的荣誉。

【风险管控】 落实案件防控责任，健全风险管理体系，在全行范围内开展“合规大讨论”活动，提升综合防控能力。成立内控与风险管理委员会及各专业风险管理委员会、案件防控领导小组，明确议事规则，调整各部门、各支行风险信息联络员，适时召开内控风险防控工作会议，分析和解决案件防控和内控管理中存在的隐患和问题，及时有效化解风险，实现“零”案件管理目标。

（杨思翰）

·四川省农村信用社联合社甘孜办事处·

【概况】 2013年末，全州农村信用社机构网点146个，在岗从业人员665人。年末，全州农村信用社各项存款余额84亿元，比年初增加28亿元，增长50%；累计投放各项贷款23亿元，各项贷款余额达33亿元，各项贷款余额达33亿元，比年初增加8亿元，增长32%。

【业务范围不断拓展】 加大民生领域信贷投放力度，发放返乡农民工创业贷款690万元，帮助139名青年和返乡农民工创业、就业；帮助3080名下岗人员实现再就业，发放贷款9230万元；帮助4户劳动密集型小企业发展壮大，发放贷款650万元；发放妇女小额担保财政贴息贷款7166万元，占全州金融机构妇女小额担保财政贴息贷款的93%，支持2390户妇女自主创业，带动2000多名劳动妇女实现就业。实施“扶微助小”和“惠农兴村”工程，积极支持旅游业、能源业、矿产业、现代农牧业、民族文化产业、中藏药业等6大特色优势产业发展，全州农村信用社发放中小微企业贷款162笔，发放贷款金额11.17亿元。大力支持州内特色种养业、民族旅游业等优势产业发展，全州农村信用社支持农业产业化龙头企业1户、支持农村专业合作组织4个、支持省级新农村示范片建设10880户，发放贷款5.44亿元。实施电子化建设，全年共新增ATM机25台，投放POS机222台、EPOS机261台，发行蜀信卡28万张。

（王　昆）

·中华联合财产保险股份有限公司甘孜州中心支公司·

【概况】 2013年，公司实现保费收入6883.8万元，比上年增长9.85%，其中车辆保险3518.8万元、财产保险830.3万元、意外健康保险1803.9万元、农业保险730.8万元。全年理赔共接报案4266件，比上年增加94件，赔款3342.29万元，比上年上升5%，综合赔付率67.72%。全力推动政策性农业保险工作，与道孚、甘孜、色达、新龙、德格、白玉、石渠7个县签订种植业保险合作协议，达成稻城、九龙、德格3县森林保险业务保费440万元。

（冉红梅）

ཚོང་ཆེན་དང་ཚོང་འགུགས་ཡུལ་སྐོར་ལས་རིགས།

贸易·招商·旅游业

·商务与经济合作·

【概况】 围绕全州经济社会发展总体战略，把握“科学发展、加快发展、又好又快发展”工作基调，遵循“常规工作有起色，重点工作有突破，典型工作有特色”要求，全州商务合作事业保持了良好的发展势头。全州实现社会消费品零售总额57.35亿元，服务业增加值完成73.12亿元，实际利用外资2046万美元，实现外贸出口1042万美元。健全应急管理体系，修订完善《甘孜州生活必需品市场供应应急预案》，形成州县乡三级应急供应管理体系，将市场应急管理纳入规范化和制度化发展轨道。持续深化市场监测和运行分析，全州10个县开通“商务预报”，分时段启动生活必需品、成品油等日报制。

【国内贸易稳步发展】 2013年，全州实现社会消费品零售总额57.35亿元，比上年增长13.1%。城镇市场快于乡村市场，城镇市场实现零售额47.08亿元，比上年增长13.2%。乡村市场实现零售额10.28亿元，比上年增长12.8%，增速比城镇慢0.4个百分点；批发零售市场发展快于住宿餐饮市场，批发零售48.92亿元，比上年增长13.4%。住宿餐饮收入8.43亿元，比上年增长11.4%，增速比批发零售市场慢2个百分点；限额以上单位快于限额以下单位，限额以上单位实现零售额24.03亿元，比上年增长15.8%。限额以下单位实现零售额33.32亿元，比上年增长11.3%，增速比限额以上单位慢4.5个百分点。流通体系不断完善，实施市场体系建设项目13个，兑现专项补助资金812.7万元，带动社会投资3000余万元；争取到2014年农村市场体系建设专项补助资金850万元。启动康定新都桥物流园区、甘孜康北商贸物流中心和稻城亚丁服务业聚集区项目前期工作，“康定老街·溜溜城”商业街被四川省商务厅认定为第二批“四川省特色商业街”，成为全省41个特色商业街区之一。扩大消费开拓市场，研究出台6条消费促进措施，新增限额以上商贸单位23家；圆满完成第二届商务领域知名品牌评定工作，康定红等11个品牌成为商务领域知名品牌。积极开展农商对接，组织州内8家合作社和加工企业参加全省民族地区首届农商对接会，海螺沟大白菜站稳成都市场，打入泸州市场。主动搭建平台，组织企业参加十四届西博会、西部国际采购商大会、2013四川农业博览会，贸易成交金额598万元。

【现代服务业平稳发展】 全州服务业实现增加值73.12亿元，服务业对GDP增长的贡献率达34%，比上年提升3.4个百分点。积极研究物流业、电子商务为主的服务业发展对策措施，培育本土电子商务企业2家，一码通甘孜网、溜溜康巴网2个电子商务平台获得中国农业银行“支付业务许可证”，培育本土旅游资源和地方特色产品网络营销平台2个，初步形成传统经营与现代网络销售并存的多元化发展模式。省商务厅降低了甘孜电子商务企业申报“省级示范企业”门槛，注册资金由200万元以上，下调为100万元以上；平台年销售额由500万元以上，下调为300万元以上；在州注册的四川省一码通信息技术公司被评为省级电子商务示范企业。

【市场秩序规范有序】 加强生猪定点屠宰管理，兑现生猪定点屠宰无害化处理补贴资金27万元，完成康定县2家生猪定点屠宰场验收和A类证书核发工作。规范成品油经营市场，关停12家违规建设加油站（点），处罚2个违规加油站（点），新增35个加油站布点规划，核准新建加油站21个，在康定新都桥、甘孜、稻城增设97号汽油销售。积极开展“双打”和单用途商业预付卡清理工作，会同州纪委、州工商局等6部门对全州商业预付卡制售情况进行了彻底清查。加强民爆物品监管，成立州县联合工作组对全州15座民爆仓库开展集中安全生产大检查，提出整改意见159条，完成整改159项，完成甘孜、九龙两县民爆仓库新建及验收。

【对外贸易稳步推进】 全州实现外贸出口总额1042万美元，同比增长14.39%，外贸出口首次突破千万美元，再创历史新高。农产品仍是州外贸出口的主导产品，全年实现外贸出口811万美元，占全年出口总数的77.83%。2013年新引进的甘孜州桑吉眉拉贸易有限公司，出口产品是以虫草为主的中藏药，改变了出口产品单一的局面。在稳步巩固传统外贸市场的基础上，开辟香港新兴市场。培育进出口获权企业2户，全州获权企业达39户，甘孜州郎卡杰唐卡文化有限公司成为首家文化产品出口企业。

【招商引资成绩突出】 全州共实施招商项目144个，其中续建类项目126个、新建项目18个。引进国内州外到位资金118.52亿元，其中实施国内省外招商项目36个、到位资金90.88亿元。投资产业主要集中于能源类，能源项目到位资金97.18亿元，占总到位额的81.99%。投资区域主要集中在康东及南路，到位资金主要集中在康定、雅江、泸定、九龙、乡城、丹巴6县，共引进到位资金98.61亿元。紧紧围绕重大产业项目招商活动，策划编制旅游、矿产、民族文化等6大产业招商项目96个，投资达315.77亿元。成功举办“圣洁甘孜走进广东—四川甘孜藏区投资合作推介会”“十四届西博会甘孜州产业投资合作说明会”，共签约项目26个，投资总额达144.55亿元，其中10亿元以上项目4个。建立健全项目跟踪协调服务机制，全年新开工项目18个，十三届西博会签约的21个项目履约19个、开工15个，履约率、开工率分别达到90.48%、71.43%。

（刘康勇　佘和平）

·烟草专卖·

【概况】 2013年，全州烟草专卖累计销售卷烟29600箱，实现销售收入7.55亿元，比上年增长7.2%；实现税利1.4亿元，比上年增长4.6%。营销网络不断完善，电子结算率达到97%，网上订货率69%，网上订货成功率65.9%。终端建设加快推进，建成现代零售终端65户，占零售户总数的2.36%。不断改进客户服务，客户盈利水平达到14%，客户满意度达到96%。认真开展专项审计，完成基层县局离任审计、物资采购、工程投资等内部审计21项，审减金额21.15万元。

【卷烟市场规范有序】 加强卷烟市场日常管理，卷烟市场净化率和持证经营率均达99%。全年查获涉烟案件64起，查获假冒伪劣卷烟2.47万支，罚没款合计8.42万元。与雅安市局联合破获“7·24”网络案件，涉案金额56.6万元，逮捕、判刑2人，行政处罚8人。

（李　毅）

·旅游·

【概况】 全州旅游产业牢固树立“全域资源、全面布局、全境打造、全民参与”的全域旅游发展理念，按照“两轴、三域、四重点”空间布局，强力推动旅游业快速发展。海螺沟、甲居藏寨等重点景区建设加快推进，开辟旅游线路20条，推出亚丁冬季旅游产品。组建文旅发展集团、亚丁景区旅游开发有限公司，“阿西土陶”等11类文化产品开发上市。全年接待游客638万人次，实现综合收入63亿元，分别比上年增长22%和75%。

【加大行业指导和协调服务】 深入稻城、得荣、德格、丹巴等县调研指导各县编制（修编）完善旅游发展总体规划，摸清家底，准确定位，调整优化发展战略、功能布局和目标任务，泸定、雅江、道孚、乡城、理塘、甘孜、九龙7县完成规划修编。年内，完成《金沙江流域大香格里拉国际精品旅游区——四川稻城亚丁总体规划》《亚丁旅游景区近期建设区（点）修建性详细规划》《稻城县一城一镇两村规划》以及九龙伍须海、雅拉雪山等专项规划。推进重点旅游项目建设，全年实施生态旅游项目18个，完成投资20.22亿元，贡嘎神汤温泉改扩建工程、318自驾车营地、稻城日松贡布五星级酒店等一批项目已竣工投产。抓好旅游公共服务体系建设，建成旅游综合服务站8个、自驾车营地2个、旅游厕所15个、观景台20个，制作安装旅游标识标牌73个。推进旅游标准化建设，康定县通过省级旅游标准化示范县检查验收，格萨尔酒店通过省级旅游标准化示范企业检查验收。

【旅游宣传推广】 在创新旅游营销上实现新突破，策划举办“圣洁甘孜·走进广东”系列活动，承办了四川甘孜藏区文化旅游产品推介会、四川甘孜藏工区美景图片展、四川甘孜藏区旅游行商及媒体踩线采风活动和四川甘孜藏区心灵之旅自驾游活动等4大活动，其中宣传片《不可思议的甘孜》提高了甘孜在珠三角地区的知名度和美誉度，“圣洁甘孜·走进广东”形象推广活动获得“2013年度广东影响力网络盛典活动”年度效果营销案例大奖。深入开展市场调研，研发设计新的线路产品，借亚丁机场通航之际，推出环贡五日游、环亚丁双飞三日游等新产品。加力冬季旅游营销，推出“晒太阳、赏冰雪、拜神山、泡温泉”为主题的冬季旅游产品，重点发布稻城亚丁景区冬季旅游景区不封营、酒店不停业、飞机不停飞“三不”旅游信息。联合康定、泸定、丹巴、道孚、九龙、雅江6县，海螺沟、木格措、燕子沟以及康定机场公司组建环贡嘎山营销联盟。加大网络营销力度，建立甘孜州旅游微信公众平台，实时更新新浪微博图片、旅游线路，回复微博提问，发布道路交通、天气气候等旅游信息。制作旅游宣传制品，与东方航空公司合作，策划“香格里拉专辑”，刊载于《东方航空》杂志，在其国际国内200余架次航班上投放。

【稻城亚丁实现新突破】 按照“抓重点、做亮点、先开航、再完善”的总体思路，确定亚丁机通航前重点推进的55个项目，总投资72.75亿元。指导稻城县挖掘地方特色餐饮，改造提升乡村旅游主题酒店，用特色民居、特色美食、特色旅游商品吸引游客。借力稻城亚丁机场通航和《稻城亚丁告诉你》中英文版的公开发行，分别在广州、浙江、成都等地召开新闻发布会、播放旅游宣传片、投放机载杂志、加大网络营销、组织开展踩线采风活动等多种形式加大宣传力度，稻城亚丁机场从9月16日通航至10月底，航班总架次218架，接待游客22500人次，进出港客座率分别为78%和92%。通过“引进来”与“走出去”相结合，四川稻城亚丁生态旅游开发项目（鲁能集团）协议引进资金35亿元，稻城亚丁香格里拉生态旅游区旅游支撑中心项目引进资金10.9亿元，稻城县城区旅游文化园区（粮食局片区）改造项目引进资金2.5亿元。

【“十一”黄金周旅游】 “十一”黄金周期间，全州共接待游客57.66万人次，比2012年增长15.17%；实现旅游综合收入57083万元，比去年增长67.92%，其中过夜游客49.01万人次、一日游游客8.65人次，实现门票收入1256.97万元。稻城亚丁机场进港1294人，出港1714人；康定机场进港563人，出港672人；进州大小旅游车辆37113台。重点县和景区旅游市场火爆，海螺沟冰川森林公园景区旅游接待创“四高”，实现旅游综合收入8294.13万元；旅游接待人数创历史最高12.76万人次；旅游单日接待创新高，10月3日旅游接待达31470人次；自驾游创高本次黄金周到海螺沟游玩自驾车11291辆，团队车219辆。2013年黄金周，康定、泸定、丹巴、稻城等重点旅游县和海螺沟、木格措、稻城亚丁等重点旅游景区游客总量仍然保持在较高水平。此外，色达等县异军突起，色达县接待游客1.16万人次，实现旅游收入750.69万元、自驾车1773辆。稻城亚丁机场的通航，对稻城旅游起到助推作用，亚丁机场航班的乘坐率达95%以上。

·资料链接·

甘孜州2012年度星级农家乐/乡村酒店名录

表5

名称	县份	星级级别	备注
木林森乡村酒店	海螺沟	四星	
喜波热	稻城县	四星	
东坡藏家	丹巴县	四星	
甲居三姐妹	丹巴县	三星	
扎瓦措民居接待户	丹巴县	三星	
格郎民居接待站	丹巴县	三星	
美人谷卢阿姆接待站	丹巴县	三星	农家乐
嘎依热藏餐	道孚县	三星	农家乐
巴楚人家	巴塘县	三星	农家乐
东然民居	乡城县	三星	
圣地亚丁	稻城县	三星	
雅拉雪山酒店	康定县	三星	
天路驿站	康定县	三星	
康巴人家	稻城县	二星	
圣地民居	雅江县	二星	
俊波民居	雅江县	二星	
巴姆藏家	乡城县	二星	
三圣如意	稻城县	二星	
印象亚丁	稻城县	二星	
海子山第一庄	稻城县	二星	
绕格祥客栈	九龙县	二星	
康巴第一藏家庄	康定县	二星	
泽登民居	得荣县	二星	
吐蕃锅庄	康定县	二星	
普巴民居	德格县	二星	
鸿福旅馆	甘孜县	二星	

（李 洪）

ཞིང་ལས།

农 业

·综述·

【概况】 围绕“建设美丽生态、和谐幸福新甘孜”工作主题，全州农业以农业增效、农民增收为目标，坚持“生态经济发展，绿色产业富民”之路，创新思路、扎实工作、攻坚克难，保持农业农村经济稳步发展。积极做好春耕备耕、疫病防控等工作，粮、油、菜产量分别达到24.9万吨、1.2万吨、19.9万吨，比上年分别增长5.7%、11.9%、32.2%，保持了六连增的良好势头。各类牲畜存栏410万头只匹，出栏率23.9%，商品率18%，肉产量6.1万吨，奶产量9万吨。全面落实“农业四项补贴”、草原生态以及天保工程和公益林生态效益补偿等系列强农惠农富农政策，及时兑现各类补贴9000余万元。抓好劳务开发促增收，全年完成品牌培训820人、农村劳动力技能培训3100人、在岗培训2800人，转移输出农村劳动力8.9万人，实现劳务收入8.8亿元。借助院州、校州农业科技合作平台，建成农业高产高效示范片1.33万公顷，现代农业产业基地5.3万公顷，农业科技贡献率达50%，农业科技入户率达87%。

【深化农村改革】 推进和深化土地制度改革，在康定县开展了土地承包经营权确权登记颁证工作试点，集体林权制度改革全面完成，集体建设用地使用权确权登记颁证完成1994宗，宅基地使用权12.24万宗。鼓励农民以多种方式经营承包地，在依法、自愿、有偿的前提下合理流转土地、草场、林地承包经营权，全州土地承包经营权流转1.15万公顷，林权流转103.2万公顷。新成立小额贷款公司2个，发放贷款5485万元；全州18个县均已开展农村信用合作，贷款余额31.94亿元。充分发挥村民自治作用，全州共成立村民议事机构2679个。

【新农村建设呈现新风貌】 根据《甘孜州新村建设整体性安排工作方案（2012—2020年）》，研究制定了2013年全州新村建设工作方案。8月底，州委、州政府在道孚、炉霍、甘孜等县召开全州推进新型城镇化和新村建设工作现场会。全州共启动新村（聚居点）建设224个，共投入资金9.71亿元，改造提升农房15836户，涉及6.12万人；启动实施了国道317、318沿线19个幸福美丽新村打造。指导稻城、丹巴、泸定、康定4县制定了2013年省级新农村建设成片推进示范县实施方案，全年共投入资金6.5亿元，新建民居4991户，其中改扩建1139户、风貌改造3852户，完成农村硬化道路232公里，农田水利渠系建设242公里，农村土地综合整治1103.33公顷，农村户用清洁能源3499户，连片发展种植业0.4万公顷，发展规模养殖户136户。

【农业产业化经营】 为培育壮大市场主体，

制定《加快农产品加工业发展意见》，从税收、金融、用地用电等方面给予支持，州级财政还列出专项资金300万元，鼓励支持农民合作组织发展。积极组织带领龙头企业、专合组织闯市场，找销路，组团参加中国西部国际博览会、四川农业博览会、杭州市都市圈优质农产品迎新春大联展等大型展示展销活动，组织州内30余家企业100多种产品参展，组织州内24家龙头企业和专合组织组团赴浙江学习培训。注重品牌打造，举办甘孜州首届农副土特产品包装设计大赛，并在亚丁机场开航之际对26件获奖作品进行集中展示。全州有11个县通过无公害农产品整体认证，累计认定无公害农产品生产基地6.39万公顷，认证登记农产品“三品一标”96个，雅江县荣获中国松茸之乡称号。全面加强对龙头企业、专合组织等各类带动市场主体的培育监管，2013年重点对7家省级龙头企业生产经营情况开展了监测，新发展涉农企业12家，农民合作组织124个。全州共有省级龙头企业7家，州级龙头企业33家，各类农民合作组织300多个，家庭农场8个，专业大户2458个，产业化经营组织带动农户面达23%，比上年增加2个百分点；龙头企业助农人均现金收入达120元，比上年增长21.5%；农民合作组织成员收入增幅达37%。

（林　杨）

·农业·

【概况】 全州农业生产实现“六连增”，粮、油、菜产量再创历史新高，农作物播面86580公顷，比上年增长2.9%，增幅居全省第一。实现农业产值23亿元，比上年增长25.8%；实现农业增加值18.2亿元，比上年增长28%。农牧民人均纯收入达5435元，其中来自种植业收入1907元。全年共兑现各类支农资金2.03亿元，其中四项惠农政策补贴资金9286.3万元。实施农业保险36000公顷。加快特色产业发展，全州油、菜、果、药、菌等特色产业基地达到16666.67公顷，总产量分别达到1.17万吨、20.18万吨、3.5万吨、0.18万吨、0.33万吨，特色产业实现产值18.16亿元，助农增收人均超过1200元。

积极开发利用农村清洁能源，在全州适宜区建设农村沼气池2500口；加快农业社会化服务体系建设，全面完成18个县163个乡镇基层农技推广体系建设项目，4个县农产品质量安全检测站和3个县植保工程田间观测场及应急药械库建设项目，农业社会化服务条件得到改善。

【农业机械化发展】 按照“普及机耕、提升机播、扩大机收、发展特色农机”的思路，依托农机购置补贴政策的实施，大力推广农业机械。全州推广各类农机具4512台套，农机总动力达到90.14万千瓦，完成机耕作业面积47006.67公顷，机播作业面积21206.67公顷，机收作业面积20666.67公顷，主要农作物耕种收综合机械化水平达到37.2%。全年共兑现农机购置补贴资金1535万元，其中中央财政补贴资金1020万元、省藏区累加补贴资金335万元、州级财政补贴资金180万元，补贴各类农机具3299台，受益农牧民3013户。

【休闲观光农业】 积极发展特色乡村游、民族风情游、村落风光游等特色休闲农业，在全州创建休闲观光农业示范乡22个、示范村46个，扶持发展休闲农家539户，年接待游客72万人次，休闲农业与乡村旅游年综合收入达到4.5亿元。7月28日，海螺沟管理局与小金县滴水电力有限公司在磨西镇成功签约海螺沟休闲观光农业贡嘎生态玫瑰园项目，同意滴水电力有限公司在海螺沟投资3000万元，建设333.33公顷休闲观光农业贡嘎生态玫瑰园。

【农业科技推广应用】 继续深化“厅州”“院州”“校州”农业科技合作，全年启动实施农业科研项目 27 个，发表科研论文 7 篇，获得州政府科技进步三等奖 1 项。完成乡镇农技人员岗位证书培训 301 人，新型农民培训 5535 人次，农机培训 3413 人次，农村实用技术培训 34 万人次；推广测土配方施肥 42666.67 公顷、地膜覆盖栽培 8000 公顷，实施农业高产高效创建 13333.33 公顷，粮食作物良种推广面积达到 68000 公顷，良种覆盖率达到 92%，全州农业科技入户率达到 87%，农业科技贡献率达到 50%。

【农村经营管理】 全面启动了农村土地承包经营权确权登记试点，农村集体资金、资产、资源管理和农民负担监督管理取得明显成效，对全州 1191 个村开展了清产核资，对 983 名村（社）干部进行经济责任审计，发放农民权益义务监督卡 22 万册，取消收费项目 2 个，降低收费标准 1 个，在全州 443 个村开展了“一事一议”、议定项目 511 个，兑付财政奖补资金 3273 万元。

【农业安全生产】 加强农产品质量安全监管，重点加大对城郊蔬菜生产基地和种植大户的指导和监管，全州共抽检样品 5805 个，合格率在 98% 以上；协助省级交叉抽检 4 次，共抽检样品 320 个，合格率 98.75% 以上。强化农机安全源头管理，州局与各县签订安全生产责任书 19 份，各县农机主管部门与当地乡镇政府签订《农机安全生产责任书》近 300 份，县局与拖拉机业主签订全州各县与机手签订《甘孜州拖拉机驾驶员安全生产承诺书》15000 余份；全州共计办理驾驶证 1697 本，行驶证 5904 本，登记证书 5904 本；集中开展无牌无证拖拉机整治，清理无牌无证拖拉机 14597 台，查处违章驾驶 105 起，全年无农机安全事故发生。

·资料链接·

甘孜玛咖

甘孜州地处青藏高原东南缘，高海拔、低纬度的区位优势，气候环境最接近原产地的秘鲁安第斯山脉，海拔 3000 米上下，能够满足“甘孜玛咖”生长各阶段所具备的地理及气候条件。2005 年以来甘孜州引种玛咖种植，据分析甘孜玛咖（MACA）含水分 10.4%、蛋白质 10.2%、脂肪 2.2%、碳水化合物 59%、纤维 8.5%、灰分 4.9%。含有丰富的人体必需的氨基酸，如：精氨酸（9.94%）、天门冬氨酸（9.17%）、谷氨酸（15.6%）和赖氨酸（54.5%）等。玛咖（MACA）的脂肪酸中不饱和脂肪酸的含量占 52.7%（其中亚油酸 18.5%、亚麻酸 8.87%），含有芥子油苷（Glucosinolates）甾醇和钾、钙、铁等。玛咖（MACA）脂类部位含有玛咖烯（Maceaene）及玛咖酰胺（Mecamide），还包括 N－苄基辛酰胺、N－苄基－16－羟基－9－氧化－10E，12E，14E－辛葵三烯酰胺、N－苄基－16 羟基－9，16－二氧－10E，12E，14E－辛葵三烯酰胺以及其他 17 个玛咖烯和玛咖酰胺的同系物。玛咖烯和玛咖酰胺被认为是玛咖（MACA）提取物中具促进性功能的有效物质之一。甘孜玛咖中的玛咖烯和玛咖酰胺含量高于其他普通玛卡。甘孜玛咖含有丰富的氨基酸、矿物质锌、牛磺酸、维生素 B1 和 B2、亚油酸。氨基酸是构成人体蛋白质的最基本物质，在人体疲劳时，补充玛咖可以加强机体新陈代谢，有利益代谢废物的排出和机体能量的及时输送；锌能通过调节神经内分泌激素水平来增强抗疲劳作用；牛磺酸促进人体对脂类物质的消化吸收，增强心肌收缩力。维生素 B1 和 B2 维持人体正常的新陈代谢；亚油酸调节心血管系统功能，保证机体新陈代谢的顺利进行。因此玛咖具有抗疲劳，增强肌肉耐力，抵抗运动性疲劳的作用。“甘孜玛咖”最佳种植区域有 15 个县 1.33 万公顷，有传统农耕文化，种植管理、生产精细化程度也远远超出南美安第斯山区，今后是中国最大适宜种植区。此区域可建设 3333.33 公顷的甘孜玛咖种植区，预计市场开发价值超过 20 亿元。

（李明玉）

·畜牧业·

【概况】 围绕“保生态、保供给、保增收、保安全”工作主题，加强草原生态保护建设，培育特色畜牧产业，优化产业结构，转变生产方式，推进科技创新，确保畜牧业生产和经济运行良好。全州畜牧业投入达到 8.46 亿元，草原植被盖度比 2010 年平均提高 6 个百分点，产草量提高12.31%，基本实现草畜动态平衡。建设标准化草场1200公顷，牲畜暖棚2833户23.06万平方米，抗灾保畜打贮草基地2400公顷，户营打贮草基地5.17万公顷。各类牲畜存栏410万头只匹，肉产量6.1万吨，奶产量9万吨，出栏率、商品率分别达到23.9%、18%。牧业实现产值34.9亿元，农牧民人均纯收入5435元中牧业占1138.35元。动物疫病防控，完成重大动物疫病强制免疫1219.62万头只羽次，常规免疫855.92万头只次，驱治寄生虫580万头只次，重大疫病群体免疫密度常年保持在90%以上，抗体监测合格率达70%以上。佩戴牲畜耳标45.42万套，发放消毒药品33吨，累计消毒700万平方米。

【草原生态保护建设】 草补政策落到实处，兑现2012年度草原生态保护补助奖励3项直补到户资金46964.5万元。建成一年生人工草地2.67万公顷，更新人工草地3.07万公顷，引进投放良种畜2700头只。开展政策实施、牲畜良种补贴、草原承包及基本草原划定专项培训，培训人员11.2万人次。抓好退牧还草工程，完成2012年度退牧还草围栏建设30万公顷，草场补播9.04万公顷，人工饲草地建设633.33公顷，舍饲棚圈建设4200户。强化草原鼠虫害防治和生态修复，开展鼠虫害防治30万公顷。将草原面积分解落实到户或联户，完成了“两证一合同”补换发，发放草原所有权证338份，使用权证2865份，承包合同20.4万份，共承包草原832.67万公顷。强化草原监理监测，完成重大项目建设中涉及48.11万公顷征占用草原的现场查验、审核审批，收取草原植被恢复费89万元。

【培育高原特色畜禽产业】 创建省级示范场5个，建成养殖小区（场）33个，存栏生猪500头以上的养殖大户达到84个，新增优质生猪出栏1.6万头，新增养猪收益3000余万元；新建牦牛养殖小区2个，肉羊养殖小区2个，藏鸡养殖场2个，乡城雪域阳光公司、丹巴梅龙沟养殖大户的藏（土）鸡蛋已进入成都、康定等超市，深受消费者的喜爱。以国家畜牧良种补贴和畜禽新品种新技术推广投入为保障，狠抓九龙牦牛、藏猪藏鸡遗传资源保护及丹巴黄羊、昌台牦牛选育，建设改良示范片，实行良种良法配套，全年引进推广良种1824头只，完成畜禽改良16.8万头羽，选育4.6万头羽；开展贡嘎中蜂及蜜粉资源调查，在泸定、海管局建养蜂示范户25户，推广标箱养蜂750箱，新增蜂蜜7500公斤，新增养蜂收入75万元。扶持畜产品加工企业16个，创州级知名商标品牌企业6个，狠抓“三品一标”申报，获得地理标志1个、有机食品3个、绿色食品1个、无公害畜产品41个。以应急抗灾草料贮备为重点，4个州级草基地种植优良牧草562.67公顷，收贮应急草料69.8万公斤，新建养畜暖棚1358座，建2公顷以上打贮草基地2万户，户均收贮冬干草1000公斤以上；全州累计注册登记牧业合作社127个，入社成员4781户，辐射带动7227户，注册资金3197万元。

【保障畜禽产品质量安全】 加大牧业生产及畜产品质量安全整治力度，出动执法车辆106台次，执法人员531人次，检查了121户经营户和1047个规模养殖场户，查处4起经营销售假兽药和无证加工畜产品案件。全年产地检疫畜禽7.9万头只、屠宰检疫畜禽24.43万头羽，检出病死畜禽0.20万头羽，全部进行了无害化处理；检测“瘦肉精”样本3.55万份，结果均为阴性；7个省际公路动物卫生监督检查站查验畜禽6.37万头羽，畜产品80.74吨，消毒车辆1785车次，实现畜牧业“两个确保”的安全保障目标。

【科技创新及实用技术推广】 以“厅州、校州、院州”合作、“青藏社区”和育种攻关项目为载体，加快科技创新和成果转化，开展高原特色畜禽产品综合分析。历经15年选育的“康巴老芒麦”通过国家品种审定，确定为牧草野生栽培品种；年内，《草原虫害生物防控综合配套技术推广应用》获农业部丰收一等奖，《九龙牦牛利用关键技术研究与集成示范》分获农业部丰收三等奖和省政府科技进步三等奖，《印楝的生物活性及其防治技术研究与应用》获省政府科技进步三等奖，《人畜共患病——包虫病》获国家著作权。按照“百千万康巴英才工程”推进方案，全州560名畜牧兽医科技人员联系养殖农户3360户，扶持科技示范户750户，推广畜草主导品种8个、实用新技术6项；全年培训业务技术骨干450人次、村防员5100人次、农牧民5.3万人次。

（郑 科）

·林业·

【概况】 以美化生态环境、改善人居质量、促进林业经济协调可持续发展为目标，开展全民义务植树、巩固退耕还林、深化森林抚育和生态公益林管理。全州实现林业产业总产值25.73亿元，比上年增长10.65%；农民人均林业收入达到905.4元，比上年增长14.6%。全年完成义务植树260.14万株，有效管护全州森林资源603.47万公顷，补偿集体公益林128.32万公顷，兑现补偿资金1.88亿元，完成人工造林5333.33公顷，封山育林2666.67公顷。巩固退耕还林成果，退耕还林地完成补植补造3466.67公顷，巩固退耕还林成果5.35万公顷。林业产业基地建设完成特色林业产业基地建设4880公顷，改造1766.67公顷。推进防沙治沙工程，巩固防沙治沙成果面积3526.67公顷，启动《川西藏区生态保护与建设规划（2013—2020）》防沙治沙项目建设。稳妥推进林业各项改革，完成8大国有森工企业改革调研；林业资金管理规范，全年争取落实林业建设资金10.71亿元。棚户区改造工程，全州540户棚户区（危旧房）改造任务已全部实施，已完成419户建设任务。认真组织开展“湿地宣传日”和“爱鸟周”宣传活动，发放宣传资料8000余份、画册7000余份，接待群众咨询80000人次。绿化模范创建活动有序开展，巴塘县成功创建“四川省绿化模范县”。

【科技兴林】 有序推进院州合作项目，与省林科院制定合作项目20项。《高海拔地区高山栎类树种繁育技术研究》课题实施五年以来，总结出一套可以满足生产实际需要的高山栎类树种繁育造林技术；《优良绿化树种光叶木兰（康定木兰）驯化与产业化示范推广》课题组制定光叶木兰栽培技术体系，《甘孜州得荣县核桃优良品种选育》课题组选育出核桃新品种“得荣1号”和“乡核1号”并进行了区域试验。完成科技推广项目5项，并积极申报国家、省、州项目8项，争取到科研经费355万元，2项科研课题完成省科技成果登记；累计培训林农36758余人次，专业技术人员5101余人次，发放各类实用技术手册、宣传资料15.18万份。

【林业资源保护】 全州94个乡镇达到森林防火“六有”标准，共核查卫星林火监测热点78个、火情摇感监测热点49个、报警电话40个，及时处置森林火灾26起，火场过火面积531.95公顷，受害森林面积173.1公顷，森林火灾损失率为0.03‰；林业有害生物防治，松材线虫病春季普查面积23.16万公顷，发现死亡松树1476株，实施森林病虫害防治面积3.38万公顷。不断加强林政资源管理力度，依法审核征占用林地项目41宗，完成采伐31.5万立方米，全州森林公安机关共受理各类林业行政案件211起，查处210起，其中立刑事案件35起（含森林火灾刑事案件8起），为国家挽回损失101.2万余元。

（江 勇 敬菊梅）

བཟོ་ལས།
工　业

·综述·

【概况】　面对国际形势复杂多变、国家宏观调控趋紧的背景，全州各级创新思路，强化服务保障，工业经济发展成效显著。全年实现规模以上工业企业实现增加值46.40亿元，比上年增长13%，增速位居全省第5位，高于全省平均水平10.9个百分点。实现销售产值69.97亿元，比上年增长15.8%；产销率达到101%，位居全省第一；新增规模以上企业5户，占规模以上企业的11%；实施留存电量23.50亿千瓦时，完成融资担保6000万元。坚持生态优先，科学有序推进能源业发展，能源产业完成投资178亿元，新增水电装机100万千瓦，在建水电装机1000万千瓦，太阳能、地热综合利用取得重大突破，实现增加值30亿元，比上年增长9.1%。丹巴、乡城500千伏输变电工程建成投运；川藏联网工程“四通一平”等施工准备基本完成，2013年无电地区电力建设项目开工，2014年度无电地区电力建设已获批复。“百亿矿业”取得新成效，探明矿产资源金属量60万吨，里伍铜矿等5个扩建项目全部上马，生产原矿500万吨，实现增加值13.4亿元，比上年增长16.8%。加快发展中藏医药业，围绕“种植规模化、研发系统化、生产标准化、服务特色化”目标，努力把丰富的药材资源优势转化为产业优势，开工建设南派藏药传承创新基地，中藏药业实现增加值2.2亿元，比上年增长18.6%。项目建设推进快，建立项目库，储存各类项目192个，全年申报国家、省级项目共38个，争取资金2798万元，同比增长48.2%。落实按月、季度推进工作机制，加快康东、康南、康北农产品加工区和九龙湾坝工业园等工业43个园区基础设施建设步伐，加大对金珠制药、跑马山水泥等一批项目建设督导，完成工业投资229.60亿元，比上年增长13.9%，占全州固定资产投资的56.5%。招商引资力度大，坚持开展产业招商、园区招商、节会招商、主题招商、重点招商，加大招商引资项目的跟踪服务，编制完成《甘眉工业园区发展规划》，引进成都阳光铝业等2户企业入驻甘眉工业园区，引进资金52.30亿元。促成并引进广东路翔集团入驻甘眉工业园区发展，与康巴水泥生产项目、超精细石膏粉项目、雪域俄色代理商成功签约。全年引进重大产业项目4个，引进协议资金15亿元。扶持企业效果好，为18户企业争取技改、技创资金830万元，为10户企业争取企业发展资金500万元，为5户企业争取生产奖励资金124万元。牵头承办甘孜州首届旅游商品展销会和中藏医药产业推介会，组织73家企业参展，对中藏药260种产品进行展销和推介，签约项目15个。古谷水业获四川省知名品牌，成为博鳌亚洲论坛指定用水，桑吉卓玛青稞酒成功开拓市场，产品质量和企业品牌得到社会各界好评。

【做好企业节能降耗】 2013年，全州单位工业增加值能耗下降6.5%，万元工业增加值用水下降4%。全力促进节能降耗和淘汰落后产能，切实抓好重点企业的用能用水监测，完成1户企业的淘汰落后产能任务，邀请省节能监察中心专家对四川里伍铜业公司、泸定山盛水泥公司、四川新华星硅业公司、四川融达锂业公司、四川鑫源矿业公司、九龙山盛矿业公司6户企业的《能源审计》和《节能规划》编制文本进行评审。

【拓宽中小企业融资渠道】 加强银企对接，创新金融产品，拓宽融资渠道，改善金融服务方式，制定出台系列帮扶政策，有效缓解中小企业融资难问题。年内，甘孜州中小企业融资担保公司为企业融资担保6233万元，其中担保贷款5783万元，委托贷款450万元；银行机构贷款余额167.6亿元，比上年增长11.9%。

【促进企业成长】 为四川康定金珠制药、康定青藏谷地、神螺藏医等3户企业争取到“开门红”资金34万元，为里伍铜业争取上市奖励金50万元。牵头举办甘孜州首届旅游商品展销会，展销会设农特产品、民族民间手工艺品、“非遗”商品3个展销区，共73家企业参展，共发放宣传资料1万多份，销售额达110余万元，达成意向项目合作和签约协议13个，金额达400余万元。

【信息化建设】 “智慧城市”“无线城市”“数字甘孜”建设步伐加快，先后开发政务、公共事业、交通、生活服务、旅游、购物6个一级频道，4G网络信息运用正式进入人民生活。通信基础设施建设完成投资2.97亿元，比上年增长34%；新建光缆9943余公里，累计达到44635公里；新建无线基站649个，累计达到3203个。全州互联网出口带宽达70G，比上年增加10G；城市宽带覆盖率达100%，比上年提升19%；通光缆行政村达到2657个，比上年增长53个。实现通信主营业务收入7亿元，同比增长20%；实现地方财税收入3011.1万元，比上年增长113%。完成317国道、318国道、省道甘君路、甘白路、俄岗路、马石路、理亚路、东海路等路段的杆线迁改和稻城县亚丁景区通信杆路“三杆合一”工程建设。

（肖　荣）

·水利·

【概况】 按照“抓工程建设促发展、抓防汛抗旱保平安、抓内部管理转作风”的总体思路，以保障全州安全度汛、提高防灾减灾能力、加强骨干中型水利工程和民生水利工程建设为重点，全力推进水利事业再上新台阶。全年争取各类水利项目资金5.37亿元，累计完成水利工程投资6.1亿元。推进骨干中型水利工程建设，玛依河水利工程完成全部主体工程建设任务；得荣白松茨巫水利工程完成年度投资2688万元，累计完成总工程量的90%；甘孜县打火沟水利工程累计完成总工程量的80%，累计完成年度投资5450万元。拟建骨干中型水利工程进展顺利，泸定顺河堰、巴塘巴楚河、康定力曲河、炉霍易日河年内开工的前期准备工作进展顺利。中小河流治理和藏区堤防建设工程，2010年至2015年全州中小河流项目共计49个，已完成中小河流治理项目32个，完成堤防建设86.77公里，完成投资4.28亿元。

【民生水利工程建设】 全州共实施小型农田水利建设31处，新增有效灌溉面积1700.8公顷；实施小型农田水利重点县建设项目，理塘县新增节水灌溉面积680公顷，石渠县完成牧区饲草料灌溉地33.33公顷，白玉、巴塘2县2012年牧区草原灌溉示范县项目，新增节水灌溉面积326.67公顷。实施农村甘露行动，全年完成投资6034.73万元，其中中央预算内投资4487.53万元、州县投资216.08万元、群众投工投劳折资1353.63万元，解决11.64万人的安全饮水问题。进一步理顺城市供排水体制，确保“十二五”供排水规划通过省州专家审查，全年共争取供排水项目16个，工程总投资3.22亿元，到位资金1.77亿元，完成投资1.20亿元。加强对高寒地区用水防冻技术指导，配合省住建厅到石渠、色达等12县开展高原地区供水和排水设施防冻课题调研，针对甘孜州高寒地区冬季供水难的问题，采用加热管深埋、外套泡沫保温套管、出水口增设总闸阀及放空阀等措施，石渠县通过试点解决33户牧民家庭、8个机关单位冬季供水。

【抓好防汛抗旱】 年内，对全州325个乡镇和7个在建骨干水利工程、水利工程建设工地、山洪地质灾害易发区、各主要河流安全隐患段以及供水工程进行了汛前安全大检查，修订《州防汛指挥部成员分片负责制》和《州防汛抗旱指挥部成员单位职责》，对全州18个县防汛工作实行州防汛指挥部成员单位分片联系制度，明确了成员单位的防汛抗旱责任，制定《甘孜州江河防汛责任人名单》《甘孜州重点防汛城镇防汛责任人名单》《甘孜州重点山洪灾害防御责任人名单》，明确防汛工作职责。加强防汛物资储备，在原有防汛抗旱物资储备的基础上，新采购了价值100万元的防汛应急抢险物资，为防汛抗旱工作提供物资保障。在泸定、九龙、得荣3县组建抗旱服务队，增强抗旱能力建设。做好防汛减灾预警系统工程建设，通过建设非工程措施，预警系统在九龙县乌拉溪乡、海螺沟景区山洪灾害中发挥出重要作用；抓好山洪灾害非工程措施项目建设，完成道孚、石渠、甘孜、色达、巴塘、得荣、德格、白玉8县山洪灾害防治项目建设2013年任务。

【水利执法】 坚持科学规划、注重环保、严格许可、强化考核的原则，严格河道采砂许可制度，严格涉河项目行洪论证与河势稳定评价报告的审批工作，严肃查处涉河违法行为，确保河道行洪安全与河势稳定。全州累计完成河道治理长度78.06公里，保持河道岸线生态健康和环境整洁。严格按照《取水许可和水资源费征收管理条例》新办取水许可证5个，换证6个，备案12个；全年共征缴水资源费3123.84万元，比上年增长37%。年内，编制完成《省水利厅对口支援项目九龙县三垭骨干水利工程项目建议书》、《成都市锦江区援建项目炉霍县新建厂龙沟自来水厂和管网工程可研报告》《双流县对口援建项目巴塘县东南片区灌溉及供水规划报告》《四川“三一”公司采取BT模式建设的泸定县安乐坝区防洪堤工程可研报告》《康定县力曲河引水工程初设报告》《炉霍县易日河水利工程初设报告》等6个招商引资项目建议书和可研报告；引进资金7000万元用于理塘县高城镇供水项目夺曲河水库工程建设。采取多种形式广泛宣传春季禁渔的有关法律法规，禁渔期间，全州张贴禁渔通告2000份，悬挂、张贴禁渔标语700条，发放宣传资料4800份，电视宣传38次，报刊宣传3次；组织实施大渡河流域增殖放流活动，在泸定县大渡河长沙坝河段处放流齐口裂腹鱼3万尾、重口裂腹鱼1.8万尾。

（泽仁央金）

·电力·

【概况】 2013年，全州电力公司售电量8.85亿千瓦时，完成全州电网投资47.12亿元，建成35千伏及以上变电容量3044.65兆伏安、线路764公里。年内，甘孜州无电地区电力建设工程总投资约41亿元，共审查、批复无电地区项目42个，其中110千伏输变电工程项目4个、35千伏输变电工程38个，将彻底解决州内约200个无电乡，791个无电村，4.58万无电户，18.86万无电人口用电问题。推广智能电表，全年新装智能电表11625只，实现用电检查到位率100%；开展用电检查193次，查处窃电、漏电及违约用电340起，追补电费98万元。加强设备整治力度，更换超载主变8台，增加容量2.4万千伏安；维修更换配变80余台，增容7500千伏安；完成5个110千伏变电站、11个35千伏变电站预试定检，完善保护装置12套，综合整治35千伏变电站30座，提升设备健康状况。树立优质服务理念，新装稻城、姑咱、新龙等8个标准营业厅，完成巴塘、乡城、泸定3个供电所VI标识整改，积极打造“国家电网”品牌形象。加强报修业务时限管理，全年309起报修、投诉按时办结，优质服务率100%。年内，四川省电力公司甘孜公司荣获“四川省最佳文明单位”称号。

【电网建设与发展】 加速实施“电力天路”工程和无电地区电力建设，成功运用高原35千伏装配式变电站技术，仅用时3个月，建成投运稻城桑堆、理塘江达、雅江红龙3个35千伏输变电工程，提高了稻城、理塘等县供电能力和供电质量，缓解冬季用电供需矛盾。年内，开工建设35千伏及以上输变电工程47个和总投资6.7亿元的10千伏及以下无电建设项目，丹巴、乡城等14个500千伏输变电工程建成并投入运行投运，项目优质工程率100%。

（张显兴　李　飞）

防洪堤

ཁྲོང་ཁྱེར་འཛུགས་སྐྲུན་དང་ཁོར་ཡུག་སྲུང་སྐྱོང་།

城乡建设·环境保护

·规划和建设·

【概况】 坚持以人为本，努力探索具有甘孜特色的新型城镇化路子，完成州域城镇体系规划和18个县城市总体规划修编，编制34个新村建设规划。重点建好县城，实施城市建设项目40个，完成投资8亿元，对10个县城实施风貌改造和功能提升。2013年，全州有建筑企业34个，新增建筑企业6个，实现建筑业总产值4.7亿元，比上年增长18.99%，实现地方税收1200万元。全年完成农村C级危房改造25069户，保障性住房建设1580套，其中廉租房730套、公租房650套、经济适用住房200套，开工建设公共租赁住房600套。通过城市拓展、旧城改造、城中村改造、房地产开发等不同形式，加快城市棚户区改造，开工建设城市棚户区改造450户。努力做大乡镇，对13个集镇的基础设施和风貌进行改造提升，10个乡获准撤乡建镇，城镇化率25.81%，提高1.4个百分点。新村建设如火如荼。切实做美村寨，建成新村聚居点224个，发展休闲观光农业示范村46个，改造提升农房1.95万户。指导稻城、丹巴、泸定、康定4县制定了2013年省级新农村建设成片推进示范县实施方案，投入建设资金4.5亿元，新建民居3354户。新农村综合体建设有序推进。在康定、稻城等9个县试点建设新农村综合体，泸定县团结村、稻城县仁村、道孚县雀儿村、丹巴县半扇门乡一村等新农村综合体已初见成效。

【城乡建设管理】 依据2013年城建统计快报和各县城市规划修编及老城区拓展实施情况，康定、泸定、丹巴、乡城、雅江等县已实施新区建设已新增城镇面积1.8平方公里。康定、泸定新区申报补助项目10个，其中康定县申报5个，总投资1.94亿元，申请补助资金6000万元。开展集中治理“六乱”、城乡风貌塑造、“七进”、“五一攻坚月”、“十月攻坚月”、“公路、河道”沿线治理等活动，全州清理卫生死角垃圾5500吨，治理占道经营680处，规范店招店牌560个，治理车辆违章停放2650台次，规范施工现场违规堆放材料1038吨，治理乱搭乱建行为180处。开展督导、督查和暗访活动76次，受理和处理群众投诉82件，通报批评责任单位、部门32个，问责治理工作不力人员6人。

【基础设施建设】 加快白玉、石渠城市生活垃圾处理设施推进，启动道路桥梁建设项目40项，完成投资2.87亿元。城市基础设施完成投资5.79亿元，村镇基础设施完成投资1.93亿元。全州开工小型垃圾处理项目7个，已完工6个；小型污水处理项目开工7个，已完工6个；实施城乡风貌塑造36个，县城风貌塑造项目开工10个，已完工8个；镇乡风貌、村庄风貌塑造开工21个，已完工18个。

【建筑业管理】 加强建筑节能工程质量监管力度，推进康定、泸定、丹巴等县太阳能、风能等可再生能源建筑中的应用，推广应用项目81项。全州在建工程项目745个，面积224.96万平方米，投资56.67亿元，施工图设计文件（建筑节）审查率达到100%，城镇新建、改建、扩建项目施工阶段节能标准执行率达到90%，新型墙体材料的使用比例达了65%。康定、泸定、丹巴、理塘、炉霍、甘孜等县城区逐步禁止现场搅拌混凝土，结合灾后重建和新村建设，优先在白玉、新龙、德格、石渠等县发展预拌混凝土搅拌站，完成散装水泥推广23.39万吨，全州水泥散装率达到35.4%。培育和壮大建筑业，指导并协调了3个企业的资质升级和增项。着力培训建筑企业领导、经营管理人员、工程技术人员、一线操作人员4支建筑队伍，共培训各类人员1900人，培训建筑农民工580人，完成技能鉴定230人。抓好工程款和农民工工资支付监管，收取农民工工资支付保证金1.52亿元，受理拖欠农民工工资信访案件3起，涉及人员252人，解决金额267.05万元。全面推进住房城乡建设项目信息公开和诚信体系建设，在10个县发布了房屋和市政基础设施建设项目216个，州级及康定、泸定、丹巴、九龙、雅江、新龙、德格8县网上合同备案284个。

（赵玲燕）

·环境保护·

【概况】 坚持“服务大局、提升能力、强化监察、注重保护”工作主题，改革创新审批方式，切实强化执法监督，全面夯实环保基础，高度注重生态保护，狠抓污染物总量减排任务，为推进甘孜跨越式发展和长治久安提供安全环境支撑。优化服务环境，加快项目环评审批审查，全年审批项目108个，涉及资金66.87亿元。其中房建类项目15个、城市基础设施类项目40个、生态及植被恢复类项目12个、医疗卫生类项目2个、旅游基础设施类项目23个、交通类项目12个、矿产类项目4个，出具项目审查意见19个；将一批投资2000万元以内的未在环境敏感区域的市政基础设施、民生类项目下放给各县环保局。主动服务全州重点建设项目建设，协调省环保厅审批全州重点项目29个。加强辐射环境监管，在全州范围内开展核与辐射安全监督检查，对全州125家（医院、石化企业）涉源单位进行全面检查，积极推进“辐射安全许可证”发放工作。确保废弃放射源收贮率100%。抓好环境监测，全年共出具有效数据4455个，其中地面水监测数据1812个、环境空气监测数据2100个、噪声监测数据33个、酸雨监测数据510个。突出重点领域环境监察，集中对辖区内的重点排污企业、州重点建设项目、饮用水源保护区、农村环境（畜禽养殖）、自然保护区进行环境执法大检查，对27家问题企业及建设项目，依法下达《建设项目（污染源）限期整改通知书》，对5家企业进行约谈，对4家企业进行立案查处。继续开展“整治违法排污企业保障群众健康环保专项行动”，全州出动专项检查执法人员4000余人次，检查企业以及三产行业1300余家次。畅通投诉渠道，及时处理群众来信来访，共接投诉16起，处理16起。依法、足额征收排污费，州本级全年共征收收排污费250余万元，对康定、泸定、丹巴、九龙4个县的排污费征收工作进行稽查，现场核查企业20家。

【工程减排及监管】 以电力、水泥行业为重点，积极推进脱硫脱硝，推行降氮燃烧技术，削减氮氧化物和二氧化硫。督促指导泸定县城市生活污水处理厂和稻城县城市生活污水处理厂建设，关停康定县跑马山、泸定县二郎山、甘孜州水泥厂立窑生产线落后产能，其中甘孜州水泥厂立窑已拆除。推行循环经济，引导企业节能减排，启动康定县黄金坪金矿选厂、康定县富强有限公司马家火地铅锌选厂等6家企业的清洁生产工作，加快机动车尾气减排前期工作，对18000余辆机动车进行虚拟发标，并进入国家核算系统，有效降低了污染物排放虚增量，制定落实《甘孜州机动车污染防治实施方案》和机动车环检建设方案，完成机动车尾气环保检测站选址和检测企业公开招选工作。按照“旬检查、旬监测、旬抽查”要求对治污企业处理设施运行的检查，对全州（除第三产业外）排污许可证需求数量进行了统计汇总，对新申请和换证的企业出具相关材料。

【推进农村污染治理】 积极开展农村环境综合整治，完成丹巴县中路乡、石渠县真达乡垃圾收集处理试点项目，完成泸定县鹏程生态养殖场污染治理项目及丹巴县聂呷乡、泸定县兴隆镇盐水溪村、泸定县德威乡河坝头村和下河坝村、泸定县德威乡咱威村和堡子村农村、泸定县烹坝乡马厂村等6个农村环境治理项目的申报和立项工作，6个项目总投资809.06万元，其中自筹资金167.92万元、申报专项资金641.14万元。积极推进涉及国家级自然保护区建设项目的生态专项论证工作，完成亚丁自然保护区一期基础设施建设项目、海子山国家级自然保护理塘110千伏输变线路项目和理塘理亚路项目、泰宁玉科省级自然保护区道二路项目的生态专题论证。

（李念芬）

巴塘新城夜景

འགྲིམ་འགྲུལ།
交　通

·交通运输·

【概况】　全州交通建设完成投资102亿元，占全省交通投资总额的1/10。其中亚丁机场完成投资14亿元、“25+1”交通重点项目完成投资77.33亿元、农村公路完成投资9.88亿元、养护安保危桥完成投资0.59亿元、客运站点完成投资0.2亿元。亚丁机场顺利通航。甘孜公路建设推进方案“25+1”项目（九石路调整为省道215线九江路）全面开工建设，新增省道303线道孚过境段、亚亚路、泸石路、色色路4个项目开工建设，在建交通重点项目里程2100公里以上，完成路面工程1018公里。国道317线俄岗路、雀儿山隧道、国道318线东海路、省道216/217线理亚路、省道215线瓦九路、省道217线甘君路等项目超计划完成目标任务。其中国道318线东海路（高尔寺隧道、理塘隧道除外）全线260公里和国道317线俄岗路炉霍至马尼干戈段197公里建成通车。农村公路完成通乡油路256.9公里、通村公路1134.6公里。积极争取国家和省的大力支持，南北两条高速公路纳入国家高速公路网调整规划；国道路网调整，甘孜州境内国道从2条998公里增至9条3700公里，新增国道里程2700余公里，占全省新增国道网里程的1/4，形成“三纵四横两联络”的国道网络，实现了全州18个县县县有国道。主动积极向省交通运输厅、省公路局、省公路院汇报衔接，及时编制上报甘孜州省道网调整建议方案，争取更多的县、乡道纳入省道网调整规划，并进一步加强跟踪落实。在省政府2009年批准《四川省甘孜藏族自治州2009—2012年公路建设推进方案》之后，省交通运输厅、省发改委、省财政厅又联合下发了《四川省甘孜藏族自治州2013—2015年公路建设推进方案》，规划完成投资335亿元，新改建干线公路2039.1公里、农村公路4800公里。在批准实施的《2013—2015年全省客运站点建设规划》中，规划甘孜州将用三年时间完成全州22个县级客运站的提升改造和200个乡镇、2000个行政村客运站点建设。全省实施溜索改桥项目规划改桥共99座，其中甘孜州占54座，占全省的54%。在路政执法工作中处理路政案件613起，结案587起。联合公安等部门加强治超专项整治工作，投入路政治超人员25433人次，检测车辆23.4万辆，查处超限超载车辆11441辆。加强道路运输市场管理，完成客运1567万人次，旅客周转量268140万人公里；完成货运量516.32万吨，货物周转量达到106102.31万吨公里。开通21个乡镇45个农村客运班线，新增和更新农村客运班车115辆。切实做好“4·20”芦山强烈地震和“8·31”得荣地震的应急保通工作，四川省委、省政府授予该局“4·20”芦山强烈地震抗震救灾先进集体。

【色色路获省发改委工可批复】 3月14日，色达县色柯镇至色尔坝公路改建工程可行性研究报告获得四川省发改委的批复。色色路改建工程起于色达县城色柯镇，经洛若乡、霍西乡、旭日乡、杨各乡，止于色尔坝（翁达镇），与国道317线相接。全长84.5公里，采用三级公路技术标准，设计速度30公里/小时，路基宽度7.5米。全线采用沥青混凝土路面。项目批准估算总投资约4.6亿元，建设工期2.5年，项目业主为甘孜州交通建设投资有限公司。色色路是色达县城连接国道317线的重要进出通道。

【启动芦山地震救灾应急预案】 4月20日上午8时，雅安市芦山县发生7.0级地震，甘孜泸定、康定、九龙、丹巴等地震感强烈，造成交通基础设施损失9.14亿元。地震发生后，州交通运输局立即启动地震救灾应急预案，成立地震抢险救灾队，在S215线瓦九路准备30台挖掘机、30台装载机和120名机手，机具人员全部待命，随时准备抢险救援。当日下午14时州交通运输局派出7人抢险保通组，驾驶大型挖掘机、装载机和运输车各一台从泸定经国道318线到达雅安境内清理公路地震飞石，当晚22时抢通了至天全县的通道。21日下午15时，经甘孜州交通运输局抗震救灾抢险队和雅安市天全县交通运输局通力合作，投入人员30人、大型机具5台，打通大老路K19+200塌方段。至此，天全县至宝兴县大溪道路全线畅通。

【甘孜县成立城市公共交通运输公司】 5月，甘孜县以招商引资金的方式成功组建了甘孜县城市公交有限公司，率先在北路八县中实现了城市公交与农村客运双向互补，共同发展的新局面。该公交项目计划投资2200万元，投入公交车26座18辆、17座12辆，出租车75辆，建设城市公交车纵站1处（占地面积0.67公顷、建筑面积6000平方米，内设洗车、维修、检测等服务功能），建设区乡双向港湾站10个、城市公交站点站牌30个。开通5条交通专线，城区3条，覆盖城区各机关单位、商业网点，延伸至甘孜镇瓦巴村、河坝社、打金滩等城乡结合部；区乡2条，覆盖城关片区10个乡、29个行政村。

【国家新规划将甘孜国道增至9条】 经国务院批准，由国家发改委会同交通运输部编制的《国家公路网规划（2013年—2030年）》使甘孜州境内新增国道7条，新增国道里程2700多公里。甘孜州境内原有317线和318线2条国道，全长998公里，仅覆盖8县，覆盖率不足50%。在新规划中，甘孜州将形成“三纵四横两联络”国道网络。其中国道215、227、248为“三纵”，国道345、350、317、318为“四横”，国道548、549为“两联络”。甘孜州新增国道占全省新增国道网里程的1/4，覆盖18个县。另根据国家高速公路网路线方案，甘孜州纳入国家高速公路网规划的两条高速公路分别为G4217（川藏北线：马尔康—炉霍—德格—昌都）和G4218（川藏南线：雅安—康定—巴塘—芒康）。属于国家高速公路网的川藏南线雅安至康定高速公路控制性工程二郎山隧道正在施工中。

【金沙湾大桥竣工验收】 8月13日，得荣县政府与云南省迪庆州德钦县政府率两县相关单位组成工作组，对位于金沙江上的金沙湾大桥项目进行交（竣）工验收。该大桥全长191.5米，宽4.5米，总投资980.75万元，连接云南的奔子栏镇和四川的子庚乡。工程于2009年10月开工，2011年8月18日全面完工。项目设计单位为四川公路工程设计院，监理单位为四川琼海路桥监理咨询有限公司，施工单位为重庆佳信建设集团有限公司。2012年6月，得荣县交通运输局委托西南交通大学结构工程试验中心对该桥进行了静载试验、脉动试验，检测结论满足设计荷载使用要求。验收仪式上，两县政府分别同子庚乡、奔子栏镇签订了养护责任书，同时确定两县政府每年各出资1万元，用于桥梁养护和人员经费支出。

【甘孜州2013～2015年将完成交通投资335亿元】 由省政府批准，省交通运输厅、省发改委、省财政厅联合印发了《四川省甘孜藏族自治州2013—2015年公路建设推进方案》（简称“新甘推”），3年中甘孜州将新改建公路6839.1公里，完成投资335亿元。新甘推项目包括开工建设高速公路133公里（含雅安段），规划期内投资105亿元；加快干线公路建设14个，2034.1公里，规划期投资176亿元、建成1823.6公里，除G317线雀儿山隧道外，所有加快建设项目均在规划期内全部建成；力争开工建设干线公路8个，469.8公里，规划期投资30.4亿元、建成215.5公里；加快10个项目的前期工作，形成项目储备，适时开工建设；在2013～2015年内确保建成农村公路4800公里，其中通乡油路（水泥路）800公里，通村公路4000公里，规划期投资23.6亿元。该项目实施后，甘孜州将形成以国省干道为主骨架的干线公路网，全州98.1%的乡镇实现通油路（水泥路）、98.3%的建制村实现通公路。

【稻城亚丁机场正式通航】 2013年9月16日，全球海拔最高机场（海拔4411米）——稻城亚丁机场迎来了首条航线（成都—稻城亚丁），稻城亚丁机场投入运行正式通航。正式开通的成都—稻城往返航班，每天一班（成都起飞时间06：50，到达稻城时间7：55），成都到稻城亚丁2天的车程缩短为1小时的飞行距离。稻城亚丁机场总投资约15.8亿元，建设工期2年；飞行区等级指标为4C，跑道长4200米，航站楼占地5000平方米。

【川藏铁路成都至康定（新都桥）段可研评审会在蓉举行】 11月28日，由中国中铁二院工程集团有限责任公司主办的川藏铁路成都至康定（新都桥）段可研评审会在成都召开。中国铁路总公司工程设计鉴定中心、工程管理中心和成都军区、省发改委、省国土资源厅、省环保厅、省住房和城乡建设厅、省铁路投资公司、成都市政府、眉山市政府、雅安市政府、甘孜州政府、成都铁路局、成康铁路公司筹备组、中铁大桥院等单位专家和负责人参加评审会。州委副书记、州长益西达瓦出席评审并表示甘孜州将全力支持配合铁路建设单位做好各方面工作，为铁路建设营造良好的外部环境。同时希望成康铁路尽快全线开工，希望建设单位能主动和电站、电网、高速公路等施工单位建立良好的沟通关系，并注意处理好项目建设和环境保护的关系，支持地方协调工作。

（陈晓敏）

·公路·

【概况】 坚持把公路养护作为第一要务，保障公路完好畅通，切实做好公路经常性、基础性、预防性、周期性养护，把“以养为主”方针落到实处。全州共管理养护国道、省道公路3005.26公里，按省道标准养护的县道（甘孜至白玉公路）1条228公里。全年投入民生工程资金2.48亿元，投入养护材料费及机械费1000万元，备运养护材料4.3万立方米，修补油路坑凼3.5万平方米，修补土路坑凼21.6万平方米，清挖、清理边沟2382公里，清理疏通涵洞3620道；清除坍塌方25.5万立方米、泥石流11.37万立方米，清扫路面893.6万平方米；提升道路安全保障，处治隐患744处，处治隐患里程176.717公里。加大对公路的大中修工程，全年投入资金891.41万元；投入资金380.87万元，完成磨子沟大桥、小雪山桥、原雅砻江大桥等危险桥梁的维修和新建。芦山“4·20”地震造成州内国省公路重大损害，路基受损13.16万立方米，路面受损125.47万平方米，边坡塌方38.3万立方米，安保设施受损8660米，桥梁1座110延米（局部受损），累计受损金额2.99亿元。年内，全州完成优等路168公里，良等路89.5公里，中等路371.8公里，次等路820公里，路面使用性能指数完成71.6，提升幅度居全省第一。

【公路水毁整治】 2013年，全州普降大到暴雨，国省干线公路坍方、泥石流、路基坍塌、路基沉陷等灾害频发，特别是省道211线、215线、217线部分道路和国道318线海竹路，水毁严重，其中水毁路基13.61立方米、损毁沥青路面14116平方米、全毁涵洞30道、损毁挡墙13156立方米、坍（塌）方11.76万立方米，直接经济损失3300万元。州公路局按照公路防汛保通预案，投入水毁抢险恢复经费860万元，及时抢修重点水毁路段，保障全州干线公路安全畅通。大力支持农村交通建设和公路水毁抢险保通工作，全年补助农村公路建设和水毁抢险保通经费794万元。

【公路环境绿化及整治】 坚持统一规划、分步实施，根据已绿化区域、绿化目标进行连路植树，全州干线公路可绿化里程1495.94公里。全年完成新植7.5公里，补植13公里，成活率在60%～85.5%，绿化总里程达1279.05公里，占可绿化里程的85.5%。投入环境整治资金120万元，开展专项督导行动8次，参加整治行动18万人次，投入机械车辆2600个台班，清洁波形护栏和防撞护栏1.6万米，清洁绿化带280万米，清除垃圾、杂物1400吨，修剪刷白行道树5600棵，公路环境面貌进一步改善。

（杨克勇）

路面病害整治

སྦྲགས་སྲིད་དང་འཕྲིན་སྐྱེལ།
邮政·通信

·邮政·

【概况】 甘孜邮政立足实际、科学谋划，立足“加快转型升级，构建幸福甘孜邮政”工作思路，按照“夯实四个基础，构建五型企业”发展要求，取得序时进度全省第一位、多项业务发展指标名列前茅的佳绩。全年完成业务总量3438万元，同比增加274万元，比上年增长8.65%；完成业务收入4120万元（全口径收入为4373万元），同比增加364万元，比上年增长9.69%；代理邮政储蓄余额9.63亿元，同比增加6960万元，比上年增长7.79%；全员有效劳动生产率达到4.07万元/人，机要通信连续26年保持质量全红。州邮政机要通信分局驾驶组荣获2012年度全国“安康杯”竞赛优胜班组。

【州快递行业发展迅猛】 2013年，全州快递企业持续快速健康发展，快递已遍布全州各县，正逐步向广大农村牧区延伸，州内已有韵达、圆通、申通、汇通、中通等近十家快递公司及分支机构提供全年无休的速递服务。全州速递物流总量达133.01万件，收入846.3万元，比上年增长10.21%。

【举办“争做知识型、技能型职工”岗位技能竞赛】 11月15日，州总工会、州邮政局联合举办了2013年“争做知识型、技能型职工”岗位技能竞赛。此次竞赛活动，由州邮政局劳动竞赛委员会针对不同专业、工种、岗位制定专项劳动竞赛实施细则和方案。经选定，此次由邮政储蓄营业、报刊分（封）发、邮运车辆驾驶3个专业参加竞赛。通过激烈的角逐，来自康定县邮政局李英、何霞和州局机要分局唐健荣获邮政储蓄营业、报刊分（封）发、邮运车辆驾驶3个专业的第一名，其余共21名职工分别荣获第二名、第三名和优胜奖。

（周德龙　梁学群）

·中国电信甘孜分公司·

【概况】 2013年，全州新建基站70个，基站总量达到511个，覆盖235个乡镇、1310个行政村，3G基站覆盖235个乡镇、1048个行政村。解决出口带宽不足的瓶颈，全州出口带宽从20G扩容到40G。提高机关单位和家庭网络质量，加快光进铜退步伐，7县5镇已完成光进铜退建设，为近50000户家庭用户提供光纤上网和近千家单位提供光纤专线网络。推进“智慧甘孜”建设，强化电子政务网络建设，使电子政务平台全面延伸到各县级部门及各乡镇。完成全州18个县的综合办公系统建设，成功研发全州政务手机报平台，完成甘孜县纪委行政效能监察系统监控13个点位的建设。与州国税局合作，康定、泸定、丹巴、九龙4县网络发票项目试点推广成功。

【应急通信保障】 2013年，共开展应急保障工作46次，其中包括芦山“4·20”、得荣“8·28”地震、木格措森林火灾通信应急保障及泸定、姑咱汛期通信保障。全年开展6次应急演练，并根据实际演练中存在的问题和适应企业改革的实际对应急预案和各专业的预案进行3次优化修订，确保预案的实用性和可操作性。

（程舟玉）

·中国移动甘孜分公司·

【概况】 通过“建设四大体系，完善三项机制，夯实一个文化”战略思路，市场运营能力、网络服务优势、企业文化建设等工作呈现着良好发展态势，继续保持全州通信行业主导地位。全年运营收入增幅达12.1%，市场份额保持在78%以上，销售终端增幅达150%以上，实现了对18个县城、重点景区的TD网络全覆盖。完善组织架构，增设全业务运营中心、质检室、实体片区等5类机构，61名骨干人才通过竞聘走上新岗位。

【甘孜移动举行TD（G3）启动和慈善义拍活动】 1月18日，由州经济和信息委员会主办，中国移动通信集团四川有限公司甘孜分公司承办的“甘孜TD（G3）启动仪式暨188靓号慈善义拍活动”在康定新城举行。启动仪式上对新开通的6个188吉祥靓号进行了义拍，共拍得善款11.51万元，由中国移动甘孜分公司现场捐赠给州特殊教育学校和州儿童福利院。截至2013年1月，甘孜移动在全州已建成使用基站1710个（其中TD基站84个），实现全州行政村以上网络100%覆盖，实现18个县城区TD网络覆盖，移动用户规模超过53万户。

（徐　艳）

风雪中的邮运车辆

ཚན་རིག་དང་སློབ་གསོ།

科学·教育

·科技和知识产权·

【概况】 以“强科技、兴产业、惠民生”为主线，做好“整合科技资源、提升创新能力、加速成果转化”三篇文章，深化科技计划、科技成果、科技奖励三项改革，推进知识产权“五大专项”，全面提高科技综合实力，进一步提升科技支撑经济社会发展能力。年内，推荐申报《芒苞草科研究》荣获省政府科技进步奖一等奖，《九龙牦牛利用关键技术研究与集成示范》和《印楝的生物活性及具生物防治技术研究与应用》获二等奖。完成2012年度州科技进步奖申报评审工作，《雪域俄色茶研制与开发》获州科技进步一等奖1项，《皮肤原位再生复原技术治疗大面积深度烧伤在甘孜高原地区的应用研究》和《贡嘎山中药调查及临床应用研究》获二等奖，《甘孜州农田杂草调查与防除技术研究》《炉霍县烟雾剂防治大栗鳃金龟成虫试验示范》《甘孜州珍稀保护植物调查研究》《包虫病健康教育电视教材的研制与应用》获三等奖。全年安排项目资金316万元，实施通过评审的29个试验示范、科技攻关、软科学及成果转化、科技创新等项目；安排资金238万元，实施结转科技项目38项。换届成立甘孜州第七届科技顾问团，首次聘请13名州外专家担任州科技顾问团外聘顾问。精心组织开展科技之春“科普宣传月”、科技活动周、送科技下乡等大型科普活动，全年开展农民实用技术培训315期，发放科技宣传资料14万份，累计培训农牧民7.5万人次。

【农业科技攻关】 指导科研机构围绕青稞、小麦、玉米、马铃薯、食用菌、核桃、中藏药材、野生动植物、牦牛等产业和产品开展科技研究，实施的一批重大科研项目进展顺利。科研工作取得新进展，新启动实施色达县《妞玛颗粒产业化开发示范项目》、石渠县《洛须野生枸杞繁育示范基地建设》等省级科技富民强县项目5个。

【工业科技】 出台《甘孜州企业研发机构认定办法（暂行）》，制定《甘孜州企业研发机构认定2013年度申报指南》，引导四川省一码通信息科技有限公司、康定恩威公司建立企业研发机构2个；首次认定四川康定金珠制药有限责任公司、四川省一码通信息技术有限公司、康定恩威高原药材野生抚育基地有限责任公司、道孚县亚姆热旅游开发有限责任公司等7家企业为州级科技型中小企业，组织申报省级高新技术企业2家，康定金珠制药有限公司完成高新技术产业总产值6.5亿元。加强企业研发费加计扣除政策宣传落实工作，加计扣除减征税额9.4万元。

【科技成果管理】 建成四川省技术转移中心甘孜中心，告别州内无技术转移机构历史。

完成技术合同登记2项，实现技术交易合同成交金额14万元，同比增加9万元。邀请省科学技术研究成果档案馆的专家来州进行科技成果登记业务培训，着力促进科技成果管理工作规范化，完成成果鉴定、登记10项，推荐《甘孜州青稞田恶性杂草发生危害规律及关键技术研究》等6项成果完成省级成果登记。完成省级成果转化专项入库3项，其中四川康定金珠制药有限责任公司申报的“独一味丸成果转化项目”年内立项，获省科技厅投资70万元，实现全州省级成果转化零的突破。

【知识产权保护】　全年专利申请量55件，专利授权119件，开创专利授权量历史最高纪录。实施省级专利项目7项，落实省级专利实施与促进项目资金70万元，项目实施实现专利转化产值5380万元。康定县国家传统知识产权保护试点工程和2户全省第二批知识产权试点企业通过国家、省级验收，其中金珠制药获得全省知识产权试点工作先进企业。以知识产权“三进”“执法宣传”“专利周”为载体，举办知识产权培训3期，培训科研所、医院、知识产权成员单位县处级领导干部30人次，企业人员120人次。加强执法维权，集中开展“护航”等执法行动6次，立案2件，结案2件。

（任克荣）

·防震减灾·

【概况】　截至11月，全州共发生2.0级以上地震376次，其中8月31日发生在云南香格里拉、德钦与得荣县交界5.9级地震为最大。充实观测网点，新增康定灌顶、折多塘、木格措，泸定湾东，道孚龙普沟活佛温泉和道孚龙王庙村、沟普冷泉，甘孜生康九队水井水位，白玉沙马温泉9个温泉观测点，强化全州现有的82个宏微监测点观测和信息报送工作，18个县已安装地震预警系统89套。应急救援队伍建设，全州完成1支州级综合应急救援队伍、4支专业应急救援队伍和6支行业应急救援队伍的整合工作，巴塘、泸定等7个县完成县级综合应急救援队伍的组建工作，丹巴、泸定、康定等13个县建立34个应急避难场所。

【防震减灾宣传】　结合演练、防灾减灾宣传周、“7·28”、世界标准日暨地震标准化宣传等活动，围绕“识别灾害风险　掌握减灾技能”主题，面向各县、乡、村和农村、牧区、学校、社区开展防灾减灾科普宣传教育活动，编印散发《四川城市应急知识手册》《四川农村应急知识手册》等涉及地震等方面的防灾减灾科普手册、画册、挂图约11万余本（张），举办科普专家讲座50余场次，在各主要街道，人员集中场所等地悬挂宣传横幅300条，标语100余条，制作展板160张，咨询人数达1300余人。推动全州防震减灾科普及文化“六进”（进机关、进学校、进企业、进社区、进农村、进家庭）活动，向省地震局申报康定县光明小区、白玉县建设镇河东社区和河西社区3个示范社区，在《甘孜日报》专版刊登防灾救灾科普知识专栏23篇。

【年内历次强地震】　1月18日，白玉县发生5.4级地震，地震对白玉县麻绒乡、阿察乡、麻邛乡、沙马乡等乡镇民房造成不同程度损害，造成白玉县1人受伤，无人员死亡，造成经济损失3.74亿元。

4月20日，四川芦山发生7.0级地震，地震波及全州5县，造成全州5人死亡，244人受伤，直接经济损失41.18亿元。

8月28日和8月31日，四川得荣、云南德钦、香格里拉交界分别发生5.1级和5.9级地震，得荣县12个乡镇受灾，得荣县子庚乡14人受伤。

（杨　军）

·教育事业·

【概况】 积极办好藏区一流人民满意教育，新建各类学校79所，启动建设区域性教育园区11个、示范性高中3所。1月，州委、州政府召开推进教育跨越发展大会，州委出台《关于创建藏区一流教育的意见》，明确提出全州教育到2015年全面彰显藏区一流教育发展势头和发展格局的宏大目标，提出创建六大办学体系、四大办学特色的重大举措，提出了倾情抓好教师队伍建设、倾智提升办学水平、倾力推动教育优先发展的三大保障措施。在全省率先实施免费学前教育和特殊教育计划。落实教育惠民政策，兑现保障性学生资助3.8亿元。超额完成“9+3”招生任务，本土职业教育不断发展壮大。教师队伍建设全面加强，代课教师问题得到妥善解决。针对石渠教育发展滞后的实际，启动实施“强力推进石渠教育发展三年行动计划”。教学质量不断提升，2013年普通高考参考人数达4231人，录取率达96%。承办全省学校后勤保障现场会，甘孜后勤保障经验成为全省亮点。

【全州推进教育跨越发展大会】 1月9日在康定召开。省州领导唐小我、胡昌升、李康等出席会议，州长益西达瓦主持会议。会议对教育工作先进集体和先进个人进行了表彰，并观看了全州教育发展纪实专题片。根据会议安排，今后3年，全州教育发展的主要目标是：在全面完成《甘孜州中长期教育改革和发展规划纲要（2011~2020年）》第二步目标和“十二五”教育发展任务基础上，努力推进办学条件大改善、办学能力大提升、国民教育大发展。实现到2015年，学前两年毛入园率达到65%以上，义务教育巩固率达到93.7%以上，高中阶段毛入学率达到70%以上，职普比达到5:5，初、高中毕业生升学率分别达到95%、90%以上，新增劳动力平均受教育年限达到11.5年，全面开创藏区一流教育的发展格局。今后3年，全州教育发展的主要任务是：着力健全人才培养体系，着力提升学校办学水平，着力促进特色公平教育。

【优先发展教育新举措】 州委、州政府审时度势，在全面实施好国家对义务教育实行“两免一补”政策基础上，全州从2013年秋季学期开始，在全省率先实施免费学前教育计划，全州所有公办幼儿园不再收缴保教费，由财政给予公办农牧区幼儿园600元/生·年和公办城镇幼儿园1000元/生·人的标准给予补助。并实施入园幼儿免费午餐补助计划，按照入园幼儿3元/人·天给予午餐补助，全年共减免保教费1700余万元，全州公办在园幼儿18880名，创历史新高。为确保特殊残障儿童受到更加公平的教育，从2013年春季开始，启动实施免费特殊教育计划，参照集中供养孤儿补助标准的80%（800元/生·月），对州特殊教育学校的所有残障少年儿童落实资助经费。

【教育重大项目建设】 全州开工建设乡中心双语幼儿园21个，大力实施“3+3”和“6+3”精品小学建设工程，开工建设和打造精品学校45所。寄宿制规模优质办学工程全面启动，开工建设学校57所，全州已建成13所片区寄宿制学校。大力实施高中集中办学工程，甘孜州高级中学、九龙高中、丹巴高中全面开工建设。全州区域性教育园区工程整体打造，11个教育园区建设整体推进，其中甘孜县新区教育园区、石渠洛须教育园区、德格马尼干戈教育园区已基本建设完成。泸定大坝教育园区、九龙新区教育园区、巴塘鸿程教育园区、道孚白塔教育园区已全面开工建设。

【教育惠民政策】 不断拓宽教育惠民政策领域，落实国家“两免一补”政策，全州14.6万余名义务教育阶段中小学生免费提供教科书，补助学杂费8059万元，为10万余名贫困寄宿制学生补助生活费近1.8亿元，生活费补助标准提高到1700元/生·年；兑现2012年全州资助非义务教育阶段贫困家庭10955名学生资助金1026.1万元，其中资助普通高中学生8631名，发放资助金478.5万元（2012～2013学年）；资助升入高（职）校家庭贫困学生2324名，发放一次性资助金547.6万元。完成2013年秋季7740余名非义务教育阶段学生资助县级审核申报，资助资金将达到1032万元；加强生源地助学贷款工作，全州申请生源地助学贷款2595人，申请助学资金1673.75万元；做好中等职业学校学生资助，落实中职国家免学费及助学金1395.86万元，资助人数7789人次；落实好大学生学费奖补政策，对全州2012年符合省属高校毕业生到艰苦边远地区基层单位就业学费奖补政策的511人兑现补助资金529.67万元。普通高校家庭经济困难新生入学资助，资助符合政策259人，落实资助资金14.1万元。

【中职教育健康发展】 全力实施“9+3”免费教育计划，完成“9+3”招生5697人，其中州内中职2242人、五年制高职招生1706人、内地中职招生1749人，职业教育与普通高中教育比例达到5∶5。全州2010级“9+3”毕业生1728人，1707人实现初次就业，初次就业率达98.78%。州职业技术学校引进和选调了教师59人，在校学生人数达到1960人，继续招收5年制学生199人，新开设旅游服务与管理专业，教学规模基本形成。

【远程网络教育建设】 “用高端的技术手段解决教学的低端问题”是近几年全州教育内涵发展的基本理念，按照“打基础、求突破、创一流”三步走的步骤，继续实施州县1∶1配套建设交互式电子白板“班班通”工程，全州装备教学电子白板359套，电子白板班级覆盖率达到41.36%，新增计算机装备570台。完成甘孜州城域专网建设，实现千兆到县、百兆到校的宽带传输服务，覆盖全州323个网点，学校点位290个，覆盖率达70%。建成26个州、县优质教学资源主播教室，实现州到县、县际之间、校际之间优质公开课、名师培训、专家讲座视频直播和点播等功能，组织969人次参加了教育城域网的应用和维护培训。继续加大远程网络教学力度，不断引入成都七中、成都育才学校、成都实验小学等优质教育资源，全州共有70所各级各类学校开展远程网络教学，其中高中直播式教学学校7所、初中录播式教学学校32所、小学植入式教学学校31所。

【不断完善教师激励机制】 通过“双选”、特岗教师计划、公开考试招聘中小学幼儿园教师及面向2010级“9+3”师范毕业考试的形式，全州共补充新教师1426名，其中双选考核招聘紧缺专业教师153人、招聘特岗教师128名、考试聘用中小学幼儿园教师949名、特岗教师转正64名、聘用“9+3”毕业生84名充实到幼儿教师和民族美术教师岗位。通过积极申报省师范生定向免费培养计划，首次招录农村中小学免费师范生263名。畅通人才培养渠道，依托西南民族大学、财经职业学院、成都农业科技职业学院和甘孜州职业技术学校，用5年时间为甘孜订单定向培养1540名紧缺实用人才，年内完成订单定向人才培养招录208名，其中本科68名、专科80名、中职60名。彻底消除代课教师现象，针对历史遗留的644名代课教师，通过择优考聘、转岗使用、辞退补偿、纳入社保四条举措，妥善解决和有效分流现有在岗代课教师，已有112名代课教师通过择优考聘成为公办教师。完成102名教龄满30年一次性奖励金的审核工作，启动实施名师、名校、名校长“三名”培育工程，公开遴选推荐选拔确定州级优秀校长100名，州级骨干教师1000名，实行两年一聘、分年一次性兑现奖励性补贴的管理机制。完成国家、省级培训任务3498人，州级培训任务1808人。营造尊师重教氛围，教师节期间，对521名优秀教师、退休教师、贫困教师、边远乡村教师、地震灾区教师开展慰问，发放慰问金30.7万元；表彰优秀教师252名，发放奖励金25.2万元。

【教学质量稳步提升】 2013年，全州参加普通高考人数4231人，比上年增加431人，录取人数4062人，录取率96%，比上年增加509人，提高2.5%，其中本科以上录取855人、专科录取3207人，全州理科最高分（2人并列）分别被浙江大学和上海财经大学录取，文科最高分被清华大学录取。全州参加中考人数8812人，比上年增加39人，录取人数7009人。其中高中录取3719人、五年制高职录取1287人、三年制中职录取2003人；全州报考各类成人高校人数4196人。

（罗春涛）

·四川民族学院·

【概况】 本着“三年打基础，六年大发展，十一年新跨越”的发展思路，学院找准方向、明确定位，扎实工作，为迎接本科教学工作评估奠定坚实基础。加强干部队伍建设，调整了学院部分机构，引进具有硕士学位人员30人，组织25名新教师参加高校新任教师职业技能培训，全年送培国内外访问学者、科研进修、在外学习、攻读学位29人，评审通过正高8人，副高23人。办学规模稳中有升，2013年报到新生3083人，报到率87.04%，其中本科生报到率达92.03%。毕业学生2203人，1787人就业，就业率为81.12%。实施教改、精品课程、精品专业、教学团队等项目建设，全年共有审批立项国家民委教改项目、省级质量工程57项，结题的教改项目中有1项获国家民委教改结题项目优秀；2013年度四川省卓越法律人才培养计划获批立项，成为了西部基层法律人才教育培养基地；全年共安排2357人次学生实习实训。开展学生奖助工作，发放国家助学金728.7万元，为1487名学生申请生源地贷款847万元，安排714个勤工助学岗位岗位，发放勤工助学津贴35.7万元；发放“成才计划”奖（助）学金12万元、广州助学金7万元。加强科研管理创新，全年共出版著作、教材25部，其中专著5部，发表论文486篇。成功申报各类科研课题82项，其中国家民委项目5项、教育厅课题27项，结题52项。出版了《康巴研究》第二辑，举办了第三届康巴文化研讨会，学院“康巴文化社科科普基地”被确定为四川省社会科学科普基地。

【举行首届本科生毕业典礼暨学士学位授予仪式】 6月24日，学院2013届毕业典礼暨学位授予仪式分别在两个校区活动中心举行，582名应届本科毕业生成为四川民族学院历史上第一届自主授予学士学位的本科毕业生。学院领导李继平、李能武、刘瑛、黄正刚、郭庆义、詹先友出席典礼，学院学位委员会全体成员及各系部领导、老师、毕业生家长代表和2013届毕业生参加了典礼。仪式上，表彰了张敏等6名获得“四川省优秀大学毕业生”称号的同学。李继平书记为获得全国大学生创业设计大赛银奖、“评委推荐特色奖”的杨思维同学颁发了证书。

·资料链接·

四川民族学院于2009年被批准升格为甘孜州乃至康巴藏区唯一一所本科院校，当年有中国少数民族语言文学、汉语言文学、英语、思想政治教育、旅游管理、数学及应用数学等六个本科专业招生。2013年5月28日，该院通过省学士学位授予单位专家组评审；6月3日，四川省人民政府学位委员会正式行文批准我院为学士学位授予单位。学院赓即成立了学位委员会，根据《中华人民共和国学位条例》《中华人民共和国学位条例暂行实施办法》和四川省相关规定制定了《四川民族学院学士学位授予工作实施细则》，按照实施细则，学院学位委员会对617名应届毕业生进行了严格评审，为符合学士学位授予条件的582名毕业生授予了学士学位。

（向帮勇　李　忆）

རིག་གནས་ལུས་རྩལ་དང་གསར་འགྱུར་དཔེ་སྐྲུན།

文化体育·新闻出版

·文化体育·

【概况】 按照“建体系、添设施、搞活动、强队伍”的思路，推进文化事业快速发展。成功举办炉霍“寻亲感恩奋进”活动、巴塘连北京联谊活动，德格、甘孜、稻城、丹巴等群众文化活动1100余场次。州档案馆晋升国家一级馆，州档案馆、德格印经院列为省古籍重点保护单位。成立康巴文化研究院，举办首届康巴文化研讨会。开工建设18个县图书馆、文化馆，全州所有图书馆、文化馆（站）实现免费开放。启动文化数据库建设，建成广播电视视音频网站；推进“村村通”和州县广播电视节目无线全覆盖工程，广播、电视综合覆盖率分别达92.96%和92.51%。

【公共文化服务体系建设】 以夯实公共文化服务事业基础为导向，推进全州农牧区文化服务公益性、均等性和便利性，进一步加大项目和资金的向上争取力度，科学规划，合理布局，强化项目和资金管理，充分发挥资金的最大效益，着力推动项目的顺利实施。文化项目建设，下拨到位中央建设资金1.13亿元、省级建设资金3600万元。全面启动全州18个县“两馆”建设，甘孜县、乡城县已投入使用，炉霍、色达、新龙、理塘4县已完成主体建设；加快推进23个省级示范站建设及设施设备配送工作，其中17个已建成并投入使用，6个新建省级示范站已完成工程建设和设备安装；完成243个乡镇综合文化站配套设施设备的招投标工作；完成70套价值234.5万元的牧民定居点音响设备配送工作。体育项目建设。完成全部347个村级农民体育健身工程的土建工程和器材安装工作；建成15个牧民定居点体育健身广场，并进行了质量监督检查；完成理塘、雅江等6个县公共体育场储备项目方案的编制工作并上报；争取新建、改建县级全民健身活动中心项目14个，总投资2.22亿元，其中中央投资1.27亿元已全部到位；积极申报创建国家级俱乐部和四川省幼儿体育基地建设；完成全国徒步大会暨318户外年活动前期路线考察工作；完成甘孜州民族体育馆项目前期工作；争取“雪炭工程”资金300万元、芦山地震灾后重建资金1185万元。广电项目建设，继续推进州县广播电视节目农牧区无线覆盖工程，完成稻城、石渠等8县共434个站点的现场勘察和初步设计；投入资金1638.23万元完成18个县安全播出设施设备升级改造工程；完成5100套“村村通”直播卫星接收设备安装任务；完成康定县10站点广播“村村响”的建设和道孚等6个县60个广播“村村响”设备招标工作；广播、电视综合覆盖率分别达92.96%和92.51%。投入资金84.74万元，对州县新闻回传系统进行升级改造。17个县城数字电影院项目计划已下达各县，正开展项目前期工作；完成甘孜州音频视频网站建设并投入使用。全州共放映电影3.4万余场，观众130万人次；送电影进入94座寺庙、放映680场、观影僧众2.8万人次；下拨2013年场次补贴经费577.06万元；自筹资金64.47万元，建设18个县电影卫星下载站UPS电源和监管平台，确保农村电影放映工作的顺利开展；争取芦山地震康定、泸定两县广电灾后重建资金750万元。新闻出版项目建设，道孚、甘孜两县新华书店工程全面竣工，新龙、色达、得荣、乡城、稻城、丹巴6个县在年底已完成建设任务，为县级新华书店配备18辆流动售书车，总价值288万元。加快寺庙书屋和社区书屋建设进程，共完成512个寺庙书屋和51个社区书屋建设任务，基本解决了寺庙僧侣和社区群众"借书难、看书难、买书难"的突出问题。

【提高公共文化服务水平】 大力开展各类文化活动，州县共开展送文化下乡演出733场，观众近40万人次。州文化馆、州图书馆、州藏博馆开展"送文化、送图书、送展览"下乡活动，送去图书3798册，开展摄影、书画、音乐培训达300人次。组织开展第八个"文化遗产日"宣传活动，向广大市民群众全面展示州56个国家级和省级非物质文化遗产代表性项目的特色风貌。新龙县精心编排的《我是新龙娃，我爱跳锅庄》参加"四川省首届群众广场舞大赛"并荣获金奖。举办第四届跑马山国际登山节，参赛人数突破1000人，10多个国家共20余名外国人士参加比赛，10余家省内外媒体进行了报道。组队参加四川省2013年老年人运动会，荣获优秀奖和体育道德风尚2个奖项；举办康定地区2013年"炉城杯"职工男子篮球运动会、第五个全民健身日主体活动，开展了康定地区"斯洛克""32式太极剑""24式太极拳""健身秧歌"等体育比赛活动；举办了2013年社会体育指导员阶段性成果展示及康定地区庆元旦环城跑活动，500余名健身爱好者参加了环城赛；成功举办甘孜州首届押加比赛，并为省第十四届少数民族运动会押加赛选拔人才。县域文化活动精彩纷呈，丹巴县大型歌舞剧《东女神韵》参加2013成都国际友城青年音乐周活动，炉霍县成功举办了《寻亲·感恩·奋进——纪念炉霍地震40周年》"再唱山歌给党听"大型歌舞演出，甘孜县举办大型歌舞剧《刚坚夏卓》文艺演出，德格县举办大型群众文艺汇演，稻城县开展亚丁通航庆典活动，满足群众的精神文化需求。重大文体活动圆满成功，成功举办康巴文化研究院成立典礼暨中国·德格首届康巴文化研讨会活动，提升甘孜州文化品牌，促进康巴文化资源向资本的转变。圆满完成机场藏文化装修、阿西土陶文化产品研发、亚丁景区"非遗"一条街打造等亚丁机场开航精彩亮相相关工作，举办"甘孜州首届旅游商品展销会"，成交量近1000件，成交额10余万元；成功举办"情歌故乡"藏族流行歌曲大赛，选送2名女中音歌手到中国音乐学院进修；组织参加2013年四川省青少年锦标赛，甘孜州共获得5枚金牌、4枚银牌、13枚铜牌、1个体育道德风尚运动员奖。文体场馆免费开放。全州免费开放体育场馆累计锻炼近26万人次，其中州本级场馆累计锻炼近10万人次；3个图书馆、19个文化馆、324个乡镇综合文化站向广大群众免费开放；泸定桥纪念馆、炉霍博物馆、甘孜朱德与格达活佛纪念馆，共免费接待参观人数25.3万人次。

【加快发展文化产业】 全州民族文化产业实现主营业务收入9.16亿元，实现增加值3.77亿元，增长18.13%，占全州GDP的比重为1.9%，实现体育彩票销售4200万元。着力将文化产业培育为新经济增长点和支柱产业，全州文化产业发展呈现出勃勃生机，主要经济指标呈现平稳增长态势。组建成立文化传播、文化演艺两个国有股份制公司并完成工商注册工作。完成国有资金注入海螺沟卡瓦洛竺文化村，并启动亚丁"非遗"文化一条街建设、开展泸定新城文化产业园区和甘孜县文化产业园前期工作。指导完成“阿西土陶”文化旅游产品开发营销工作，投资150余万元，推出了阿西土陶11类系列文化产品共计7000余件。争取资金130余万元，启动了精品唐卡复制工程一期项目。组织上报11个藏羌彝文化产业项目和8个州文化产业支撑项目，总投资20.2亿元。争取省、州级文化产业发展资金700万元，其中省级100万元、州级600万元。

【对外文化交流】 州县文艺团体除在国内各地巡回演出外，还赴世界20多个国家和地区表演，对外文化交流迈出了坚实步伐。组织州民族歌舞团参加2013海外欢乐春节活动，受到当地民众的热情欢迎。举办“圣洁甘孜走进广东”系列文化活动，共开展康巴文化展、大讲堂、专场文艺演出及锅庄晚会四项文化活动，弘扬康巴优秀文化、宣传甘孜、促进文化交流。组织州民族歌舞团参加香港2013年中秋彩灯会、庆祝国庆文艺表演活动，对川港的文化交流及推广起到了良好的推动作用。积极参加第七届康巴艺术节，举办了甘孜专场演出、广场文艺演出、康巴服饰展演、书法美术摄影展、文化论坛和旅游论坛6项活动，并得到组委会和社会各界的高度评价。赴台开展对外文化交流活动，专场演出节目6场，推进了甘孜涉藏对台外宣工作，提升甘孜影响力。

【积极开展文化保护】 围绕“保护为主、抢救第一、合理利用、加强管理”工作方针，做好文化遗产保护工作。启动四级非遗代表性项目及传承人数据库建设以及甘孜州第一次全国可移动文物普查工作，完成全州国有单位、国有企业和公布为文物保护单位的宗教场所等收藏可移动文物的前期摸底调查。成功申报9处不可移动文物为第七批全国重点文物保护单位，完成2处四川省第一批古籍重点保护单位推荐申报。争取1450余万元文物保护资金，完成甘孜白利寺抢险维修设计方案并启动建设，投入维保资金近700万元的泸定桥、丹巴古碉群抢险维修保护工程已实现竣工验收。全面启动丹巴、德格、色达、巴塘四个文物重点县博物馆建设前期工作。积极组织参加第四届中国成都国际非物质文化遗产节，选送的锅庄舞、藏戏、巴塘弦子、川西藏族山歌、藏族金属锻造技艺、甘孜州南派藏医药、水淘糌粑等荣获了最高奖项——“特别奖”和“太阳神鸟”最佳表演奖。完成全州第四批国家级非物质文化遗产代表性名录项目申报工作，共有19个项目通过了省文化厅验收初审。全面启动歌舞数据库建设，完成丹巴、甘孜、炉霍山歌220首、锅庄185首、甘孜踢踏24首共计4000多分钟的音频录制工作。

【规范文化市场】 按照“一手抓管理，一手抓繁荣”的方针，规范行政审批行为，加强文化市场日常监管，确保文化市场规范有序。完成2013年文化市场年审换证工作和文化市场基础信息采集工作。深入开展“扫黄打非·珠峰工程”工作，组织开展了“净网行动”“清源行动”“秋风行动”“涉藏非法出版物及反宣品集中整治”等多个专项行动，共查缴非法出版物11.33万册盘，其中政治性非法出版物118册盘、淫秽色情出版物225册盘、侵权盗版出版物10151册盘、非法宗教宣传品45册，删除、屏蔽有害信息3430条。组织开展“4·26世界知识产权日”等系列宣传活动，发放宣传资料1000余张，宣传教育群众1400人次，张贴“扫黄打非”系列宣传挂图540张。加大执法力度，全年共出动州县文化执法人员1400人次，执法车辆600台次，共查处非法安装的C波段接收天线1572套、Ku波段接收天线1187套、非法销售点1家，收缴44套接收设施。

（陈攀峰）

·甘孜日报·

【概况】 按照“和谐、阳光、忠诚、智慧”

工作理念，坚持围绕中心，服务大局，不断创新工作方法、丰富报道形式，新闻宣传不断提高，经营管理上新台阶。全年《甘孜日报》汉文报发行量15897份，藏文报发行量7661份。在党的十八大召开后，精心策划推出一期藏、汉文共24个版的十八大精神宣传专题厚报，印刷20余万份发送到全州每一户农牧民家庭。创新会议报道方式，组织采编人员对会议报道的方式、方法进行有益探索，切实改进以往就会论会的报道方式，跳出会议报道会议，特别是三级人大、政协“两会”、群众工作转段会的报道，打破常规的宣传思路，运用消息、会议侧记、花絮、特写、专访、图片等多种新闻手段强化宣传。

【转变报道视角】 把宣传报道视角由从领导的角度、部门的角度、工作的角度，转变到读者的角度上来，在“第四届中国成都国际非物质文化遗产节”“圣洁美丽甘孜走进广东”“第七届康巴文化旅游艺术节”的报道中，通过现场动态消息、图片新闻、评论等多种报道形式，全方位跟进。围绕年内开工建设的重要公路以及雅康高速、川藏铁路、亚丁机场通航等，开设《再筑天路·畅通甘孜》等栏目相继发稿1300余篇，从而拉近新闻宣传报道与读者的距离，实现最佳宣传报道效果。

【专题报道显成效】 在《经济民生周刊》中，重点关注地方特产的包装，刊发《一场别样的“服装”秀》《松茸有限市场无限》有分量的深度文章，刊发《打造康巴样板路》《畅通川藏线五分钟穿越雀儿山不是梦》《盛开在康巴高原的朵朵奇葩》等文章，从“数字微新闻”的动态跟踪到地方经济的深度分析，从基础设施建设到产业发展集中彰显专题报道的巨大能量。

（张　嗥）

འཕྲོད་བསྟེན།
卫　生

·综述·

【概况】 着力实施卫生发展十年行动计划和“健康甘孜2020”卫生事业跨越发展方案，全州有医疗卫生机构431个，其中医院40个、妇幼保健院19个、疾控中心19个、执法监督所19个、乡镇卫生院334个，村卫生站（室）2124个，占全州行政村总数的78%；有病床总数3681张，每千人拥有床位3.34张。有卫生人员5883人，执业医师1855人，执业助理医师683人，注册护士1708人，乡村医生2268人。年内，12个县医院、6个县中藏医院竣工投用，州医院第二医疗区和37个乡（镇）卫生院标准化建设加快推进，南派藏医药传承创新基地开工建设。深入开展卫生下乡和柔性流动服务。义诊患者65.32万人次；全面推进11项基本公共卫生服务，筛查包虫病33.05万人次，免费治疗1.29万人次。人口计生惠民政策全面落实。人口自然增长率控制在6.36‰以内，在全省率先实施城乡居民大病医疗保险，全民医保体系向多层次、多维度扩展。积极加强人才队伍建设。实施卫生人才队伍建设项目和“百千万康巴英才工程”人才培养项目，举办了卫生系统“康巴英才”骨干技术人员等系列培训班，共培训（培养）各级各类卫生技术人员9135人次。与青海大学医学院就培养甘孜州藏医专业高层次医疗技术人员进行衔接、协商，选送了5名藏医药技术骨干到西藏藏医学院学习。开展打击非法行医和非法采供血专项监督检查，全州各级卫生监督机构出动执法人员共1462人次，检查县级及以上医疗卫生机构75家、乡镇卫生院322家、个体诊所及药店205家、农村集市22户，取缔非法行医共18户，罚款2800元；收缴非法药品、器械63件，价值4500余元。严厉打击生产、销售假冒伪劣、有毒有害食品的违法犯罪行为，出动执法人员16710人次，车辆5324台次，共检查食品生产、经营企业（户）11495个（家），行政立案231件，罚款58.21万元。

【医药卫生体制改革】 基层医疗卫生机构全面实施国家基本药物制度，严格执行零差率。采购中标基本药物品规1149个，采购金额2308.02万元；医用耗材品规122个，采购金额138.70万元，上网采购和集中支付两项指标均达到100%，基层医疗机构基本药物实际销售价格同比下降15.85%。全州18个县兑现落实基层医疗卫生机构财政专项补助和经常性收支差额补助，政府对乡村医生的人均补助达到8500元/人·年，最高已达到1.2万元/人·年。10月1日，县级综合医院全面取消药品加成，实行零差率销售。全州医保参保102.22万人，政府补助资金提高到人均每年280元，个人缴纳60元，人均筹资水平达到340元；城乡医疗救助30.19万人次，救助金额7823.74万元；在全省率先启动城乡居民大病保险试点工作。

【统筹推进卫生专项项目】 实施国家基本公共卫生和重大公共卫生妇幼卫生专项项目，建立城镇居民规范化电子健康档案99.25万份，建档率达到88.46%；免费发放补服叶酸11355人；健康教育人数120.34万人次，登记管理高血压患者55339人，糖尿病患者6417人。全州农村孕产妇住院分娩人数5769人，兑现补助资金323.96万元，农村住院分娩率达75.91%，婴儿死亡率下降为11.37‰，孕产妇死亡率为55/10万；对10497名孕产妇和婚前保健妇女进行了艾滋病筛查，对10423名孕产妇和婚前保健妇女进行了梅毒检测，对10383名高危人群进行了乙肝表抗检测，并对检测出的阳性高危人群进行相关免费治疗。启动37个乡镇卫生院标准化建设，投资18537.75万元推进12个重点项目建设，投入7630万元完成各县649台件医疗设备招标采购、配送、安装调试及培训工作。

【卫生发展十年行动计划】 着力实施卫生队伍建设、卫生体系建设、公共卫生强化"三大行动"，考核聘用专业技术人员81名，考试聘用"9+3"医学类专业应届毕业生47名，基层卫生事业单位专业技术人员269名，招聘乡镇卫生院执业医师（含助理）8名，公卫人员20名。实施卫生人才队伍建设项目和百千万"康巴英才"工程人才培养项目，共培训各级各类卫生技术人员9135人次，选送5名藏医药技术骨干到西藏藏医学院学习。送省评审高级职称38名，全部获得通过；举办初中级任职资格和执业医师（含助理）考前培训班，共培训490名；执业医师、助理医师合格率分别比上年提高160.80%和16.67%。强化对口支援工作，内地派遣138名三级医院医师支援县级医院，135名二级医院医师支援乡镇卫生院，各级对口支援医师累计诊治基层农牧民群众6.93万人次，开展示范手术453台次，开展新技术项目76次。开展送卫生下乡柔性流动服务，累计组建医疗队630支，派出医务人员8896人次，义诊患者653243人次，发放健康教育宣传资料62.23万份，发放免费药品总价值157.57万元。组织医疗队赴德格、石渠、色达、等县开展白内障患者下乡筛查工作，累计筛查眼疾患者13327人次，建议手术3479人，实施白内障复明手术2150例，共计减免白内障患者手术、交通费用660余万元。

【医政管理】 加强医疗机构处方点评预警和药品采购使用监管，严格控制和促进抗生素的合理使用。全州医疗机构门急诊143.52万人次，住院7.71万人次，门急诊和住院患者次均费用保持稳定，医疗费用总体控制较好。完成雅江、乡城、稻城、得荣、巴塘、理塘、白玉、甘孜、道孚、九龙县人民医院"二乙"复审，州医院"三乙"复审工作。组织完成全州1087名国家执业医师资格考试考生的网上报名、现场审核和实践技能考试工作，完成738名执业医师考生的综合笔试考务工作，完成执业（助理）医师联网注册1855条次、变更注册68条次，护士联网注册275条次、变更注册39条次，开展执业（助理）医师定期考核2498人次。

【中藏医药事业】 中藏医门诊人次达到36.7万人次，住院4880人次。全州50%的乡镇卫生院、30%的村卫生室能够提供中藏医药服务，基层中藏医药服务量占医疗服务总量的26%。州、县藏医院通过标准化建设项目的实施，为创建国家二级民族医院打下了基础，全力打造4个国家级和7个省级重点专病专科，全州生产各种藏药制剂156种、70余吨。开展全州中藏医药人才队伍现状调研，形成《甘孜州中藏医药人才队伍现状及人才培养对策研究的报告》《甘孜州藏医药人才培养方案》调研报告。结合产业发展，落实扶持资金1830万元，启动了药浴、专家门诊、新产品研发等工作。

【州人民医院门诊综合大楼投入使用】 28日，州医院门诊综合大楼扩建工程竣工并正式投入使用。综合楼总占地面积781.49平方米，建筑面积6148.84平方米，总投资2427.59万元，其中中央预算内投资2200万元、自筹227.59万元。综合大楼共计7层，地下1层。新门诊大楼投入使用后，患者直接就可以分诊、候诊。地下1层专设健康体检管理中心，7层楼分设有内科、外科、五官科等常规科室，每个科室分设门诊方便患者就医，大楼均配备地暖系统、安保监控系统、火灾自动报警及联动控制系统、广播及有线电视系统等。

（郑　芳）

·疾病预防控制·

【概况】 贯彻以人为本、预防为主的卫生工作方针，以实现“一个确保”为首要工作目标，积极、稳妥地全面开展疾病预防控制工作。全年全州共报告突发公共卫生事件6起，发病（中毒）66人，死亡1人；其中传染病事件3起（甲型H1N1流感1起、麻疹1起、手足口病1起）、食物中毒3起（野生菌中毒2起、四季豆中毒1起）。年内，开展2轮次全州医疗卫生机构传染病报告管理督导检查，州传染病报告质量综合率为97.52%，比2012年上升7.71%。全州报告原基础免疫五苗报告接种率95%以上，查验20所幼儿园、297所小学的25349名儿童，应补证8898人，实补证7468人，补证率83.93%。碘缺乏病防治，检测居民户食用盐5400份，非碘盐率0.62%、碘盐合格率98.39%，碘盐覆盖率99.38%。经省级考核验收，泸定县3个大骨节病病区村达到大骨节病病区消除标准；色达、道孚、丹巴、泸定4县完成450例大骨节病病人治疗工作。

【包虫病防治】 按照《全国包虫病流行情况调查方案》开展3轮次全州包虫病流行情况调查数据验收，雅江县通过国家抽查验收。全州免费B超筛查33.05万人，新发现病人491例，累计发现病人13134例。登记管理犬只24.27万只，多轮次犬只药物驱虫281.04万只次，采集犬粪样品16090份进行实验室检测。开展健康教育活动226次，发放宣传资料15.36万份，覆盖目标人群23.99万人次。举办寺庙僧侣健康教育培训班15期，培训僧侣1866人次；石渠、色达、理塘、新龙4县发送防治知识手机短信7600条；州疾控中心、道孚县、石渠县分别制作包虫病藏汉双语健康教育歌曲1首。州、县举办培训班35期，培训管理和技术人员2030人次。

（蔡其华）

ཐོ་རིགས་དང་ཆོས་ལུགས།

民族·宗教

·民族事务·

【概况】 紧紧围绕民族团结进步创建活动、藏区跨越发展与长治久安、惠民工程、民族文化保护与弘扬等重大课题开展调查研究，形成“甘孜州落实中央、省扶持民族地区重大政策情况”“甘孜州开展民族团结进步创建活动调研报告”“甘孜州民族宣传教育工作开展情况的调研报告”等调研材料十余篇。认真执行民族区域自治制度，协助各级人大开展民族法制建设调查研究，完成“甘孜州藏族语言文字使用条例”（讨论稿）修订，已进入州人大常委会审议环节。全年争取少数民族发展项目46个、资金1628万元，民族工作机动金项目22个、资金370万元。对全州民族工作机动金项目建设管理情况进行检查指导，落实政府投资绩效评估机制，对全州2012年以来少数民族发展资金、民族工作机动金项目的建设管理情况进行检查，确保民生项目顺利建成。协助开展全省民族地区第二个教育十年行动计划的检查工作，完成河北大厂高级中学在甘孜的招生工作。加强少数民族语言文字和藏文古籍工作，完成古籍整理翻译1000函。

【9家企业入围全国民族用品定点生产企业名录】 根据国家民委、财政部、中国人民银行关于申报“十二五”期间全国民族特需用品生产企业的要求，州民委及各县民宗局就辖区内民族特需用品生产企业的情况开展调查研究，积极宣传国家的优惠政策，组织企业进行申报，认真开展资质审核并及时向省民委、国家民委逐级申报。通过努力，甘孜州神螺藏医药研究开发中心、甘孜州华康进出口有限责任公司、康定青藏谷地农牧业生物科技有限公司、四川康定金珠制药有限责任公司、康定康藏工艺品制造有限公司、道孚亚姆热旅游开发有限责任公司、道孚县雪域安巴民间工艺品有限责任公司、炉霍雪域俄色有限责任公司、石渠县太阳部落土特产品有限责任公司等9家企业获国家民委、财政部、中国人民银行批准为全国民族特需用品定点生产企业，将有资质享受财政对企业贷款的利息补贴和企业技改补助。

（尹　洪）

·宗教事务·

【概况】 积极主动加强与统战部门的协作配合，完成53座寺庙依法管理制度创新任务，选派448名干部进驻寺管会工作。做好甘孜寺等6座省定寺庙的依法管理制度创新标准化示范建设，推进寺庙管理规范化、制度化。着力深化寺庙法制宣传教育，发放“藏传佛教事务法规规章制度”“慈心悲愿、善待生命”“持戒精修、护国利民（僧尼读本）”共计60000余册，入寺宣讲10000余次。推进“和谐寺庙”创建活动，评选推荐全省2013年度和谐寺庙65座、爱国守法僧尼650名、先进佛教协会团体9个，评选推荐“第二届全国创建和谐寺观教堂先进集体、先进个人”各1名。

【宗教人士培训】 采取省州联办、州县主办等方式，州集中举办经师、寺庙“三员”（财务人员、文物管理员、消防员）、寺管会主任培训班3期共培训160名；各县集中培训宗教人士2500余名。按照《宗教界代表人士“百千万”工程实施方案》，分步骤对“百名宗教界代表人士”“千名经师”“万名僧尼”开展培训培养，巩固党同宗教界的爱国统一战线，逐步培养一批政治上靠得住、学术上有造诣、品德上能服众的宗教界代表人士。编发《持戒精修、护国利民》（僧尼读本）10000册，教育引导僧尼爱国守法、持戒利民。在甘孜日报开辟“同心同向”活动宣传专栏，在州电视台开设《同心之路》专栏，大力加强宗教人士宣传教育工作。

【寺庙僧尼公共服务】 修订完善《甘孜州寺庙基础设施建设规划》，争取落实“十二五”期藏传佛教寺庙基础设施2013年专项资金8895万元，解决62座寺庙基础设施困难和13个管理制度创新寺庙寺管会业务用房建设资金。安排500万元专款用于寺庙“五通”建设，解决91座寺庙的“五通”建设补助资金；全州各级为寺庙“五通”建设投入资金、组织僧尼和群众投工折资近1亿元。加强僧尼社会保障救助工作，全州纳入最低生活保障宗教教职人员11788人、农村五保供养597人；参加基本医疗保险37385人，其中新型农村合作医疗34234人、城镇居民医疗保险3137人、参加城镇职工医疗保险14人，参加基本养老保险9527人；完成僧尼健康信息调查51826人，建立僧尼健康档案29887份。

【推进宗教事务规范管理】 加强寺庙无序建设及违规宗教设施的管理，完成224座寺庙占地面积、房屋建筑复查测量和打桩定界工作，完善159座寺庙用地审批手续，更换宗教活动场所登记证正副本1100套，完成白玉“1·18”和芦山“4·20”地震中受灾宗教活动场所的调查统计工作，明确不得在危房场所内开展任何宗教活动，并引导寺庙僧人就地参与救灾。芦山“4·20”地震发生后，全州共有200余座寺庙开展念经祈福活动，100余座寺庙僧人捐资170余万元。引导寺庙僧尼积极参与甘孜“慈善月”活动，组织寺庙僧尼捐款152余万元。逐级审核审批得荣宾巴寺、新龙瓦秋寺和汤布寺等3名活佛转世灵童，督查指导得荣宾巴寺转世灵童座床仪式；为300余名外来人员办理临时居民身份证；贯彻落实《藏传佛教寺庙经师资格评定和聘任办法》，完成上报400多名经师基本情况调查统计。

（岳敦鹏）

·藏学研究·

【概况】 有序推进藏学研究工作，启动编写“甘孜州藏传佛教寺庙简介”工作，完成“关于抓好甘孜州藏传佛教工作的思考”“藏传佛教热和乱的根源及治理问题研究”“对藏传佛教的几点认识”“宗教政策贯彻落实情况调研”4篇专题调研报告，完成“格萨尔故里”刊物藏汉文版的出版工作和“宗教工作简明手册（干部读本）”“持戒精修、护国利民（僧尼读本）”的翻译工作。

【编译工作成果丰富】 年内，完成6期《政府公报》20余万字汉文翻译藏文工作；按照职责完成州委、州政府等部门各种会议材料的汉文翻译藏文工作；完成20000字的爱心帮扶政政策解答翻译工作；协助完成州佛教协《持戒精修、护国利民》一书的翻译工作，其中藏文译汉文4600字、汉文翻译藏文13000字；积极与国内格学专家、文学人士联系，搜集相关作品，完成“格萨尔故里”刊物藏汉文版的出版工作；全年为机关企事业单位翻译门吊牌8000余幅。

（李罗珍）

སྤྱི་ཚོགས་འཚོ་བ།
社会生活

·人口和计划生育·

【概况】 坚持依法行政、群众自治、优质服务、政策推动、综合治理的工作机制，人口计生各项工作稳步发展。全年出生人口1.06万人，人口自然增长率6.36‰，符合政策生育率97.9%。全力推进计划生育公共服务，为近15万人次开展免费计划生育技术服务；积极创建计划生育优质服务先进县，巴塘、石渠、九龙3县通过州级计划生育优质服务先进县验收。广泛开展人口计生法律法规、惠民政策、优生优育等科普知识宣传，全年发放计划生育便民手册4万余份，实物宣传品17.3万余套；信息化建设稳步提高，完成各县第二批次乡镇信息化建设设备更新工作，投入97.5万元配备了计算机、打印机等设备。投入30余万元建成州级多媒体培训室，可同时开展50人的信息化培训；加强基层干部培训，省、州级培训人口计生干部308人次，各县培训人口计生干部2600人次。

【人口计生惠民政策】 加强对人口计生“三项惠民制度”受奖对象的清理，对已享受政策人员的资格逐人进行确认，确保受奖对象现实情况与网上信息一致化，在《甘孜日报》阳光政务栏目对“三项制度”受奖对象的个案信息全部进行公示。研究出台针对独生子女死亡伤残家庭从社保、医保、养老、就医、住房等方面的扶助政策，特别扶助奖励金由原来的每人1320元/年或1620元/年提高到3360元/年或4200元/年，全州享受计划生育奖励扶助政策9480人，享受计划生育特别扶助政策530人，参加计划生育少生快富家庭1995户，兑现奖励金1400万元。

（肖航宇）

·民政·

【概况】 着力保障和改善民生、加强和创新社会管理、夯实民政基层基础，完善社会救助、社会福利、防灾减灾、优抚安置、政权建设、社会管理和服务6大体系，在改善民生和促进社会和谐两方面发挥重要的基础性作用。全年全州先后不同程度地遭受低温冷冻和雪害、地震、滑坡泥石流等自然灾害袭击，其中包括雅安芦山“4·20”地震、得荣“5·1”和5.9级地震，全州受灾人口36.28万人，因灾死亡8人、伤病271人，直接经济损失5.15亿元。中央、省已下达芦山“4·20”地震受灾资金8.17亿元，全州累计发放救灾帐篷3569顶、救灾衣被9625件，保障受灾群众紧急转移安置和基本生活。积极推进重点乡撤乡建镇工作，已审核上报17个乡的撤乡建镇材料，其中石渠俄多玛、丹巴巴底、得荣子庚、九龙烟袋、白玉阿察12个乡已获省政府批复建镇。加强流浪乞讨人员救助工作，投入资金573.15万元，救助流浪乞讨人员11333人，其中未成年人661人。全面启用全国统一的婚姻登记机关工作标识，办理结婚登记9724对、离婚768对、补领2264对，办理收养登记2件。积极开展“送医、送药、送健康”项目，为1200多名农牧民开展免费义诊和送药，为23名困难病人提供临时医疗救助；积极开展慈善助学活动，救助贫困生45名，救助金22.5万元。营造敬老、爱老、助老的社会氛围，挂牌成立甘孜州老年大学，州社会福利院，甘孜驻崇州老年协会、乐山老年协会，泸定、石渠、雅江、稻城县中心敬老院，炉霍县公安局等8个单位被省老龄委认定省级“敬老文明号”称号。

【发挥社会救助作用】 全面启动重特大疾病医疗救助工作，提高城市“三无”人员和农村五保对象供养标准，全州城乡低保对象28.35万人，累计支出3.22亿元，城镇“三无”人员供养标准提高到450元；城乡医疗救助30.19万人次，累计支出7823.74万元。有五保对象7878，其中集中供养老人2479人、分散供养5399人，集中供养率达到31.47%；农村五保户供养提高标准工作全面启动，提高到每人每月不低于250元供养标准。开展低保、五保普查和规范化建设工作，清退不符合低保条件的城乡低保对象1.59万户、2.6万人，清退死亡农村五保户40人，新增农村五保对象96人，新增城乡低保对象1.85万人，其中新增寺庙困难僧尼3979人、残疾人4226人。

【社会福利工作】 全州有孤儿2902人，其中机构集中供养孤儿343人、散居孤儿2559人，孤儿基本生活费最低养育标准幅度提高13%，机构供养孤儿达1130元/月、社会散居孤儿达678元/月。实施“明天计划”“西部贫困家庭疝气手术”孤残儿童手术康复项目4例。建立大龄孤儿“1+3”中职教育模式（1年文化基础强化学习+3年职业技术教育），州儿童福利院26名大龄孤儿已送入甘孜州职业技术学校接受职业技术教育。设立州儿童福利院、康定县、甘孜县、石渠县、乡城县、稻城县、得荣县儿童福利指导中心7个，创建省级养老服务示范社区1个。加强福彩公益金使用和管理，全年销售福利彩票7500万元。

【深入开展“双拥”活动】 优抚安置政策全面落实，完成各类新增优抚对象的审批和数据库更新，经民政部审核确认优抚对象6206人，及时足额兑现各类优抚安置资金，按程序上报评残、部队伤残人员换证、烈士评定相关材料。认真审核下达退役士兵及转业士官安置计划，军休干部接收安置完成率达100%。完成全州零散烈士纪念设施抢救保护工作维修改造项目申报工作，4119座墓、29个碑、45个亭纳入零散烈士纪念设施抢救保护项目。启动新一轮“双拥”模范城县创建工作，开展节日双拥慰问，向部队官兵和优抚对象赠送慰问金41万元，慰问品折资10万元。

（魏　玲）

·劳动和社会保障·

【概况】 大力实施劳动保障民生工程，促进就业和再就业工作力度，全面落实鼓励、支持民营经济和中小企业发展的政策措施，增强二、三产业吸纳就业能力，着力消除城乡、行业、身份、户籍、性别等一切影响平等就业的制度障碍和就业歧视，推进城乡统筹就业。做好基金征收工作，确保各项社会保险待遇按时按规定支付。贯彻落实统筹城乡养老保险相关政策，继续提高企业退休人员基本养老金待遇水平，鼓励参保人员多缴多得、长缴多得。合并实施新型农村社会养老保险和城镇居民社会养老保险制度，建立统一的城乡居民社会养老保险制度。通过提高缴费档次、增加缴费补贴、建立基础养老金正常调整机制，进一步增强制度吸引力。从2014年起调整城乡居民基础养老金和缴费补贴，完善医疗保险付费总额控制，同步推进按病种、按人头等多种付费方式改革。

【圆满完成就业工作任务】 分解落实就业目标任务，努力实现城镇新增就业7000人，城镇失业人员再就业300人，就业困难人员就业200人，城镇登记失业率控制在4.2%以内。促进30名高校毕业生创业，认定30个高校毕业生就业见习基地，2011级藏区“9+3”学生初次就业率达到95%。

【再次进行最低工资标准调整】 根据《中华人民共和国劳动法》《四川省人民政府关于调整全省最低工资标准的通知》精神，结合甘孜州实际，州政府对全州现行月最低工资标准和非全日制用工小时最低工资标准进行了适当调整。调整后的全州月最低工资标准：康定、泸定、丹巴、九龙、道孚、炉霍、甘孜、新龙、德格、白玉、雅江、巴塘、得荣和乡城县调整为1000元（每日46元），石渠、色达、理塘和稻城县调整为1070（每日49.2元）；调整后全州非全日制用工小时最低工资标准：康定、泸定、丹巴、九龙、道孚、炉霍、甘孜、新龙、德格、白玉、雅江、巴塘、得荣和乡城县每小时10.4元，石渠、色达、理塘和稻城每小时11.1元。上述标准包含个人应缴纳的社会保险费和住房公积金，自2013年7月1日起实施。

【劳动者权益保障】 加强劳动关系协调工作，全面落实劳动合同制度，全州企业劳动合同签订率达到85.5%。开展推进集体合同制度实施新三年行动计划，企业集体合同签订率达到86%。提升调解仲裁工作效能，全州劳动人事争议仲裁结案率达到95%以上。完善重大集体争议联动调处机制，力争把50%以上的争议案件化解在内部和基层。加强劳动监察执法工作，加大《劳动合同法》《劳动法》等法律法规的宣传力度，推行“送法上门”活动，深入开展人力资源市场、劳动用工、社会保险、农民工工资等专项检查工作，推动劳动合同制度落实、社会保险征缴扩面、农民工工资支付保障工作，做好举报投诉调查、大要案专查、上级交办督查和劳动保障监察与刑事司法衔接，确保案件得到及时有效妥善解决。

（余　杰）

·扶贫移民·

【概况】 通过实施整村推进、连片开发、劳动力转移培训、产业扶贫、地方病防治项目等，全州1.62万人生产生活条件得到有效改善。全年到位各类扶贫资金6.46亿元，其中扶贫资金3.62亿元（含信贷资金）、两项资金1.02亿元、以工代赈资金9798万元、浙江帮扶资金7500万元，到位大中型电站移民资金6.03亿元，累计完成移民搬迁安置投资3.95亿元，业主代建6.95亿元。积极开展浙江东西扶贫协作工作，共推介经贸合作项目126个，在完成2012年浙江帮扶700户危房改造项目基础上，又争取落实到浙江帮扶资金7500万元。按照水电移民相关法规，严格审核审查水电移民相关规划、设计和变更，全年审批审核移民安置规划12个、先移民后建设实施方案3个、停建通告8个、实物指标调查细则及工作方案8个，审核通过大渡河泸定电站、黄金坪、猴子岩、大岗山等电站一系列实施阶段设计变更，签订龙洞等6个在建电站移民综合设代委托工作。坚持“富民惠民、改善民生”主题，全力组织实施寄宿制学生生活补助、“四小”工程、民族团结新村、现代农牧业增收工程、中藏药业、生态旅游产业等项目，完成小路36条、小桥25座、小型水利设施27个、小能源16个，推广太阳能热水器6255户；全年实施以工代赈项目66个，覆盖82个乡镇112个行政村，启动实施异地扶贫搬迁2307户，其中开工建设1167户，完工1140户，新建安置区村社公路60公里、引水管渠44公里、蓄水池约340立方米、基本农田166.67公顷，启动实施“尚巴董”千桥工程87座，乡村公路63公里。严格落实信访维稳“一岗双责”，全年共受理群众来信来访18件21人次，来访11批21人次。

【开展专项扶贫】 实施整村推进，全年启动整村推进155个，有6365户32110人受益；实施连片开发，在德格、色达、道孚及乡城4县9村实施连片开发，改造农户住房399户，有629户2736人受益；启动扶贫开发与大骨节病综合防治项目4个，实施劳务转移培训700人次，实现劳动力转移就业405人。

【水电移民安置及后期扶持平稳有序】 大渡河流域移民安置工作取得一定成效，泸定电站安置点启动281户移民房屋建设，长河坝、黄金坪电站章古河坝和姑咱安置点建设正在实施中，猴子岩电站孔玉安置点完成20户移民建房，丹巴电站实物指标调查工作基本完成；全力推进雅砻江流域水电移民“先移民后建设”工作，已启动移民安置点示范项目和雅道雅新复建公路等工程建设；积极开展金沙江流域水电移民工作，完成苏洼龙电站实物指标调查工作，正在开展移民规划大纲编制相关工作；中型电站移民工作有序推进，完成吉牛、乡城电站蓄水阶段移民专项州级验收和二瓦槽、达阿果、汗牛河等电站的移民综合设代工作。移民后期扶持政策有效落实，对2020名农村移民兑现后期扶持直补资金105.78万元，完成502名后期扶持人口核定和2507人惠民补助人口登记工作，兑现惠民补助资金551.46万元；投入库区基金99万元用于库区和移民安置区养殖业，直接受益群众3043人；投入120万元应急补助资金用于库区和移民安置区灾毁道路、水利设施等恢复重建，解决5061名受灾群众交通、饮水、通电等问题，投入后期扶持培训资金34万元用于两河口电站新龙库区移民洋葱种植技术和州、县、乡、村四级移民干部培训，培训850人次。

（建　康　刘晓冬）

རྫོང་གི་གནས་ཚུལ་མདོར་བསྡུས།
县·公园管理局

·康定县·

【概况】 全县区域面积1.15万平方千米。辖3镇18乡，有藏族、汉族、回族、羌族等17个民族，总人口13.3万人。全年地区生产总值31.1亿元，比上年增长14%；全社会固定资产投资96.2亿元，比上年增长14.9%；社会消费品零售总额11.6亿元，比上年增长19%；地方公共财政收入3.57亿元，比上年下降0.5%；城镇居民人均可支配收入23665元，比上年增长9.2%；农牧民人均纯收入6554元，比上年增长18.1%。民营经济增加值实现15.84亿元，比上年增长16.4%，其中：第一产业增加值2.46亿元，比上年增长5.1%；第二产业增加值8.94亿元，比上年增长20.2%；第三产业增加值4.45亿元，比上年增长12.9%。民营经济占GDP的比重为51%，比上年提高2个百分点，对GDP的贡献率达55.4%，比上年提高5个百分点。全年实现乡镇企业总产值2.49亿元，比上年增长8.9%，中小企业完成增加值9.01亿元，比上年增长6.4%。

【城镇建设有序推进】 2013年，以创建省级文明城市为契机，围绕城市建设管理年工作目标，强化规划龙头作用，坚持建管并重，新型城镇化凸显新亮点。加快城乡总规、控规、详规等规划编制工作，完成9个，在编8个，启动5个。实施城镇建设项目28个，投入资金达5.7亿元。完成和推进人民桥至回小、公主桥片区、姑咱集镇改造等10余处征地拆迁工作，拆除危旧房7万余平方米。后山公路黑化、新市后街风貌改造和管网、路面铺设、新区景观通廊、5号市政道路等项目全面完成。南门停车楼、新区地热供暖等项目顺利推进。姑咱后山公路贯通，市政道路、供排水管网、五线下地等工程加快推进。新都桥、塔公市政道路、供排水管网改造工程基本完工。启动新村整村建设12个、建设新农村综合体2个。城镇管理不断加强，乱停乱放、乱搭乱建、乱倒建渣等突出问题逐步解决，强制停工违规建设26处、拆除违规搭建面积1700平方米。

【现代农业增产增收】 2013年，农业工作以农牧业增效、农牧民增收为主线，高原特色现代农牧业稳步推进。加强与川农大、州农科所合作，建设特色产业基地5万亩，瓦斯枇杷、达杠苹果、时济甜樱桃、康定香菇、金汤藏香猪等特色产业基地规模扩大；发展"青藏谷地""三药王""康巴尼玛"等龙头企业12家，金色高原农产品合作社被评为国家级"示范社"，达杠苹果、金汤藏香猪合作社被评为省级"示范社"；完成雅拉农副产品加工园区征地工作，5家企业确定入驻。全年实现农业生产总值4.06亿元，粮食总产量2万吨。各类牲畜存栏19.75万头（匹、只），出栏率26.3%，商品率16.2%。

【康定城市公交实现一元通】 为更好地适应城市发展、方便群众出行，切实惠及市民、让利于民，为老百姓提供方便、迅速、准时、经济和安全的出行服务，优先发展城市公共交通是康定县的现实选择。1月9日，康定公交车票价从原来的3元每人次调整为“一元通”。同时，公交公司在充分考虑市民公交出行的可达性，2013年启动实施新的运营方案，新增雅拉乡、灌顶雪泉、金家河坝和新榆林村等25个站点，每天7点至19点平均每10分钟一班次，高峰路段5分钟可见一班车；19点至22点平均每20分钟一班次。平均日发车324次。

【康定老街·溜溜城入选全省第二批特色商业街】 11月10日，省商务厅命名的四川省第二批21条“四川省特色商业街”，康定老街·溜溜城榜上有名，成为全州唯一入选街道。康定老街·溜溜城位于康定城区将军桥左侧，再现了旧时茶马古道商贸重镇“旧貌”，“西康老戏台”“两岔街”“马市上”等旧名新貌。整条街道古色古香，历史文化与现代文化巧妙融合，是一条以藏文化为背景，集购物、特色餐饮、休闲娱乐、文化展示为主体的商业街区。

【省级文明城市创建通过初评】 2011年康定县启动创建省级文明城市工作。3年来，县委、县政府高度重视，多次召开会议研究部署创建省级文明城市工作，县级财政先后投入资金6000多万元，对城市卫生、交通、市政建设进行改造完善，充实城市管理人员和设施设备，改进城市管理机制，城市管理和城市面貌实现较大改观。同时，通过开展“小手拉大手”“康定梦”“城市精神”等主题宣传活动，开展文明礼仪知识竞赛；开展群众性精神文明创建活动，评选表彰“五好文明家庭户”“文明市民、文明村民”“康定好人”等活动，广泛引导市民做文明人、建文明城，市民的道德素质不断提升。2013年10月17日至18日，省文明城市创建考核测评组通过听取汇报、实地查看、资料审核、整体观察、问卷调查等方式对康定县创建省级文明城市工作进行考核测评，康定县创建省级文明城市顺利通过初步考核测评。

【康定城市公交便民出台新方案】 1月1日，康定公共交通运输有限责任公司2013年的运营方案正式实施。新方案一是在站点的设置上充分考虑市民公交出行的可达性，新增雅拉乡、灌顶雪泉、金家河坝和新榆林村等站点25个；二是对发车时间进行了调整，每天7点至19点（1班/10分钟），19点至22点（1班/20分钟），平均日发车324次，与现行班次相比增加217班次；三是对公交车票价进行了调整，由原来2元～3元/人次调整为1元/人次，城区公交实现一元通。

·资料链接·

1路车（蓝色）：周一至周五发车路线（北门小区←→新城政务中心），沿途新增民族中学、州医院、中桥、交通花园等站点；周六、周日发车路线（二道桥←→新榆林村），沿途新增雅拉乡、二道桥小学、省藏校、头道桥等站点；2路车（绿色）：周一至周五发车路线（东关新车站←→新城政务中心），沿途新增十七队、灌顶雪泉、天主教堂等站点；周六、周日的发车路线（东关新车站←→新榆林村），沿途新增龙头沟温泉、金家河坝及新榆林村等站点。

（姜　莉）

·泸定县·

【概况】 全县区域面积2165.35平方千米，辖12个乡镇、7个居民委员会、19个居民小组、145个村民委员会、179个村民小组，总人口87769人。有耕地4882.27公顷，森林覆盖率61.27%；人口出生率9.77‰，人口自然增长率5.55‰。2013年加大与雅安、浙江永康等地合作，积极探索“镇园一体”管理模式，青稞系列食品、超精细石膏材料深加工、魔芋食品加工等项目入驻冷碛园区；康巴水泥、泸兴锂盐项目完成征地拆迁；桑吉卓玛青稞酒业技改投产；金珠制药完成厂区主体建设。全年引资到位额13亿元；工业增加值增长15%；新增涉农专合组织26个。全县有工业企业176个，实现工业总产值143352万元，同比增加24291万元，增长20.4%，实现工业增加值93288万元，同比增长12.7%，工业化率达51.0%。

2013年泸定县经济社会发展主要指标

表6

项　目	单位	实绩	同比增减（%）
地区生产总值	亿元	18.29	10.9
第一产业增加值	亿元	2.77	8.5
第二产业增加值	亿元	9.82	13.3
规模以上工业增加值	亿元	8.67	11.5
第三产业增加值	亿元	5.70	8.0
民营经济增加值	亿元	5.91	10.8
粮食总产量	吨	13520	-1.6
肉类总产量	吨	4677	0.5
社会消费品零售总额	亿元	3.19	11.79
全社会固定资产完成投资	亿元	29.05	11.1
地方财政一般预算收入	亿元	1.54	2.17
地方财政一般预算支出	亿元	10.87	27.20
年末金融机构贷款余额	亿元	28.87	7.1
保费收入	亿元	0.36	-8.8
城镇居民人均可支配收入	元	17466.11	9.28
农民人均收入	元	5772.54	16.64
城市污水处理率	%	25	10
城市垃圾处理率	%	50	5
中小学在校生数	人	12028	-9.15
广播综合覆盖率	%	92.83	-0.41
电视综合覆盖率	%	99.09	3.60
新型农村合作医疗制度参合率	%	98.08	2.84

【农业经济】　2013年启动实施《高半山特色生态农业发展规划》，投入4.4亿元，致力高半山农业规模化发展，新植优质魔芋733.33公顷、高产核桃600公顷、特色水果474.67公顷。启动4个新村建设，冷碛镇团结村立体生态农业示范村初具规模，兴隆镇和平村、杵坭乡松林坪村特色农业蓬勃发展。完成农村C级危房改造2687户。投资4490万元，实施扶贫项目23个，易地搬迁100户、脱贫1000人。高半山农民人均纯收入达3600元，较上年增30%。

2013年顺河堰水利工程完成招投标。新建覆盖8900人的农村安全饮水工程。维修农灌堰27公里，惠及群众1.3万人。兴隆沟、潘沟防洪堤工程完工。

2013年泸定县被评为省级新农村建设成片推进示范县，共涉及7个乡镇42个村6221户21669人。结合生态文明建设，创建加郡乡、杵坭乡2个省级生态乡，岚安乡脚乌村、乌泥岗村2个州级生态村。

【交通运输】　破解交通瓶颈，制发“加快农村公路建设管理办法”，整合安排资金1.5亿元，新建通村通达公路33.5公里、通村通畅公路16公里、机耕道5公里、农村桥梁6座，实施公路安保工程26公里，兴隆镇庆丰村、加郡乡金洞子村等5个村、1700名群众告别不通公路历史。雅康高速公路二郎山隧道完成投资1.7亿元。

【项目建设】　组建项目促进中心，实施并联审批，出台《泸定县项目责任人主体责任制考核办法》，实行项目进度与责任人目标考核挂钩。加强项目“点对点”督办，49个项目开工建设，重点项目开工率达91%，完成投资4.8亿元，占年度计划的77%。争取政府投资项目26个，落实资金超过1亿元。完成泸定县灾后恢复重建项目规划编报工作，编报灾后恢复重建项目305个、涉及行业7个大类，总投资171.9046亿元；完成灾后恢复重建项目对接工作。

【社会事业】 2个乡镇小型垃圾、污水处理项目开工建设。农网升级改造规划编制完成。启动实施冷碛桐子林35千瓦变电站迁建、兴隆农网改造工程。协调组建县供电有限责任公司。

投入64.7万元完成全县教育城域网专网建设工作；稳步推进宽带“校校通”工程，投入84.7万元实现城区学校电子白板“班班通”；投入30万元新建德威中心校网络教室。秋季为公办幼儿园入园幼儿1472人提供免费午餐补助和减免保教费资助，免费午餐补助资金53万元，减免保教费资助资金65.42万元。投资102.5万元和108万元建杵坭和兴隆急救站（为中央第二批预算内藏区专项资金建设项目）。投资2100万元，建县人民医院住院部大楼及附属工程建设。投资378万元，建泸桥镇中心卫生院新建业务和生活用房。40所村卫生室建设，每个卫生室投入5万元，总投入200万元。

成功举办全州高中阶段教育现场会。建成兴隆双语幼儿园、县二中改扩建等10个项目，启动贡嘎山片区寄宿制小学等25个项目，累计完成投资5180万元。落实教育惠民政策补助1200万元，惠及学生1.3万人；在全州率先开展农村免费孕前优生健康体检。

创建省级双拥模范县通过州级考评验收。红军飞夺泸定桥纪念馆命名为国家国防教育示范基地。在泸定桥小学、田坝八一爱民小学挂牌成立2所“少年军校”。县体育馆投入使用，成功举办“三州一市”男子篮球邀请赛。县档案馆通过国家二级综合档案馆测评验收。

分别在泸定电站、大岗山电站周围建成7个电站水库诱发地震监测台。

【社会保障】 城镇新增就业676人、下岗失业人员再就业100人、就业困难人员再就业25人，动态消除零就业家庭；新型农村合作医疗参合率达98%；2.7万人参加新型农村养老保险；新城第一批被征地超龄人员养老保险参保缴费全面完成。兑现低保补助金1375万元，累计保障3.9万人次。

【民生工程】 启动城南大桥重建。2条城市公交专线投入运行，探索政府向社会购买公共服务机制，残疾人、老年人实行“免费公交”，小学生实行“票价减半”。新建保障性住房486套、“安心工程”408套；第五期廉租房完成投资2300万元。实施棚户区改造107户。河西街民居风貌改造完成工程量的90%。县财政投入100万元，建成居民点公厕等6个市政项目。泸定新城完成投资3.07亿元；政务服务中心综合楼等12个项目加快建设。“幸福工程”31个子项目完成投资1.1亿元。

【防灾救灾】 全力抗击“4·20”芦山强烈地震、“6·20”、“7·31”山洪泥石流自然灾害。县财政累计安排抢险资金395万元、发放救灾物资130万元。主动对接芦山地震灾后重建项目59个，争取国家补助资金4.68亿元。全面启动民房重建工作，倾情推进“暖冬行动”，完成重建倒塌农房172户、维修加固12982户，分别占总户数的6.9%、91.4%。

【移民攻坚】 泸定电站5个安置点建设全面启动，签订安置协议1135户、建房协议855户，分别占安置和建房总户数的91.8%、97%；完成331户生产安置人口界定、854户宅基地划分，启动645户建房。大岗山电站签订安置协议1039户、建房协议456户，分别占安置和建房总户数的99%、98.9%；移民工程完成投资3.68亿元。

【金融服务】 强化政府、银行、企业三方合作，对金融单位探索试行新增政府性资金与金融贷款存贷挂钩考核机制，年末各类贷款余额29亿元、城乡居民储蓄余额21.5亿元，同比分别增8%、20%。促成2家小额贷款公司落户泸定。

【新城建设】 新城规划区内所有在建项目完成建设投资30690万元，其中由新城管委会组织进行的项目完成投资6670万元。一是BT建设项目。大渡河堤防工程完成投资3593万元；磨河沟泥石流治理工程进行排导槽、1#拦沙坝浇筑，完成投资1528万元，两个项目合计完成投资5121万元。二是担任代理业主建设项目。泸定县政务服务中心综合大楼项目累计完成产值1300万元；上田坝城市主干道建设项目、大坝城市主干道建设项目、大坝安置房建设项目、三个项目前期工作完成投资约249万元，合计完成投资1549万元。三是其他入驻在建项目。2013年新城一大批入驻项目顺利实施，入驻项目合计完成24020万元。（其中：泸定县中藏药生态产业园建设项目完成投资10700万元；州职业技术学校完成投资2000万元；武警医院已经投入使用，完成投资1300万元；省电力应急基地完成投资2000万元；安心工程完成投资5000万元；第五期廉租房完成投资2100万元；田坝大桥完成投资920万元）。

【旅游经济】 成功举办第三届“乡村旅游．红樱桃节”，以“美味名城　幸福泸定”为主题，组织民间艺人才艺比赛、泸定名小吃评选、特色农家乐评选、樱桃名木古树评选和美食擂台赛初决赛等主题系列活动，樱桃节期间，到杵坭、冷碛观光旅游的游客突破2万人次，实现旅游收入千万元。

进一步对《泸定桥景区创建国家AAAA级旅游景区工作实施方案》进行完善。针对成都暑期旅游市场特点，推出红军文化游、徒步游、自驾（自助）游、民俗文化游、消夏避暑游等线路，满足不同层次游客的需求。全县（不包括海螺沟景区）旅游接待54.5万人次，实现旅游综合收入3.57亿元，泸定桥景区门票收入达到168.39万元。

·资料链接·

泸定特色产业

泸定红樱桃——以硕大、晶莹、红艳、味甘相享誉全国，主要分布在泸定县杵坭乡、田坝乡、泸桥镇、兴隆镇，被农业部产品质检中心、中国果蔬菜协会评为“中国红樱桃之乡”。每年4月底5月初都会举办泸定红樱桃节，并以樱桃节为契机，促进生态旅游和泸定红樱桃产业的进一步发展。

泸定板栗——主要产于县境内海拔1500~2600米的干热河谷地带，泸定板栗树一般是5~30米高，壳斗外观高3~6毫米，宽2~5毫米，内藏坚果2~3个，成熟时裂为4瓣，皮深褐色或褐灰色；果实椭圆形至长椭圆状披针形，先端渐尖，基部圆形或宽楔形，边缘有锯齿，齿端芒状，在磨西、新兴、田坝一带的板栗为上品，粒大颗重、色泽鲜亮、肉质细腻，生吃清香味甜。

泸定核桃——主要产于县境内海拔1500~2500米的干热河谷地带，泸定核桃以矮山油份重、肉大，泸定核桃每百克含蛋白质10.克以上，脂肪50克以上，核桃中的脂肪61%为亚油酸，12%为亚麻酸，碳水化合物9克，膳食纤维9克，胡萝卜素20-30微克，维生素E43.21毫克。果实外壳整齐美观，壳薄光滑，易取仁，色泽鲜亮，仁饱满，呈浅黄色，含油量高，味香可口，常见于大渡河河谷两旁土层深厚的地方。

泸定柿子——在清朝就有当地居民种植泸定柿子的相关记载，泸定柿子主要是以形如心的牛心柿为主，色有红色和橙色为主，体大的柿每个重达100-200克，皮薄、味甜沁心。县境内海螺沟口共和村柿子评为四川名柿。食鲜柿，止渴、润肺、清热、解酒，老少皆宜；柿蒂煎水服，治呃逆，柿叶煎水服，治过敏性紫癜，柿皮贴敷患处，可治慢性溃疡。

泸定枇杷——产于县境内海拔1000~2600米的地区，是泸定县夏季早熟水果之一，分橙黄、淡黄两种，形如球或椭圆，汁多，甜酸适度；每年5至7月成熟，果实相对成都龙泉枇杷略小，果粉多、果锈少、皮薄，易剥皮，果肉厚、汁多、细嫩、风味浓郁，可食率高，可溶性固形物含量大于等于10%，是枇杷中的上品。枇杷的花、叶可入药，有治疗肺热咳嗽、呕吐等症之功效。

泸定仙桃——主要产于县境内海拔1500~2500米的干热大渡河谷和伞岗坪一带，仙桃是仙人掌的果实，多年生草本植物，高2~3米，人们把掌叶边缘结出的长椭圆球果称为仙桃，去皮其果实香甜，果实中带有部分籽，其籽可以食用。每年8月至9月是泸定仙桃大量上市期。

（文 明 郭 琮）

·丹巴县·

【概况】 全县区域面积5649平方千米，其中耕地2632.08公顷，辖14个乡、1个镇、4个社区，全县常住人口69768人，比上一年增长0.09%，人口自然增长率3.23‰。全年地区生产总值11.99亿元，比上一年增长14.2%。其中：第一产业实现增加值3.12亿元，比上一年增长6.1%；第二产业实现增加值5.06亿元，比上一年增长20%；第三产业实现增加值3.81亿元，比上一年增长12.6%。分别拉动经济增长1.48、8.53、4.19个百分点。全社会固定资产投资27.81亿元，比上一年增长18.8%；地方公共财政预算收入1.32亿元，比上一年增长0.49%；社会消费品零售总额2.92亿元，比上一年增长17.3%；城镇居民可支配收入22761元，比上一年增长9.8%；农牧民人均纯收入6356元，比上一年增长18.3%。参与“圣洁甘孜·走进广东”、“浙江—甘孜”扶贫协作和西博会等活动，参加对外文化交流活动9次；招商引资项目10个，到位资金7.3亿元；《丹巴古碉群保护规划纲要》和《梭坡古碉群保护规划》通过省级评审，完成《丹巴山歌》《丹巴锅庄》数据库录入工作；加大景区基础设施投入力度，全年接待游客30.8万人次。水电产业完成投资19.67亿元。吉牛电站和江达、永西沟二级、梅龙沟电站投产发电，新增装机25.76万千瓦。安置水电移民24户99人。

【社会事业全面推进】 全县普通中小学在校生9059人，教师779人，学龄儿童入学率100%。投入资金1.21亿元，实施学前教育、寄宿制规模办学、丹巴高中和教师周转房等33个项目，新增校舍面积5.3万平方米，25个网络直播（录播）教学、124套“电子白板班班通”工程；认真落实学生营养改善计划，9119名学生直接受益；发放寄宿制学生生活补助和贫困生资助、大学生助学贷款853万元；输送“9+3”学生184人。投入资金4300万元，完成县医院医技大楼、中藏医院主体工程，有卫生机构22个，病床位346张，卫生技术人员290人，启动了3个乡镇卫生院、39个村卫生室建设；开展就业、创业和技能培训2480人次，转移农村劳动力9316人，实现劳务收入8609万元，城镇新增就业628人，城镇登记失业率控制在4.2%以内；“五险”参保人数达41664人，新农合参合率达98.64%，新农保参保率达到96.5%。发放城乡低保金1909万元，发放城乡医疗救助金256万元、救助1295人次，兑现城市“三无”、农村五保、孤儿和各类优抚资金544万元，兑现扶贫救助金548万元，兑现计划生育奖励扶助资金187万元，发放房屋租赁补贴47.5万元，募集慈善资金85万元，完成2300名残疾人普查及惠民工作。多方筹集资金9600万元，建设廉租房82套、安心工程286套、改造棚户区372户；年内，全县注册内资企业65户、私营企业96户、个体工商户1167户。

【基础设施不断完善】 完成城市规划修编、风貌规划和革什扎乡建镇规划。投入资金7800万元，完成旧城区供排水管网改造和大风湾堤防、光明路应急堤防工程，旧城区道路和风貌改造、大马水厂技改、东谷河堤防等项目。实施省级新农村成片推进示范片区建设，投资4000万元，完成18个新村建设。整合资金5830万元，实施36处安全饮水工程、解决0.94万人饮水问题，启动9个村农网改造工程，安装太阳能热水器654套，建设沼气池1600口，实施易地扶贫搬迁98户、避险搬迁213户、农村C级危房改造4383户，开工建设14个村级活动室。紧抓全州交通建设集中攻坚机遇，协助完成S303线改造；S211线丹巴复建段累计完成投资4.1亿元、完成工程量的60%；S211线丹巴自建段完成投资0.37亿元、完成工程量的34%；新建三岔沟、磨子沟等农村桥梁8座、维修农村桥梁6座；甲居景区干线公路、环线公路和莫斯卡林区道路等交通项目完成招标。S303线和S211线刷丹路升级为国道。投入资金5492万元，继续实施退耕还林、退牧还草、草原生态奖补、生态效益补偿、天然林保护等国家重点生态工程；争取生态资金3828万元，启动植被恢复和绿色长廊建设工程。

2013年丹巴县经济社会发展主要指标

表7

项　目	单位	实绩	同比增长（%）
地区生产总值	亿元	11.9932	14.2
第一产业增加值	亿元	3.1226	6.1
第二产业增加值	亿元	5.590	20
规模以上工业增加值	亿元	1.2684	8
第三产业增加值	亿元	3.8116	12.6
民营经济增加值	亿元	4.6518	13.8
粮食总产量	万吨	1.0117	8.02
肉类总产量	万吨	0.3799	2.18
社会消费品零售总额	亿元	2.9242	17.3
全社会固定资产完成投资	亿元	27.81	18.8
地方财政一般预算收入	亿元	1.3213	0.5
地方财政一般预算支出	亿元	10.0501	45.6
年末金融机构存款余额	亿元	19.9659	16.6
年末金融机构贷款余额	亿元	17.3473	16.6
城镇居民人均可支配收入	元	22760.3	9.8
农民人均纯收入	元	6356.6	18.3

（陈莲香）

·九龙县·

【概况】　九龙县位于四川西部，甘孜藏族自治州东南角，北连康定县，东、南毗邻石棉县、冕宁县，西、南与木里县接壤，是甘孜藏族自治州、凉山彝族自治州及雅安市三地集藏族、汉族、彝族三个民族聚居区的接合部。辖区面积6770平方公里，辖2镇，16乡，其中7个彝族乡；63个村民委员会，263个村民小组，2个居民委员会。年平均气温9.3℃，较常年偏高0.2℃；年总降水量1013.4毫米，较常年偏多9.8%。全县人口总户数21200户，总人口66697人，其中：农业人口57378人，占总人口的86.03%；藏族20274人，占全县总人口的30.40%；彝族28366人，占总人口的42.53%。全县人口计划生育率为98.41%，出生率10.1‰，死亡率为3.47‰，人口自然增长率为6.62‰。2012年，实现地区生产总值26.98亿元，比上年增长15.5%，增长速度比上年回升0.9个百分点。其中：第一产业增加值2.34亿元、增长4.7%；第二产业增加值20.58亿元、增长18.1%（工业实现增加值18.29亿元，增长16.2%），第三产业增加值4.06亿元、增长8.4%。一、二、三产业比例为8.7∶76.3∶15。全年社会消费品零售总额14892万元，增15.8%。完成固定资产投资25.14亿元，比上年增长47%。全县地方公共财政收入完成2.30亿元，减14.04%；地方公共财政支出8.94亿元，增15.6%。金融机构各项存款余额17.43亿元，比年初增25.8%；各项贷款余额18.06亿元，减1.0%。2013年农牧民人均纯收入7004元，比上年增1004元，增16.7%；全年投入涉农资金1.22亿元，建成现代特色农业基地2515.73公顷，农林牧渔业总产值3.02亿元，比上年增长14%。农作物播种面积4439公顷，粮食总产量16355吨，比上年增5.6%。推广农机具300台（套），改扩建乡镇农技推广服务站10个，新建农产品检测站1个。建标准化养殖小区3个，引进推广优良种畜禽205头（只）。完成牦牛保种群300头，购种牛120头。建成斜卡乡雪洼村牦牛养殖示范小区。引进特色农产品龙头企业3家，培育专合组织13个。全县农业产业化带动农户面达52.5%，特色农产品加工转化率达32%，农产品加工业产值与农业总产值同比增12%。水电业产值达14.65亿元。矿产资源完成投资2.75亿元，矿产业产值达7.9亿元。水电工程项目共完成投资21.43亿元，占全县固定资产投资任务的85.36%。完成全县旅游发展总体规划和伍须海景区规划的修编工作。开工建设伍须海景区游客服务中心和景区三星级旅游厕所。投资2.27亿元，开工、续建校舍建设项目50个，13个项目建成投入使用。接待游客24.4万人次，实现旅游综合收入2.15亿元。省道215线瓦九（康定瓦泽—九龙）路升级改造路基和路面工程全面完成。全年建成通村公路16.5公里。8月，烟袋乡撤乡设镇工作获省人民政府正式批复。完成“农旅结合、以旅促农”示范乡村呷尔镇华丘村66.67公顷绿化建设。成功创建省级绿化模范示范县。4月，县中心敬老院获“四川省二星级农村敬老院”荣誉称号。12月，通过创建省级卫生县城达标验收。科研课题《民族地区中学校园暴力行为成因及预防策略研究》被评为四川省第五届普教成果一等奖。

【社会事业发展】 全县小学正常适龄儿童入学率和初中阶段适龄少年入学率分别99.43%、91.91%，毕业率均100%。全县有各级各类学校42所（其中高级中学1所、职业中学1所、初级中学2所、乡镇中心校18所、完全小学5所、村小13所、幼儿园2所），在校学生13934人（其中高中1048人、初中3597人、小学7995人、幼儿园及中心校学前班1294人），教职工934人（其中教师779人、其他人员155）。免费发放工具书11828本。开展非义务教育阶段学生救助工作，申请省州补助资金452.23万元，落实县级配套资金56.1万元，资助学生26356人次。投资2.27亿元。全年评审高、中、初级教师职称90人，聘任高、中、初级职称教师129人，认定教师资格18人。全年引进各类教师47人，接收、安置支教教师12人，完成各级培训725人次。选送146名“9+3”学生就读内地38所中职学校。全面实施基本药物制度，建立基本药物供应保障体系，门诊急诊住院人均费用同比下降10%。新农合参合48170人次，参合率达97.48%。全面实施城乡居民免费公共卫生服务项目，建立健康档案62105人。组织大型群众性文化活动6场次，开展送文化下乡演出68场次。县乡文化馆（站）免费开放，建设完成省级示范综合文化站固定放映点3个。挖掘国家级非物质遗产玛达咪山歌集和九龙县原创歌曲集2件民族文化产品。编辑报道新闻1003条，省、州采用162条。全年开展群众体育活动3次，免费开放体育馆36100余人次，完成农牧民体育健身工程20个，在参加甘孜州第一届押加比赛中，九龙代表队获得4金2银1铜。2013年新增城镇就业552人，城镇登记失业率控制在4.2%以内。农村养老保险覆盖人群20122人；新型农村合作医疗参保48170人。开展农村劳动力技能培训502人次，城镇失业人员技能培训130人次。全年争取各类扶贫资金2620.07万元，启动魁多乡里伍村、踏卡乡河口村、乃渠乡七日村、呷尔镇查尔村、小金乡洋桥村、乌拉溪偏桥村、子耳乡万年村、湾坝乡湾子村、魁多乡江郎村等扶贫项目，完成异地扶贫搬迁112户。发放城乡低保11380人1171.08万元。完成《九龙县城市总体规划（2012—2030）》《九龙县县城控制性详细规划》《九龙县城市特色风貌规划》《烟袋乡控制性详细规划》的编制和评审。投资3000万元，实施了伍须西路沿河休闲长廊、山体亮化、县城顺山街道路延伸等一批市政工程项目。建设完成第五期廉租房48套，启动第一期50套公共租赁住房建设，兑现租赁补贴213户21.48万元。编制完成《彝家新寨建设方案》，整合财政涉农资金3590万元，启动9个村23个组4152人的彝家新寨示范村建设，完成1038户农户的民房升级改造和风貌塑造。

【九龙首次以国际形式举办伍须海国际游海节】 为对九龙县的经济社会发展成就和文化旅游向外进行推介，提升九龙对外形象，加强民族文化交流、增进民族感情，传承和发扬九龙藏彝文化，7月18日至22日（农历六月四日至八日），九龙县首次以国际形式隆重举行一年一度的民间传统节日——游海节。此次节庆活动主题是“2013中国·九龙伍须海国际游海节暨藏彝走廊民歌大赛”，来自甘孜、阿坝、凉山3州和省内成都、绵阳、石棉等地的140名歌手（组合）参赛。来自四川省社会科学院、省康藏文化研究中心、四川大学、西南民族大学、省民族研究所等单位的20余名藏彝文化研究权威专家齐聚一堂举办“中国九龙藏彝走廊理论研讨会”，九龙人民积极参与的“中国梦—最美九龙”摄影大赛在镜头下彰显“和谐美丽幸福”九龙，使九龙县一年一度的民间传统游海节更具吸引力、影响力。中新社、四川电视台、康巴卫视、天府早报、四川日报驻甘孜州记者站、四川新闻网甘孜分频道、《甘孜日报》、甘孜电视台等多家媒体参与并报道活动。

【创建成省级卫生县城】 九龙县在2005年成功创建州级卫生县城后，将创建省级卫生县城工作列入经济社会发展计划，成立以县长为组长，43个部门主要负责人为成员的九龙县创建省级卫生县城领导小组。制定《九龙县创建省级卫生县城工作规划》《九龙县创建省级卫生县城实施方案》《九龙县门前“五包”责任制管理办法》《九龙县公共场所卫生管理办法》《九龙县病媒生物防制管理暂行办法》等规范性文件。聘请35名市民组成创卫文明劝导队伍。印制发放《健康手册》1万册、《致全县人民的一封公开信》1万份、创卫活动宣传资料4000份，印发创卫工作信息17期，制作创卫大型公益广告3幅，街面道牌广告300余个，宣传标语150条，条幅90条，群发创卫公益短信1200条。在县民族广场、县中学、县城小开展创卫签名活动，参与群众和学生5000余人。已形成“政府主导、部门协作、群众动手、科学治理、社会监督”的综合创建新局面。全县城乡面貌、生态环境、人居条件和县城服务功能得到改善，城市建设及管理水平提升。

（余有清　李建琴）

·道孚县·

【概况】 全县辖5个片区工作委员会，2个镇，20个乡，158个行政村，2个居民委员会。年末常住人口56461人，其中城镇人口14555人，城镇化率25.78%；人口出生率11.17‰，人口死亡率3.29‰，人口自然增长率7.88‰。完成《道孚县旅游发展总体规划》和亚拉雪山、龙灯草原、惠远寺、八美土石林4个《旅游景区开发建设规划》；完成八美雀尔旅游新村、康北游人中心建设；举办八美木雅风情赛马节、金秋高原骑游赛和龙灯、玉科草原赛马节活动，开通道孚旅游门户网站、官方微博，全年接待游客25.26万人次，实现旅游总收入16500万元。完成八美敬老院建设和县城中心敬老院整体搬迁；完成第五期廉租房建设和第六期廉租房1、2号楼主体工程；完成1810户C级危房改造、50户地质灾害避让搬迁、200户棚户改造和126户农村住房解困。

【农业稳中求进】 2013年，粮食播种面积5034公顷，粮食产量14119吨；年末各类牲畜存栏22.64万头（只、匹），各类牲畜出栏3.96万头（只、匹）；肉类总产量2827吨。牲畜总增率、出栏率、商品率分别为17.2%、

15.8%、11.2%。兑现惠农补贴2424.5万元，比上年增长2.3%。全年农牧民人均纯收入达5047元，比上年增长18.5%；全年城镇居民人均可支配收入达18267元，比上年增长9.2%。培育优质青稞、绿色蔬菜、马铃薯、高原春油菜四大产业基地3966.67公顷。成立安珠农民养殖专业合作社、格西标准化生猪养殖示范场、康巴渠德农牧实业发展合作社。

【社会事业蓬勃发展】 全县共有各级各类学校43所，学生6672人，教职工595人。寄宿制学生4982人，兑现寄宿制学生生活补助等政策资金562.5万元；实施6546名中小学生营养餐改善计划；完成教育园区综合楼、中学教学楼、小学教学楼、中学实验楼、中学多功能厅主体工程；完成"五小一中"精品学校建设和中小学校改造提升工程，成功举办全州义务教育均衡发展现场会。各级各类医疗卫生机构27所，设置病床165张，每千人拥有病床2.5张。共诊治患者39687人次。完成16个乡镇、3个牧民定居点文化体育设备配送、12个村农牧民健身广场建设和3座寺庙书屋建设；协助完成《菊美多吉》电影拍摄，放映农村电影1940场。新增就业再就业人数552人；城镇失业登记率为4.12%；就业失业登记4000人；享受社会保险补贴的人数为235人，补贴资金94.13万元；累积开发公益性岗位78个，支付公益性岗位补贴71.86万元；小额贷款9人，贷款金额45万元；企业养老保险覆盖1241人；居民养老保险参保16425人，城镇职工医疗保险参保4125人。城镇居民医疗保险参保2014人。城乡居民医疗保险参合44821人，参合率98.25%。农村低保人数达到15350人，累计发放农村低保资金1487.1万元；发放各类优抚资金135.4万元。

2013年道孚县主要经济指标

表8

项目	单位	实绩	同比增长（%）
GDP（地区生产总值）	万元	63216	11.7
第一产业	万元	19823	0.4
第二产业	万元	8659	44.8
其中　工业：	万元	4491	17.5
投资建筑业	万元	4168	95.7
第三产业	万元	34734	10.4
财政收入	万元	5740	12
固定资产投资	万元	80109	158.1
社会消费品零售总额	万元	13133	16.2
农牧民人均纯收入	元	5047	18.5
城镇居民人均可支配收入	元	18267	9.2
年末耕地面积	亩	115470	
粮食播种面积	亩	75510	1.8
粮食产量	吨	14119	8.3
年末各类牲畜出栏数	头（只、匹）	39639	5.1
年末各类牲畜存栏数	头（只、匹）	226448	9.3
肉类总产量	吨	2827	0.3

（郑怀祥　欧小艳）

·炉霍县·

【概况】 全县区域面积为5796.64平方千米，辖4个工委，16个乡（镇），171个行政村，人口总数4.74万人。2013年，实现地区生产总值4.63亿元，比上年增长11.1%；其中第一产业增加值达到1.99亿元，比上年增长1.1%；第二产业增加值达到5670万元，比上年增长32%；第三产业增加值达到2.07亿元，比上年增长14.8%。三次产业结构为43∶12∶45。民营经济增加值完成1.76亿元，比上年增长7.5%。固定资产投资完成4.00亿元，比上年增长44.9%；全社会固定资产投资完成4.03亿元，比上年增长35.3%。社会消费品零售总额全年完成1.68亿元，比上年增长15.1%。全县地方财政一般预算收入3039万元，比上年增长50.7%；财政支出9.18亿元，比上年增长16.2%；各项存款余额12.79亿元，比上年增长16.6%；其中居民储蓄余额3.18亿元，比上年增长21.6%；各项贷款余额1.06亿元，比上年增长20.7%；工业增加值2889万元，比上年增长26.1%。全县农作物播种面积4543.6公顷。粮食总产量为11601吨，比上年增长6.79%。

【社会各项事业稳步推进】 2013年，全县共有学校45所，教职工556名。在校高中生共169名，初中生1412名，小学生5523名。开工建设教育项目14个，总投资9287.89万元，建筑总面积33035.24平方米。县、乡、村三级医疗卫生计生机构144个，其中：县级医疗卫生计生单位8个；乡（镇）卫生院18所。卫生计生机构现有人员289名，其中：专业技术人员259人，管理人员21人（含事业管理），工勤人员9名。2013年共接待游客11.8余万人次，实现旅游综合接待收入7850万余元；其中：接待入境游客1650余人次，创汇37.5万美元。争取中央投资190万元，共计解决全县饮水6096人，涉及6乡1镇。2013年，城镇居民可支配收入17257元，比上年增长9.4%。农牧民人均纯收入4990元，比上年增长18.1%。城镇基本养老保险参保1642人，征缴基金966万元；全县医疗保险参保总人数达43323人，征缴基金2209.50万元；新农保参保人数15229人，征收基金114.02万元；城镇居民养老保险参保人数104人，征收基金0.77万元。2013年共支出养老金585.35万元，按时足额兑现退休养老金率达100%；支付医疗保险费1894.57万元；支付新农保待遇297.62万元，各项基金运行平稳。

【基础设施建设大力推进】 投资为1618万元，建设完成宗麦乡仁真村、下罗乡日阿塔玛村、卡娘乡其马贡村、上罗科马乡五村4条通村通达公路，全长80.9公里；投资1435万元，建设完成更知乡知日马一村、充古乡德依村、充古乡阿都村、旦都乡秋所村、旦都乡加斗村5条路全长28.7公里。投资52万元，建设更知乡农村客运站及洛秋、旦都、雅德、上罗乡的4个招呼站。投资351万元，完成泥巴乡真然至卡娘通乡公路挡防工程。投资12165.21万元，完成了炉霍县城区桥梁工程、炉霍县城区道路建设、炉霍县城区共实施项目11个。投资9169.21万元。加快完善供排水、垃圾、污水、环卫、供气、绿化、道路红绿灯等设施的功能配套，规范电力、通信、广播电视线网布局，大力实施“三线下地”工程，提高城镇化水平。投资3748万元，完成农村危房改造、城市棚户区改造、炉霍县泥巴乡小型垃圾处理设施项目、炉霍县城区道路风貌塑造工程、炉霍县宜木乡虾拉沱村风貌塑造工程。投入扶贫资金共计665万元。修建斯木乡宗仁达村村道改建项目、卡娘乡多宗达桥和泥巴乡古西索桥改造项目、卡娘乡其马贡通村路，5个整村推进项目，完成工程90%，年内将全面完成。投入两资项目资金497.8万元。其中投入50万元的朱倭乡杜柏村水利工程项目，已完成工程进度的100%；投入80万元的太阳热水器推广项目，已完成招投标并已发放完毕，待安装；投入50万元的旦都乡加斗村环村路和断头路建设项目，项目正在施工中；投入57.8万元的民族地区教育发展行动计划下达到县文教局实施完成。投入260万元的民族地区小流域现代农牧业增收项目，已完成前期调研、勘察工作。投入以工代赈资金共计1023万元。其中投入200万元建设仁达乡扒里村水泥硬化路、安全饮水和太阳能热水器、太阳能路灯等项目；投入200万元建设宜木乡章达村易地移民搬迁项目；投入348万元建设仁达乡仁达、固依、卡莎组水泥硬化路、仁达、卡莎安全饮水和太阳能路灯等易地移民搬迁项目；投入275万元建设仁达乡仁达村桥、卡娘乡其玛贡桥、泥巴乡宗达桥、旦都乡棒达桥。

【炉霍山歌数据库建设】 以全县为范围，收集、整理200余首有一定影响、流传甚广的山歌词（藏、汉文对照），作为本库的基本内容；选派了20余名本地优秀的农、牧民山歌手前往成都进行音频录制，录制完成山歌180余首。

（王建明　杜　梅　黄　琳）

·甘孜县·

【概况】 甘孜县地处甘孜藏族自治州西北部，雅砻江上游。辖区在北纬31°24′—32°54′、东经99°08′—100°25′之间，东邻炉霍县，南靠新龙、白玉县，西依德格县，北界石渠、色达县。面积7358平方千米。辖5个区工委、22个乡（镇）。年末总人口6.96万人，其中：少数民族人口6.75万人，占总人口的96.9%；出生率7‰，死亡率为4‰，自然增长率3‰。2013年全县实现地区生产总值7.13亿元，同比增长10.3%。其中：第一产业增加值3.67亿元，增长5.2%；第二产业增加值6264万元，增长3.7%；第三产业增加值2.83亿元，增长17.3%。一、二、三产业占国内生产总值的比重，由上年的52.4:9.7:37.9调整为51.4:8.7:39.7。2013年，民营经济实现增加值3.78亿元，增长5.6%，占地区生产总值的比重为53%，同比下降1.4个百分点。对外推介招商引资项目22个。2013年，全县城镇固定资产投资完成9.39亿元，同比减少45.9%。2013年完成财政收入4020万元，同比增长17%，财政支出1.08亿元，同比增长15.4%。2013年末金融机构各项存款余额1.68亿元，同比增长17%。农牧民人均纯收入达5161元，同比增长18.5%。城镇居民人均可支配收入2.29万元，同比增长9.5%，比上年净增807元。全年接待游客15.6万人次，全年实现旅游收入1.04亿元，同比增长13.8%。全年实现农业总产值4.59亿元，同比增长13%。粮食作物播种面积10315公顷，比上年增加315公顷，同比增长3.2%，粮食总产量达3.2万吨，同比增长11.3%，主要经济作物油料播种面积667公顷，同比增长11.3%。完成造林面积9093.7公顷，森林覆盖率40.1%，森林病虫害防治面积1666公顷，防治率100%，城镇化率26.34%。全年肉类总产量3885吨，同比增长0.7%，畜牧业产值2.65亿元，同比增长6.3%，占农业总产值比重42.3%。农田有效灌溉面积1925公顷。农业机械总动力6.2万千瓦。2013年工业实现增加值1565万元，同比增长23.4%。建筑业增加值4699万元，同比减少2.9%。启动6个乡镇客运站和50个村级招呼站建设。投资294.3万元大德、卡龙等通乡油路工程建设启动。旅客周转量951万人公里。新建移动宽带小区48个、通讯基站96个，移动用户达到3万户。邮电主营业收入796万元。投资1500万元，启动甘孜县客运站迁建工程。投资220万元，完成城区公交车停靠站、国道317线双向港湾站建设。引资1500万元，成立城市公交公司和出租车公司。引进医务人员26人。投资1200万元，完成中藏医院整体迁建。建成22个乡镇综合文化站和219个农家书屋。拥有学校34所，在校学生7233人，专任教师691人，学龄儿童入学率99.52%，初中入学率96.5%，高中毕业生升学率97.0%。投资72万元，建成社区服务站1个，成立全州第一个“543”社工中心。

【农业工作】 完成粮食播面10313.33公顷，粮食总产量预计达到3.23万吨，较上年增11.34%。牲畜存栏预计达到27万头，牲畜总增、出栏、商品“三率”分别达到17%、15.6%、14%。投资100万元，开展农机示范县建设项目，农机总动力达6.3万千瓦，机械化综合水平达到52%。投资1799.5万元，完成草原沙化治理，种植优良牧草1333.33公顷。投资400万元，完成农产品质量安全检测中心建设。投资100万元，实施“三网”配套高标准农田建设66.67公顷。投资695.2万元，完成民族地区粮食生产能力、农技推广服务体系建设等项目。狠抓种植业结构调整，建成青稞高产示范基地5333.33公顷、马铃薯高产示范基地200公顷，推广蔬菜种植133.33公顷。

【旅游产业】 完成“甘孜县旅游发展规划(2013—2025)”“旭日岭AAAA级景区旅游规划”编制，制作“画说康北甘孜”画册。注资1000万元，成立了甘孜县文化旅游发展有限公司。在成都、康定等地开展旅游宣传，加大了旅游宣传和推介力度，全年接待游客15.6万人次，实现旅游收入1.04亿元。

【工业发展】 积极推进呷拉工业园区和民族民间手工艺园区前期工作。完成电力体制改革和电价调整，全年预计完成发电4755.8万度，完成售电2485.12万千瓦时。落实无电地区电力建设资金820万元。投资2740万元，启动了电网升级改造工程。投资100万元，完成打火沟二级电站技改工程。完成冷达电站、麦玉隆一、二级电站预可研评审，打火沟一级电站、泥曲河流域规划等前期工作稳步推进。

【基础建设顺利推进】 投资3210万元，启动大德、卡龙等通乡油路工程建设。投资294.3万元。投资375万元，启动6个乡镇客运站和50个村级招呼站建设。甘孜格萨尔机场取得预可研批复。投资384万元，完成扎科等乡饮水工程；投资1499万元，完成县城供水管网改造和自来水厂技改工程，城市水量不足和水质差的问题得到解决。投资600万元，实施山洪灾害防治县级非工程措施建设。投资1200万元，完成卓达沟水土治理工程。投资3994.28万元，实施夺多、四通达、斯俄等乡泥石流治理和应急排危除险工程。投资6309万元，启动沙化治理工程和湿地保护恢复项目。

【社会事业】 2013年，全县“五险”参保86902人次，参合率达99.44%。城镇新增就业358人。投资13065万元，完成学校改建、迁建、风貌改造、学生公寓建设任务、校园文化建设、“爱国守法感恩”陈列馆建设工程，开工建设甘孜龙泉标准化幼儿园项目，完成达通玛片区寄宿制学校项目。引进医务人员26人。投资1200万元，完成中藏医院整体迁建；投资940.71万元，完成县医院中心供氧、仟级层流净化手术室、太阳能供暖建设项目；投资600万元，实施计划生育技术服务站建设。投资210万元，完成甘孜镇社区卫生服务中心建设；投资126万元，完成卫生监督所建设。人口自然增长率控制在6‰以内。建成22个乡镇综合文化站和219个农家书屋，配发图书35万册、电子音像制品1.5万盘。投资910万元，实施朱德总司令和五世格达活佛纪念馆改扩建工程。投资98万元，启动甘孜县歌舞数据库建设；投资800万元，启动白利寺维修改造工程；投资514.96万元，启动有线电视光缆数字化网络入地工程。国家广电总局落实非义务教育阶段贫困资助金30万元，资助贫困学生258名。浙江省富阳市落实东西扶贫协作帮扶资金300万元。省委政法委启动呷拉新村规划建设；成都市龙泉驿区落实对口援助资金4435.73万元，对口援助项目26个，捐赠爱心物资266.48万元；投资38万元，完成交通基础建设专项规划编制。62名援藏干部在各条战线充分发挥传帮带作用，派出50名干部到龙泉驿区挂职锻炼。投资596万元，实施甘孜县综合档案馆建设；投资540万元，实施18个乡镇邮政所建设。

（史建平）

·色达县·

【概况】 全县区域面积9338.98方千米，辖4个片区，17个乡镇，134个行政村。全县总人口52662人，人口出生率为11.06‰，人口自然增长率为7.92‰。2013年，全县地区生产总值完成5.06亿元，比上年增长9%。全社会固定资产投资完成3.54亿元，比上年降低13.7%。地方公共财政收入完成3017万元，比上年增长44.6%。金融存贷余额分别达到15.42亿元、1.67亿元。农牧民人均纯收入4666元，比上年增长16%；城镇居民人均可支配收入2.43万元，比上年增长9%。工业增加值完成967万元，比上年增长23.5%。社会消费品零售总额完成1.15亿元，比上年增长12.7%。招商引资完成3020万元，比上年增长47.3%。全年争取项目75个，总投资6.4亿元；开工项目78个，完成投资1.35亿元。全县个体工商户805户，新增220户，注册资本金4463.77万元；企业46家，新增9家，注册资本金2.23亿元。

【基础设施不断完善】 2013年，投资4.6亿元的色色路改建工程完成招投标。色年路完成工程总量的80%，完成投资1.8亿元，预计2014年竣工。投资3961.22万元，开工建设克然路。投资2310.67万元，新建通村公路108.5公里、钢架桥9座、板桥2座、吊桥1座、客运招呼站3个。开工建设炉霍至翁达、甘孜至色达110千伏输变电联网工程，色达用电难即将成为历史。大章、然充、年龙35千伏输变电工程完成招投标。投资5967万元，完成市政道路、滨河路建设。投资280万元，启动金马广场改造和管理用房建设。投资988万元，实施翁达镇供水工程。城市供水改扩建工程投入试运行，城区用水有效保障。环保大楼竣工使用，格萨尔文化艺术中心主体封顶。投资137.86万元，实施霍西冷多风情苑建设。投资300万元，启动翁达3个村整村推进项目。筹资749.2万元，实施寺庙“五通”工程。投资544.09万元，配套完善22个定居点公共服务设施。投资760万元，新建15个电信C网3G基站、3个移动基站。投资263.32万元，实施城区通信管线下地工程。投资300万元，实施光网宽带建设，电信宽带覆盖14个乡镇。投资1600万元，新建8个联通3G基站，实施3G网关扩容提速工程。

【社会事业全面发展】 启动投资1.03亿元的二完小改扩建工程，完成投资2424万元，着力打造牧区一流寄宿制学校。投资6574万元，实施克果重点寄宿制学校建设，新建乡镇幼儿园3所、教师宿舍3幢，建成3个乡镇小学校学生宿舍、食堂，并配套教育软件设施。投资2550万元，建成县急救中心，启动大章、然充、克果卫生院和翁达中心医院招投标。基本药物、“四费合一”制度让利患者27.05万元，免费治疗包虫病、大骨节病患者2335人。兑现计生惠民资金37.25万元。新建4个综合文化站、3个社区书屋、10个村级广播站和5个电影放映点。优化调整数字电视节目，新增藏语、少儿节目频道4个，完成州县广播电视节目覆盖工程的地勘工作。深入开展现代文化三进寺庙活动，新建寺庙书屋30个，发放马背电视880套、科技图书5281册。新建13个体育健身场所，体育工作不断加强。狠抓旅游宣传促销、管理服务，促进旅游业持续升温，全年接待国内外游客11.58万人次，实现收入9021万元，比上年增长11%。投资667.08万元，实施翁达游客接待中心、步游道等旅游基础设施建设。“五险”

参保人数62576人次，其中“新农合”43081人，参保率达99%，补助医药费385万元，惠及3057人；城乡居民养老保险12527人，“新农保”11230人，发放养老金537.57万元。开展就业、创业和技能培训1480人次，新增城镇就业316人，城镇失业率控制在4.2%以内。城乡低保、五保实现提标，兑现城乡低保金1572万元、五保供养金182万元。争取各类扶贫资金2129万元，兑现扶贫救助金801.85万元，实施扶贫项目11个，实现900人脱贫。投资748.58万元，改造棚户区87户、C级危房337户，建成廉租房96套，发放租赁补贴9万元。投资466万元，新建管饮5处15千米、水井50口，解决了6000人的饮水问题。兑现退耕还林、草原奖补、综合直补、油价补贴等惠民资金6983万元。发放城乡医疗救助金360万元、救助1469人次，兑现农村贫困孕产妇住院分娩补助19.7万元。落实104名孤儿生活保障金每月678元，兑现城镇“三无人员”救助金33.92万元。投资48.7万元，维修泥朵、塔子、县城敬老院；投资370万元，新建大则、色柯农村敬老院。

2014年色达县经济社会发展主要指标

表9

项　目	单位	实绩	同比增减（±%）
	万元	50556	9
地区生产总值	万元	25601	4.3
第一产业增加值	万元	4676	2.8
第二产业增加值	万元	967	23.4
规模以上工业增加值	万元	20279	14.7
第三产业增加值	万元	28367	5.5
民营经济增加值	吨	2501	0.04
粮食总产量	吨	5511	23.4
肉类总产量	万元	11487	12.7
社会消费品零售总额	万元	35400	-13.7
全社会固定资产完成投资	万元	3017	44.6
地方财政一般预算收入	万元	106617	17.9
地方财政一般预算支出	万元	154231	29.9
年末金融机构存款余额	万元	16697	24.2
年末金融机构贷款余额	元	24286	9
城镇居民人均可支配收入	元	4666	16
农民人均纯收入	%	100	0
城市垃圾处理率	人	4496	-0.6
	%	99%	4

（殷志勇　志　玛　郑　燕）

·石渠县·

【概况】 全县区域辖区面积25191平方千米，辖23个乡（镇、场）、165个行政村，平均海拔4526米。实现地区生产总值6.64亿元，比上年增长8.1%；实现社会固定资产投资7.8亿元，比上年减少41.9%；实现社会消费品零售总额2亿元，比上年增长15.6%；实现城镇居民人均可支配收入24156元，比上年增长9.5%；实现牧农民人均纯收入4868元，比上年增长16.6%；实现地方财政一般预算收入3236万元，比上年增长52.2%。各类农作物播种面积2838.67公顷，粮食总产量达7166吨。全年各类牲畜存栏46.04万头，出栏牲畜82300头、出栏率20.2%，出售肉用畜65100头、商品率16%，肉产量4800吨，奶产量10900吨。

【基础设施不断加强】 加快基础设施建设，

城乡配套功能不断完善。投资5506.06万元，完成市政道路改造工程。投资195万元安装县城路灯124盏。统战宗教业务用房、档案馆、自来水厂综合办公业务用房、援藏干部接待中心等一批重大工程建设主体已完工。投资280万元，新建长须干玛乡办公业务用房1187.37平方米。投入97.8万元，配备垃圾清运车13辆。投资16553.4万元建成383公里的通村公路和127.8公里通乡公路；完成牧民定居点内水泥砼47公里，完成格孟乡雅砻江大桥、呷依乡雅砻江桥、瓦须乡哈达村空心板桥等6座桥梁建设。投资18亿元余元省道217线马石路改造项目，完成工程总量的80%。投资810.4万元完成5个灾后重建新村自流式人口安全饮水工程，建设牧民定居新村明井141眼、压力式水井422眼和集中供水1处，实施“幸福工程”打水井30口。投资1.35亿元修建洛须引水工程，完成工程总量的89.4%。投资3960万元完成县城供水工程建设，建成6.85公里主管道、8.7公里给水管网，111处供水点实现供水。投资1632万元，完成县城排污工程一期和排水工程二期建设任务。投资600万元建立23个乡（镇、场）防汛自动化系统。结合农网完善工程，投资1.13亿元实施县城至洛须110千伏输变电工程，启动扎多等三个35千伏输变电工程建设，投资4784万元升级改造麻呷、国有牧场、新荣等乡农网，完成瓦须乡3个村和阿日扎乡1个村10千伏与0.4千伏输电线路架设，完成瓦须乡、松格嘛呢等3个输变电线路工程。发放无电地区光伏户用式设备2862台。

【社会事业全面推进】 出台《强力推进石渠教育发展“三年行动计划”实施方案》。投资2000余万元实施学校基础设施建设，投资7905万元建设农村教师周转房、校舍维修改造、农村义务教育薄弱学校改造等26个项目。新聘双语教师和特岗教师73名，引进援藏援石干部人才，组织教师参加各类培训234人次。每年为9000多名寄宿制学生补助生活资金1000多万元。补助非义务教育阶段就读大中专院校的农牧民子女学杂费66.1万元，选送252名学生到内地接受“9+3”免费中职教育。完成县医院和县藏医院原址重建工程、县疾控中心和县妇幼保健院的灾后重建工程。建成洛须中心卫生院、蒙沙卫生院建设，建成俄巴纳村等10个村级卫生室。建成县卫生执法监督大队、县藏医院和瓦土、温波、等卫生院。累计为81118人建立了居民健康档案，建档率达93.33%。基础免疫接种率达94.38%。培训全县医疗卫生人员600余人次。加工炮制藏药36种，色须寺藏医院“佐塔炼制”正式开工。2013年诊治门诊病人116482人次，住院病人1563人次。兑现各类惠民资金2.55亿元，牧农民人均达2860元。成功举办“石渠县喜迎十八大——大型草原实景‘太阳部落’感恩歌舞诗画文艺演出”活动；广播综合覆盖率达69.65%，电视综合覆盖率达68.4%；成功申报真达锅庄为国家级非物质文化遗产。建成80个牧民定居点，13756户牧区群众喜迁新居。新型农村养老保险参保达31000人；城镇居民基本医疗保险覆盖1149人；参加“新农合”农牧民群众76673人，参合率为98%，为63063人次“新农合”参合群众报销医药费831.45万元。

（廖华远）

·德格县·

【概况】 全县区域面积11025.24平方千米，辖1个镇、5个片区工作委员会、25个乡。年末户籍人口85982人，人口出生率10.5‰，人口自然增长率6.86‰。完成地区生产总值6.1亿元，比上年增长10.4%。其中：第一产业完成2.79亿元，比上年增长2.9%。第二产业完成0.93亿元，比上年增长17.9%。第三产业完成2.38亿元，比上年增长14.4%。三次产业结构由上年的48.0∶14.5∶37.5调整为45.7∶15.2∶39.1。一、二、三次产业对地区生产总值增长的贡献率分别为11.1%、

28.5%、60.4%。全县财政总收入0.29亿元，比上年下降1.9%。地方公共财政收入完成0.22亿元，比上年增长5.4%。全年财政总支出9.21亿元，比上年增长5.6%。地方公共财政支出9.17亿元，比上年增长8.0%。年末金融机构各项存款余额15.21亿元，比上年增长23.6%。金融机构各项贷款余额1.43亿元，比上年增长42.8%。全社会消费品零售总额1.26亿元，比上年增长15.4%。完成工业增加值978万元，比上年增长24.1%。完成工业发电量4865万千瓦时，比上年增长143.3%。工业法人单位总产值0.19亿元，利润总额0.14亿元；个体工业总产值697万元，利润总额218万元。社会固定资产投资完成7.36亿元，比上年增长36.8%。民营经济实现增加值3.36亿元，比上年增长8.5%。其中：第一产业增加值2.43亿元，比上年增长2.9%；第二产业增加值0.39亿元，比上年增长34.2%；第三产业完成增加值0.54亿元，比上年增长12.8%。民营经济增加值占地区生产总值的比重为55.0%。全年共接待国内外游客11.1万人次，实现旅游收入7402万元。

【农业经济稳中求进】 全县农林牧渔业总产值3.66亿元，比上年增长4.7%。粮食产量1.2万吨，比上年增长3.0%。在14个乡镇建青稞高产示范基地3333.33公顷，建青稞良繁基地133.33公顷，小麦良繁基地33.33公顷。新建安全饮水工程20处，蓄水池20口，解决15000余人安全饮水问题。完成农机购置补贴地机90台（套），发放农机购置补贴18.08万元。完成农牧民培训、咨询、指导1.4万人次，完成新型农民培训300人次。大黄育苗试验取得成功。牧业产值达1.93亿元，比上年增长36.8%。全年各类牲畜年末存栏428237头（只、匹），比上年下降10.1%。各类牲畜出栏80148头（只、匹），比上年增长9.0%。肉类总产量4444吨，比上年增长10.6%。牛奶产量9500吨，比上年下降26.12%。投入草种102781.07公斤，完成牧草良种补贴16.4万亩。完成本品种选育4000头（只），牦牛改良1000头。完成各类疫苗注射头131万头（只）次，驱治体内外寄生虫37.86万头（只）次，完成牛采血1000头、羊100只。检疫生猪3335头，冻制品35吨，家禽4983羽，皮张1.1万张。开展生物灭鼠1.33万公顷。完成草原虫害防治0.67万公顷。

【社会事业蓬勃发展】 全县有各级各类学校35所，在校中小学、幼儿园学生8325人，小学入学率达99.67%。有教职工795人，专任教师学历达标率为100%，校长持证上岗达100%。全年实施教育项目50个，总建筑面积81856平方米，总投入资金2.31亿元。投入441万元用于学生营养餐改善计划，对6494名义务教育阶段寄宿制学生补助生活费，为546名学生发放高新励志奖学金30万元，兑现教龄满30年的9名一线退休教师一次性奖励金72万元。为县中学、城关一完小、城关二完小、温拖小学、城关幼儿园等学校安装价值179.9万元的网络教学设备。全县有医院、卫生院29所，床位304张，有专业技术人员301人、卫生防疫人员17人。完成藏医院整体重建工程，总投资1800万元，总建筑面积为5598平方米。完成马尼干戈中心卫生院新建工程，共投入315万，设床位30个，建筑面积1620平方米。成功研制治疗糖尿病的新药“吉尼德协”（糖尿康）。完成乡卫生院建设项目8个。全县有社会福利收养性单位3个，拥有床位275个。实现新型农村社会养老保险和城镇居民养老保险参保30600人，城镇居民基本医疗保险参保4691人，新型农村合作医疗参合人数70512人，参合率97%。参加失业保险人数为1834人。新增城镇就业340人，下岗和失地无业农牧民再就业27人。享受城镇居民最低生活保障人数1403人。享受农村居民最低生活保障人数17616人。兑现“安心工程”现金补助576人2665.6万元。全县城镇职工参保人数3684人，参保率

100%。完成甘孜—马尼干戈110千伏输变电工程，实施10千伏以下农网改造升级及无电地区电力建设工程。

【康巴文化研究院成立】 8月20日至21日，甘孜藏族自治州康巴文化研究院成立大会暨首届康巴文化学术交流会在德格县召开。中央、省、州、县各级领导、康巴文化有关专家学者，省内外对口援助德格县的市（县、区）和部门领导，德格县级机关、片区工委、乡镇负责人参加成立大会。成立仪式上同时举行甘孜藏族自治州康巴文化研究院授牌、揭牌仪式及康巴文化保护传承项目启动仪式。随后举行康巴文化“非遗”展，包括百幅精品唐卡画、美术作品、古藏文书法作品、藏医药、百人格萨尔说唱、百人藏文书法及非遗传承展演。同时在柳林子举行百人锅庄表演。古藏文书法刻存印经院授权仪式在德格印经院举行。21日下午，首届康巴文化学术交流会在党政大楼五楼一会议室召开。晚八点，甘孜藏族自治州康巴文化研究院成立德格县群众文艺汇演在县中学上演。

2013年德格县经济社会发展主要指标

表10

项　目	单位	实绩	比2012年增长（%）
地区生产总值	亿元	6.1	10.4
第一产业增加值	亿元	2.79	2.9
第二产业增加值	亿元	0.93	17.9
第三产业增加值	亿元	2.38	14.4
粮食总产量	万吨	1.2	3
肉类总产量	万吨	0.44	10.6
社会消费品零售总额	亿元	1.26	15.4
全社会固定资产完成投资	亿元	7.36	36.8
地方财政一般预算收入	亿元	0.28	-1.9
地方财政一般预算支出	亿元	9.21	5.6
年末金融机构存款余额	亿元	15.21	23.6
年末金融机构贷款余额	亿元	1.04	42.8
城镇居民人均可支配收入	元	17511	9
农牧民人均纯收入	元	4884	18

（颜　全　降拥志玛）

·白玉县·

【概况】 全县总面积10386平方千米，辖4区2镇15个乡，158个行政村，2个社区，1个管理局，3个寺管会。年末总人口5.44万人。2013年，地区生产总值10.46亿元，比上年增长8.7%；第一产业增加值2.72亿元，比上年增长3.9%；第二产业增加值5.78亿元，比上年增长8.6%；第三产业增加值1.96亿元，比上年增长14.2%，三次产业比为26.1∶55.2∶18.7，三次产业对经济增长贡献率分别为：9.5%、58.1%和32.4%，分别拉动GDP增长0.8、5.1和2.8个百分点。地方公共财政收入达到1.11亿元，比上年增长10.5%，地方公用财政支出10.78亿元，比上年增长47.3%；固定资产投资11.06亿元，比上年增长82.5%；社会消费品零售总额1.5亿元，比上年增长19.5%。城镇居民人均可支配收入18854元，比上年增长9.4%；农牧民人均纯收入5098元，比上年增长18.9%；金融机构年末存款余额1.57亿元，比上年增长17.5%，各项贷款余额1.73亿元，比上年增长40.8%。调整农业产业结构，新增改善灌溉面积1400公顷，各类牲畜存栏30.21万头，总增、出栏、商品率分别为25%、17.05%、

16.97%。实现工业增加值5.01亿元，比上年增长3.8%。货物周转量完成450万吨公里，比上年增长27.7%。完成旅客周转量56万人公里，比上年增长115.4%。实现邮电业务收入4200万元，比上年增长44.4%。固定电话用户2245户，比上年增长2.98%。互联网用户1780户，比上年增长17%。投入教育资金1.19亿元，新建校舍面积4.43万平方米。全年接待游客8.67万人次、实现旅游收入5946万元，分别增18.7%、19.6%。山岩民居列入省级文保单位。成功举办“中藏药业暨高原生态产业推进会议”，与四川发展（控股）有限公司达成产业项目合作意向。投入4200万元，新建城市防洪防堤3.6公里，建成山洪灾害防治县级非工程措施项目。阿察乡实现撤乡建镇。对口援建到位资金4460万元，16个对口援建项目全部启动，7个已竣工，争取浙江对口帮扶资金300万元，启动章都边坝新农村和旅游民居接待项目。

【农业持续发展】 2013年，白玉县调整农业产业结构，新增改善灌溉面积1400公顷，建创高产基地326.67公顷，完成农作物播面3973公顷，粮食总产量10400吨，增7.0%，实现农业产值3.4亿元。农民专业合作社4户，注册资金68.9万元。完成草补禁牧25.33万公顷、畜草平衡27.87万公顷、草原灭鼠2万公顷、牧民生产资料综合补贴8998户、牧草良种补贴1.17万公顷、牲畜良种补贴170头（只）；各类牲畜存栏30.21万头，总增、出栏、商品率分别为25%、17.05%、16.97%，完成奶产量7747吨、肉产量3798吨；培育畜产品营销大户10户，完善专合组织1个，新建标准化养殖小区2个，发展农村经纪人20人。稳妥推进草原补助奖励政策的落实，惠及4.81万牧民，人均增收704元。

【基础设施不断完善】 2013年，投入1580万元，有序推进13个新村及公共服务配套建设，改造农村危房506户。投入扶贫资金1228万元，实施扶贫项目12个，启动5个贫困村的整村推进工程，完成“四小”工程建设3个，解决太阳能热水器500台，开展易地搬迁66户330人，改善900名低收入人群生产生活条件。建成灯龙乡节水灌溉工程，解决0.5万名农村人口的安全饮水问题。扎实推进“万村千乡”工程，建农家店51家，覆盖15乡48村。甘白、巴白、岗白公路分别完成投资6.16亿元、3.84亿元、2.62亿元，分别完成进度的42.4%、44.9%、81.8%；投资7060万元，建成通乡公路60.1公里、通村（寺）公路150.4公里、桥涵40座，“断头路”建设5条36公里，养护农村公路1374公里。公路通车里程2820公里，增5.3%。

【工业经济发展顺利】 2013年，实现工业增加值5.01亿元，增3.8%。呷村完成原矿处理58万吨，实现产值3亿元，30万吨的扩规工程正在开展要件办理和尾矿库征地。叶巴滩、波罗电站开发前期工作稳步推进，赠曲、偶曲河流域水电开发中的松雪、嘎龙、协达电站取得前期工作“路条”；甘孜至白玉110千伏输变电线路提前进入施工阶段，完成德沙变电站的征地和“三通一平”，启动367座塔基建设，完成投资7108万元，完成昌台、纳塔、城关3座变电站的招投标工作。规范和管理矿权市场，确定采矿权3宗、探矿权32宗；有热银矿、章都金矿等7个矿山进场开展工作；嘎依穷、胜莫隆矿山建设加快推进。

【社会事业协调发展】 2013年，投入教育资金1.19亿元，新建校舍面积4.43万平方米；投入2250万元打造独具特色和亮点的校园文化、信息化、寄宿制标准化建设，投入3822.06万元用于五所学校的改扩建及附属设施建设，成功承办全州义务教育均衡发展现场会；按照“一保四环节”要求，全力抓好“两基”巩固和“控辍保学”工作，全面落实“两免一补”政策，补助资金1042.59万元，兑现2012年非义务教育阶段贫困学生资助金

57.8万元、大学生生源地信用助学贷款和省属高校毕业生到艰苦边远地区就业奖补资金36.8万元，努力提高教师待遇，解决教师专项经费92万元，核发教师绩效工资592万元。实施县级医院以药补医综合改革，推进基本公共卫生服务均等化，建立居民健康档案4.95万份；投入资金4156万元，完成计生服务站改扩建、章都中心卫生院、3个急救站和10村卫生室建设，启动河坡、盖玉中心卫生院和卫生执法大队综合楼建设；完成药厂车间配套建设，加快推进藏药新药和仿制药申报。开展送文化下乡50场次、送电影下乡1872场次，送图书下乡3.8万本。投资101万元完成县广播电视台设施设备更新改造，建成示范乡镇综合文化站3个、社区书屋2个、固定电影放映室2乡2村；加大文化作品创作力度，提炼1个核心文化品牌和5个文化子品牌；完成16个村级体育健身工程。续建新建廉租房66套、安心工程224套、干部周转房44套，城镇化率稳步提高。盛德花园、避险广场、一水厂改扩建、昌台中心卫生院等工程有序推进。在7个乡镇打造“一办四中心”社会管理新模式；完成赠科乡、金沙乡、阿察镇的基层政权建设，全县17个乡镇的基层政权建设已全面建成。阿察乡实现撤乡建镇。

（杨怀富）

·新龙县·

【概况】 全县区域面积9182.74平方千米，辖4个区工委、18个乡、1个镇。年末总人口51198人。完成农作物播面3686.67公顷、粮食播面3400公顷，推广良种3000公顷，实施政策性农业保险2580公顷。农业结构持续调整，推广种植洋葱9.13公顷，产量176吨；种植油菜154公顷，产量277吨。常规牲畜免疫47万头（只）次，驱治寄生虫23万头（只、匹）次，总增率、出栏率、商品率分别为21%、21.6%、17%；肉类产量3372吨，奶产量8564吨。大力实施投资拉动战略，投资总量首次突破10亿，投资增速全州第一。科学制定项目计划，编制“四个一批”项目222个，计划总投资77亿元。积极争取项目36个，投资总额1.54亿元。宜宾市对口援建项目9个，援建资金2150万元；浙江省东西扶贫协作项目2个，援建资金600万元。全年实施政府投资项目97个，建成项目36个，完成投资6.4亿元。协调雅砻江公司实施项目8个，计划总投资27亿元。全年共接待游客8.15万人次，实现旅游综合收入5600万元。

【社会事业协调发展】 出台《加快推进教育跨越发展的意见》，新增县级教育投入233万元。实施县中学整体搬迁、二完小扩容等教育项目37个，建成项目12个，办学条件不断改善。开通网课班2个，开办植入式网络教学班10个，安装交互式电子白板62套，实现圈内5所学校“班班通”，教学方式不断更新。新建成县医院、县中藏医院，色威乡卫生院投入使用，启动实施乐安乡、拉日马乡卫生院标准化建设。实施乡村卫生服务一体化管理，深化公立医院改革，取消药品加成，药费同比下降30%。县妇幼保健院成功创建“一级甲等”医院，农村孕产妇住院分娩率达72.8%。挖掘整理地方民族文化，汇编出版《新龙锅庄》词曲集。央视播出新龙选送舞蹈《十三节少儿鼓舞》及藏式药泥面具制作工艺。少儿锅庄获全省首届广场舞大赛金奖。拉日马石板藏寨成功晋级国家重点文物保护单位。提升公共文化服务能力，完成县级文化馆、图书馆和96个农家书屋建设。城乡居民医疗保险参保46117人，养老保险参保16939人，最低生活保障覆盖13373人；发放医保金1615万元，养老金1041万元，低保金1477万元；募集爱心慈善捐款223万元，发放残疾人辅具30件，发放各类救助资金1236万元；开展劳动技能培训1.43万人次，转移农村富余劳动力就业3182人，实现劳务收入3500万元；发放小额担保贷款180万元，城镇新增就业328人，下岗失业人员再就业44人，动态消除了“零就业”家庭，城镇登记失业率控制在4.2%以内；实施易地扶贫搬迁90户、避险搬迁85户，完成C级危房改造280户；建成廉租房230套，兑现110户干部职工“安心工程”补贴484万元。建成农村饮水安全工程45处，91%的农牧民喝上了安全放心水。

2013年新龙县主要经济指标

表11

项目	单位	实绩	同比增长（%）
地区生产总值	亿元	6.7349	15.2
第一产业增加值	亿元	2.774	4.1
第二产业增加值	亿元	1.0688	49.4
第三产业增加值	亿元	2.8921	13.8
民营经济增加值	亿元	3.2254	10.4
粮食总产量	万吨	1.0802	8
肉类总产量	万吨	0.3372	4.0
社会消费品零售总额	亿元	0.8001	16.2
全社会固定资产完成投资	亿元	11.5535	132.6
地方财政一般预算收入	亿元	0.4842	56
地方财政一般预算支出	亿元	8.8113	37.3
年末金融机构存款余额	亿元	11.9504	18.1
年末金融机构贷款余额	亿元	0.6711	42.7
城镇居民人均可支配收入	元	17621	10
农牧民人均纯收入	元	5023	19.1

（蒋秀芳　杨　梅　蒲小琴）

·雅江县·

【概况】 全县总面积7854.5平方千米，辖4个片区工委，1镇16乡，1个居民委员会，113个行政村，128个村民小组，总人口50370人。地区生产总值达到7.72亿元，比上年增长15.6%；全社会固定资产投资完成额达到33.06亿元，比上年增长33.3%；全县实现地方公共财政收入1.31亿元，比上年增长24.53%；农牧民人均纯收入5374元，比上年增长18.8%；城镇居民人均可支配收入22051元，比上年增长10.06%；全县完成社会消费品零售额1.68亿元，比上年增长16.97%；农林牧渔业总产值2.77亿元，农林牧渔业增加值2.19亿元；全年实现各类存款余额17.31亿元，较比上年增长24.90%；各类贷款余额5.48亿元，比上年减少7.50%；三次产业结构比重为：28.35∶35.38∶36.27，农牧产业发展态势良好。支农惠农政策全面落实，兑现各类涉农补贴4242万元。全县实现农牧业总产值2.77亿元，比上年增长4.40%；全县粮食总产量9004吨，各类牲畜存栏达各类牲畜存栏17万头（匹、只），总增、出栏、商品三率分别达21%、21.4%、14%。

【基础设施不断强化】 全县加快基础设施建设，国道318线改扩建工程雅江段基本完成；

投资9600余万元，实施的德差、祝桑、八衣绒、恶古等通乡公路项目建设有序推进；投资2190万元，建成通村公路80公里、道路安保设施15公里，修复水毁公路28处，建设农村客运站点5个。投资8845万元，完成雅江—红龙—理塘35千伏、八角楼米西35千伏等输变电工程建设；投资6.50亿元，实施新都桥至八角楼220千伏、八角楼至唐岗220千伏、八角楼至三道桥110千伏等输变电系统工程建设。投资8482.34万元，建成城区防洪堤（一期）、卧龙寺河雅砻江汇口—帕姆岭段堤防、额西沟防洪治理、俄洛河防洪治理、霍曲河整治（德差段）等项目，实施城区防洪堤（二期）、城区左岸堤防、王呷—卧龙堤防续建等工程建设。建成乡村移动通讯基站24个，完成光纤入户1500余户，建设农村邮政网点13个。投资1.07亿元，完成城区沿江风貌改造、自来水厂恢复重建、东城区输水管网等项目建设，实施城东大桥、城南大桥、入城大桥、入城景观大道、沿江路等项目建设。投资1180万元，实施木绒乡安桂村、祝桑乡奔达村等9个新村建设，获“全省藏区牧民定居行动计划暨帐篷新生活行动突出贡献集体”。农村基础条件有效改善，投资432.78万元，新建安全饮水工程48处，解决6866人饮水安全问题，新增灌面15.7公顷恢复改善灌面26.7公顷，新增农村沼气池200口。

【社会事业全面发展】 全县共有学校38所，在校学生7510人，适龄儿童入学率达99.70%，专职教师507人。年内改善办学条件，投资7698万元，完成波斯河乡中心校、恶古乡中心幼儿园等14个项目建设，加快推进西俄洛片区寄宿制完小、八衣绒乡中心小学等18个项目建设，投资314万元，完成雅江中学、城厢小学等8所学校电子白板“班班通”建设。输送“9+3”免费中职教育学生98名。全面落实“两免一补”政策，免除6280名义务教育阶段学生学杂和书本费，兑现4800名寄宿制学生生活补助715.40万元，落实义务教育阶段学生营养改善计划资金373.93万元，发放优秀教师及高考录取学生奖励资金80.46万元。加快卫生基础设施建设，投资4131万元，完成县医院、县中藏医院、3个乡卫生院、13个村卫生室建设；投资2669万元，实施县急救中心、波斯河乡卫生院等6个项目建设。民族文化保护力度加大，完成木雅锅庄、木雅石砌手工技艺等非物质文化代表性项目及传承人数据库建设，投资605.50万元，加快推进12个乡镇综合文化站建设；开展送文化、送电影下乡等活动1623场次，群众文化生活日益丰富。完成年鉴编纂、公开出版工作。新增城镇就业、失业人员再就业、就业困难对象再就业619人，城镇登记失业率控制在4.20%以内。完善社会保障体系，“五大保险”累计参保2.64万人次；新型农村养老保险参保1.83万人，参保率达82%；新型农村合作医疗参保3.82万人，参合率达97%，全年报销参保人员医疗费用1334.09万元。兑现15031名城乡低保对象的低保资金1978.45万元，兑现农村“五保户”、城镇“三无”人员、残疾人、孤儿等人员扶助资金273万元。发放救灾资金81万元，支付医疗救助资金481.87万元。妥善处理拖欠农民工工资问题18起，涉及金额378万元。社会福利和慈善事业全面发展，投资120万元，完成敬老院改扩建工程建设；募集爱心慈善捐款200余万元。投资1927.50万元，改造农村危房2570户、棚户区30户，建成廉租房126套，一、二期干部周转房建设有序推进。投资400万元，实施八衣绒乡茨马绒村、波斯河乡南根村等4个整村推进项目建设；投资300万元，完成木绒乡、祝桑乡等5座“千桥工程”建设；投资253万元，实施牙衣河乡、恶古乡等5个“四小工程”建设。

【荣获“中国松茸之乡”称号】 全省平均每年松茸储量中，雅江松茸产区分布全县1镇16乡，年产量高达1000余吨，占20%以上，使雅江县成为全国松茸生产大县。2013 年 4 月，雅江县被中国食用菌协会授予“中国松茸之乡”称号，注册“雅江松茸”地理商标。8 月 3 日，雅江县在成都成功承办“中国松茸产业发展高峰会”，全面宣传和推广雅江县以松茸为主打品种的各类野生食用菌；10 月“雅江松茸”成功入选首届“四川省（美食文化）城市文化名片”。

2013 年雅江县经济社会发展主要指标

表 12

项　目	单位	实绩	同比增减（+%）
地区生产总值	亿元	7.72	15.6
第一产业增加值	亿元	2.19	2.2
第二产业增加值	亿元	2.73	33.7
第三产业增加值	亿元	2.8	9.5
民营经济增加值	亿元	3.45	13.7
粮食总产量	万吨	0.9004	0.02
肉类总产量	万吨	0.2131	1.4
社会消费品零售总额	亿元	1.68	16.97
全社会固定资产完成投资	亿元	33.06	33.3
地方财政一般预算收入	亿元	1.31	24.53
地方财政一般预算支出	亿元	9.03	21.1
年末金融机构存款余额	亿元	17.3	24.9
年末金融机构贷款余额	亿元	5.48	-7.5
保费收入	亿元	0.13	-0.21
城镇居民人均可支配收入	元	22051	10.06
农牧民人均纯收入	元	5374	18.8
中小学在校生数	人	7510	-8.7
广播综合覆盖率	%	94.2	0.1
电视综合覆盖率	%	94.3	0.2
新农合参合率	%	97.05	0.91

（陈银军）

・理塘县・

【概况】 全县总面积 14352 平方千米，辖 5 个片区工委，24 个乡（镇），231 个村民委员会，282 个村民小组。常住人口 70112 人，人口自然增长率为 8.53‰。全县地区生产总值 8.27 亿元，其中，第一产业增加值 3.16 亿元，第二产业增加值 1.39 亿元，第三产业增加值 3.72 亿元，三次产业结构为 38.2∶16.8∶45；工业增加值 4206 万元；全社会固定资产投资累计完成 9.33 亿元；固定资产投资完成 8.53 亿元；全县实现消费品零售总额 3.05 亿元；批发业实现零售额 767.2 万元；地方财政收入 5124 万元，地方一般预算支出 1.27 亿元。金融机构各项存款余额 16.39 亿元。2013

年，全年农作物播面积4168公顷，粮食总产量达到12302吨；完成各类人工种草2786公顷；切实抓好草原生态补奖政策，兑现农牧民补奖资金4306.35万元。年末各类牲畜出栏62100头（只），比上年减少31.8%，年末各类牲畜存栏31.13万头（只匹），比上年减少8%。全年肉类总产量4602吨，比上年增长17%，全年奶产量9400吨，比上年减少23.5%。

【社会事业协调发展】 2013年，全县有学校39所，全县教职员工704人。全县在校中小学生9220人，在幼儿园1214名。全县小学入学率为99.5%，小学毕业率达99.82%；初中阶段入学率为97.78%，初中毕业率达100%。完成县卫生执法大队业务用房、中藏医院、县急救中心、15个村卫生室等20个项目建设和区域医疗中心设备采购，实施甲洼等3个乡标准化卫生院建设。全年累计发放城镇低保金285.72万元，发放农村低保金1889.05万元；累计发放五保供养金147.3万元。新农保人数达14788人，发放养老金340余万元；为全县118名孤儿发放生活补贴96万元。职工医保人数达5362人，城镇医保人数达1123人。新农合参合人数达57190人，参合率达97.1%，为614名城乡困难群众发放门诊医疗救助资金91.62万元；投入260余万元新增城镇就业398人，城镇登记失业率控制在4.2%以内；开展“11·19”爱心慈善募捐活动，筹集爱心慈善基金92.32万元。投资910万元完成廉租房四、五期建设工程。兑现廉租住房租赁补贴36万元。投资399.75万元完成533户农村C级危房改造工程。牧民定居专项资金审计全面完成，公共服务和社会化管理得到加强。完成《理塘县环境保护与生态建设规划》评审，加强对24个乡镇水源点的监测；加强森林草原防火工作，推行两项制度建设。投资400万元改扩建濯桑、木拉高寒特色苗圃。兑现森林生态效益补偿资金1608.9万元，发放退耕还林补助890.6万元。累计投资3061万元完成高城镇德格沟植被恢复和君坝乡伦多村泥石流治理等5个生态环境保护项目；开工建设高城镇更登亚批牧民新村水土流失治理、君坝乡政府驻地山体滑坡治理等4个生态环境保护项目。完成投资386万元，解决了5300人的饮水问题。投资7100万元完成阿加隆洼金矿施工用电设施、尾矿库等工程建设；投资4150万元完成日乃金矿、伊津金矿厂房、矿区公路等工程建设。投资2900万元完成占地面积约5958平方米的格萨尔王广场改扩建工程。投资1.2亿元开工建设新区第四完小、乐山路、武警驻训基地等项目。重视外贸出口工作，完成出口额83.37万美元；加强招商引资工作，引进省内外资金2016.37万元，在西博会上成功签约同沾甘露冰融泉水项目和FD加工项目。深化东西扶贫协作和对口援藏工作，推进浙江省绍兴县和乐山市的对接与合作，在技术、人才、项目等方面得到支持，促进了全县的经济社会发展。

【基础设施建设大力推进】 2013年，完成莫坝、觉吾、拉波3条通乡通畅路基工程，甲洼乡7个行政村和3座寺庙通村通畅通寺公路建设，拉波乡然东村入户路建设，曲登等4个乡农村客运双向港湾招呼站建设，累计完成投资9000余万元。实施千桥工程，投资605.4万元完成村戈乡雄拉桥、查卡桥，格木乡加须桥等15座桥梁建设。投资386万元解决了君坝乡协合村、章纳乡章纳村等11个乡13个村5300人的饮水问题；投资760万元在拉波乡新建防洪堤3950米；投资21.32万元完成麦洼乡达中村农田灌溉工程，新增灌面200亩；开工建设总投资2159.74万元的奔戈乡牧区灌溉饲草料基地试点工程，完成投资1635万元；总投资5990.14万元的县城自来水扩建项目已完成取水口建设，完成投资350万元；总投资2816.54万元的夺曲河水库工程，5月开工建设，完成工程量的70%，完成投资1500万元。完成7.2公里的理塘长青春科尔寺、夺曲河水库10千伏输电线路建设工程和

G227线道路施工电力杆线搬迁工作；完成雅江至红龙、江达至城关变电所35千伏输电线路工程，并已投入运行，县城区用电难问题得到缓解。移动信号无缝覆盖所有乡镇，电信信号覆盖14个乡镇；投资400万元完成主城区光纤入户工程。投资387万元，实施有线电视全覆盖工程，县城区有线电视用户已达7000余户，覆盖率达98%以上。投资1231万元完成幸福路、格聂路、团结路三线下地工程。

（黄诗正　孙建平）

·巴塘县·

【概况】　全县总面积7852平方千米，辖5个片区、18乡、1镇、123个行政村、207个自然村，总人口53145人，人口出生率10.68‰，人口自然增长率6.55‰。2013年，全县实现地区生产总值9.34亿元，比上年增长15.0%；固定资产投资18.92亿元，比上年增长38.9%；社会消费品零售总额2.64亿元，比上年增长36.7%；完成地方财政收入6839万元，比上年增长19.8%；地方公共财政收入6399万元，比上年增长15.0%，实现工业总产值3.9亿元，比上年增长30.5%；工业增加值完成1.61亿元，比上年增长24.0%，各项税收完成5420万元，比上年增长17.1%，全年地方财政一般预算支出87172万元，比上年增长28.1%。城镇居民人均可支配收入19024元，比上年增长9.5%；农牧民人均纯收入5158元，比上年增长18.9%。城镇新增固定资产2.82亿元，比上年减少328.7%。在全社会投资中，电力、交通运输投资力度加大，电力投资12.91亿元，交通投资3.27亿元。基本建设和更新改造施工项目37个。金融机构各项贷款余额3.05亿元，比上年增长15.7%。非税收入完成434万元，比上年增长88.69%。共计兑现各项惠农资金1854.3万元。

【农村经济平稳发展】　全年农作物播种面积3885公顷，粮食产量134万吨。建成特色基地2200公顷；完成农作物保险3733.33公顷；特色林果核桃产业富民强县项目通过省级验收；完成推广各类作物良种746.67公顷，良种覆盖率达84.3%。农业总产值达到3.08亿元，比上年增长13.8%。各类牲畜存栏达16.12万头（只、匹）。牲畜总增数为4万头（只、匹），比上年增长26.74%、牲畜出栏数为4.35万头，出栏率为26.37%，商品数为2.90万头，商品率为19.64%；牲畜肉类总产量为2346吨；奶产量为4085吨。完成春秋季免疫注射14.2万头（只、匹）次、重大动物疫病免疫22.4万头次；驱治内外寄生虫17.3万头（只、匹）次。完成市场检疫数800头，产地检疫200头，改良畜禽品种2800头，预计肉类总产量2400余吨，奶产量4000余吨，各类牲畜存栏16万头。完成农民实用技术培训3480人次，新型农民培训80人，农机实用人才技术培训20人，拖拉机驾驶员办证培训45人。改扩建乡站农技体系建设13个。支持农民新建沼气池100口。新建机耕道5公里，整治维修机耕道50公里。《巴塘县城市总体规划》通过省级评审，实施王大龙等6个生态新村项目和8个整村推进项目，投入335万元启动实施14个一事一议村级公益项目，投入642万元完成5个土地开发项目，投入200万元建成夏邛镇小型污水设施项目和城区5处摩托车停放点；“智慧光网城市”加快建设，王大龙等10个基站和部分行政村宽带、移动通讯建成并投入使用。

【社会事业蓬勃发展】　全县共有各类各级学校78所，在校学生达9702人，学龄儿童入学率为99.6%。482人享受非义务教育阶段贫困学生资助工作，157名的普通高中贫困学生享受资助工作圆满完成。共为248名贫困学生成功办理了助学贷款，贷款金额达148.8万元。根据巴塘县与双流县达成的教育对口支援协议，选派了品学兼优的30名应届初中毕业生到双流县重点学校免费就读高中。选送38名应、往届学生到内江等地就读“9+3”免费中职。完成巴塘县教育局“十二五”中期教育调整规划和“十三五”村级幼儿园发展建设规划。在城区学校实现电子白板“班班通”，区乡各校且二年级以上的所有班级实现“班班通”。全县共有医院、卫生院24所，床位347张，卫生专业技术人员294人。全县卫生发展大会出台《关于进一步加快卫生事业发展的意见》，财政补助并负责兜底、全部取消公立医院药品加成。城镇职工参保人数达到4299人，城乡居民参保参合人数达到45377人，参合率97%；新农保养老保险达到19992人，参保率64%，基本养老保险基金征缴1215万元；实现新增就业400人，城镇登记失业率控制在4.2%；高校毕业生见习基地3人小额担保贷款36万。共发放养老金719万元，社会化发放率100%。双流县对口援建工作成绩显著，援助3000万元用于巴塘县教育园区内三所学校的设备仪器购置；投入援建资金3556万元实施“2+6行动计划”项目34个，完成项目23个，成为老百姓最满意的工程。

【旅游文化亮点纷呈】 做好“图书进寺庙”活动，深入全县17所寺庙积极开展“图书进寺庙”活动。7月，由康巴卫视和巴塘县联合打造的“巴塘天籁童声合唱团”应邀参加拉萨“雪顿节”闭幕式演出；10月参加了“巴塘连北京”系列活动“手拉手心连心四川巴塘少儿童声合唱团走进北京校园交流演出活动”、巴塘天籁童声合唱团原生态“非遗”展演等活动，先后开辟了《聚集群众工作全覆盖》《法制之窗》《平安巴塘》《作风建设在行动》《小冬红》《铸忠诚警魂》《司法援助在行动》及“贯彻十八大精神展望美丽巴塘新愿景”主题访谈宣传活动等一系列专栏，制作专题片26个、实况节目28个、各类宣传标语近130条。中央电视台《新闻联播》和《朝闻天下》分别报道了《大手牵小手》活动，这是巴塘县历史上新闻报道首次在《新闻联播》中采用。全年共接待游客15.81万人次，比上年增长33%，实现旅游收入1.0779万元，比上年增长45%。向有线电视用户中的农牧民群众和城镇低保户发放2100多台数字电视机顶盒。完成13个村100户“村村通”设备的发放安装工作任务。2013年投入资金94.299万元，完成机房搬迁工作及电视台设施设备更新改造项目。

（欧建蓉　胡　珊）

·乡城县·

【概况】 全县总面积5016平方千米，辖3个片区工委、12个乡（镇）、89个行政村。年末总人口29968人，人口出生率为7.21‰，自然增长率为1.58‰。2013年，全县地区生产总值6.04亿元，比上年增长16%。全年地区生产总值完成7.01亿元、比上年增长14%。其中：第一产业增加值1.86万元，比上年增长4.8%；第二产业增加值2.68万元，比上年增长20.3%；第三产业增加值2.48万元，比上年增长13.8%。民营经济增加值2.52亿元，比上年增长15.4%。全社会固定资产投资完成21亿元、比上年增长17.5%，地方公共财政收入实现5703万元，比上年增长1.7%。地方地方公共财政支出6.63亿元，比上年增长28.5%。社会消费品零售总额完成1.35亿元、比上年增长16.8%，城镇居民人均可支配收入达到19489元、比上年增长11.6%，农牧民人均纯收入达到5750元、比上年增长29.7%。全年接待游客15.95万人次，实现旅游总收入1.13亿元，分别增长31%和36%。全年实现农林牧渔业总产值2.42亿元，比上年增长10.6%。实现农业增加值1.77亿元，比上年增长10.6%；实现农作物播面3267公顷，良种覆盖率88.5%，粮食总产量达8924吨，同期下降10.8%。实现林业产值2743万元，比上年增长4%。牲畜存栏11.03万头。肉类总产量0.19万吨，总增率、出栏率和商品率分别达 23.12%、24.3%、20.29%。全年争取到上级各类项目 22 个、资金 1.3 亿元。投入 753 万元，曲批岭寺等9 处寺庙基础设施建设完成。固定资产投资项目审计 13 个，审减资金 1292 万元。9 月水洼、尼斯、香巴拉镇3 个乡镇便民服务站中心电子监察系统建成。

【特色农业亮点纷呈】 2013 年，将酿酒葡萄发展作为农业产业化经营的突破口之一，葡萄酒产业规划完成，33.73 公顷酿酒葡萄示范基地及栽种工程实施，第一瓶乡城葡萄酒酿造成功。全年栽植核桃 733.33 公顷。香巴拉乡城藏猪、藏鸡存栏分别达 2 万头、3.2 万只，粮食、蔬菜、奶、肉产量稳中有增。香巴拉乡城藏鸡、藏鸡蛋获国家地理标志产品保护认证。苹果醋、藏猪、藏鸡饲料源、藏鸡及藏鸡蛋获有机食品认证。大蒜、荞麦获无公害农产品认证。乡城核桃获优质品种认证。康南特色农产品加工园区建设有序推进，完成孵化器平台和园区道路基础设施建设任务。

【基础设施推进有力】 洞东路开工建设，亚赤路进入施工图设计阶段；桑乡路、乡得路纳入国道规划管理。玛依河水利主体工程全面完成。乡城电站建成，古瓦电站环评报告已上报国家环保部，曲堆、然乌、马熊沟二级电站以及硕曲河梯级电站集中控制中心开工建设；500 千伏输变电工程和娘拥、乡城、洞松 220 千伏送出工程全面建成，乡城 110 千伏输变电工程有序推进中。违规建筑拆除 1910 平方米，耕地恢复面积 4366 平方米。县本级财政投入资金 1946 万元用于农村基础设施建设，投资 2320 万元，62 个“四小工程”顺利完成。41 公里农村公路建设任务完成，全县通村公路硬化率达 63%。投入 500 万元，43 处共 10000 余人安全饮水问题解决，荣获 2013 年度全省农田水利基本建设先进单位。投入 873 万元，1165 户农村 C 级危房改造完成。投入 667 万元，巴吾等 15 个新村基础设施建设展开。投入 379 万元，村级“一事一议”财政奖补项目 11 个落实，投入 940 万元，青德、洞松乡政府业务用房和达根等 9 个村级办公场所综合服务设施项目建设启动。仁额等 9 个信息村建设完工，白依 35 千伏输变电工程建设开工。巴吾 35 千伏输变电工程建设竣工，城乡用电基本实现“同网同价同质”。

【社会事业全面发展】 义务教育均衡发展工作推进，11 所“3+3”精品学校和 17 所中小学校规划建设启动，城区一完小、热打教师周转房竣工投入使用。“9+3”免费中职教育就业率达 95%。“健康乡城 2020”行动全面启动，康南中心藏医院、卫生执法监督所和青麦乡镇卫生院建设启动，9 个标准化村级卫生室建设任务完成，县医院住院部、医技楼建成投入使用。连续 6 年孕产妇零死亡实现。30 处书屋建设完成。健身器材安装 20 套。40 家中央和省级媒体先后来乡报道宣传，50 篇外宣稿件在中央和省级主流媒体刊播。实用技术培训 10000 余人次，农村劳动力转移 4400 余人。全县新增城镇就业 289 人，城镇登记失业率控制在 4.2% 以内。新农合继续保持 100% 参合率，实现应报尽报。新农保参保率达 64%，全县社会保险参保人数达 6993 人。学竹片区敬老院正式运行，首批 19 名五保老人实现集中供养。城乡低保标准平均值较上年底分别提高 55 元和 500 元。组团参加西博会、广交会、亚丁农展会，9 个优势招商引资项目向外推出。全年招商引资 8.6 亿元，企业开发酿酒葡萄产业成功引进，注册圣地阳光葡萄酒庄有限公司。9 个泸州援藏项目、5 个对口帮扶项目有序进行，与浙江省德清县对口帮扶框架协议签订。人才工作高度重视，《关于进一步加强人才工作意见》政策出台，专业技术人才等“七支队伍”的引进、培养和激励机制建立。“7+2”结对帮扶、援藏干部人才传帮带工作全面推进。先后选派 24 批次、276 人到内地考察交流培训学习。

·资料链接·

“3+3”精品学校：继青德、尼斯两个片区标准化寄宿制学校建成后，将其余乡镇小学1、2、3年级和学前小班、中班、大班建设成精品学校，全面实现教育均衡化发展。

“四小”工程：是指农村小路、小水利、小桥、小能源。

（谢红军　倾　忠）

·稻城县·

【概况】　全县总面积7323平方千米，辖3个片区工委、12乡2镇、124个行政村、2个居民委员会，年末总人口32057人，人口自然增长率5.4‰。国内生产总值5.26亿元，比上年增长15.0%。其中，第一产业增加值1.64亿元，比上年增长4.8%；第二产业增加值1.5亿元，比上年增长30%；第三产业增加值2.07亿元，比上年增长13.4%。对经济增长的贡献率分别为8.8%、47.8%、43.4%。按常住人口计算，人均生产总值达16436元，比上年增长14%。第一、二、三产业的结构比例调整为31.1∶29.4∶39.5，民营经济增加值2.26亿元，比上年增长11.4%，占GDP的比重为43%，比上年提高1.1个百分点，对GDP的贡献率达50.1%。工业总产值5068万元，比上年增长61.66%。商品零售总额1.26亿元，比上年增长16.4%。地方公共财政收入4735万元，比上年增长38.6%；地方公共财政支出9.67亿元，比上年增长33.9%。年末金融机构各项存款余额13.77亿元，比上年增长48.8%。城镇居民人均可支配收入22166元，比上年增长9.2%；农村居民人均可支配收入5560元，比上年增长18.2%。完成全社会固定资产投资26.64亿元，比上年增长42.4%；固定资产投资26.62亿元，比上年增长43.3%。共接待游客31万人次，比上年减少7%，旅游总收入2亿元，比上年减少11%。全县公路通车里程1543.4公里。

【农村经济稳中求进】　2013年，实现农林牧渔业总产值2.09亿元，比上年增长10.8%。其中：农业产值9395万元，比上年增长16.4%；牧业产值9275万元，比上年增长4.9%；林业产值2064万元，比上年增长14.5%。完成农作物总播面3598.67公顷，比上年增加0.3%，粮食作物播种面积3145.33公顷，全年粮食总产达10628吨，比上年增长2.2%。各类牲畜存栏12.24万头（匹、只），比上年减少2%。各类牲畜出栏26350头（匹、只），比上年增长7.8%。肉类总产1548吨，比上年增长1.3%。全县农业机械总动力6万千瓦，农村用电量220万千瓦时，完成机耕2000公顷，机播100公顷，机收67公顷。完成造林367公顷，幼林抚育1000公顷，育苗2公顷，产苗30万株，巩固退耕还林2266.67公顷。

【社会事业全面推进】　2013年，全县学校共27所，小学25所，中学2所；在校学生数3998人，教师362人；小学入学率99.4%，初中入学率97.7%，在校生巩固率98.3%。投入8710万元，续建和开工东义九年一贯制学校教学用房等25个建设项目；投入1320万元，全面落实“两免一补”、农村义务教育学生营养改善计划等政策，设立30万元助学基金和30万元教师奖励基金，发放助学金39万元、大学生服务基层学费奖补33.5万元；完成“9+3”免费中职教育招录任务。全县卫生机构19个，卫生机构床位数245张，卫生技术人员220人。投入3567万元，启动区域医疗中心、中藏医院、3所卫生院和15个村卫生室建设项目。县医院通过二乙复审。兑现少生快富、奖励扶助补助82万元。新型农村合作医疗参合人数24671人，参合率达90%。投入500万元，实施5个贫困村整村推进建设；完成扶贫搬迁、避险搬迁91户；投入近600万元，完成11个通村路桥项目；投入1881万元，实施农村C级危房改造（抗震加固）2508户和棚户区改造100户；投入400

万元，完成旅游公路沿线764户农户风貌改造。投入986万元，新建三面光水渠20.2公里，安装引水管道39.3公里。投入6238万元，完成防洪堤工程3个，新建防洪堤15.8公里。全面落实困难群体帮扶政策，城乡低保实现动态管理下的应保尽保，兑现各类保障金1593万元；发放临时生活困难群众救助资金50万元、医疗救助金238万元、优抚金71.54万元。廉租房入住49户。新型农村和城镇居民社会养老保险覆盖人数达9332人，城镇居民基本医疗保险覆盖1710人，失业保险覆盖1150人。享受居民最低生活保障9551人。

（毛利民）

·得荣县·

【概况】 全县总面积2916平方千米，总人口2.65万人。辖1个镇、11个乡、127个行政村（村民委员会）、2个居民委员会、245个自然村。全县实现地区生产总值5.06亿元，比上年增长13.1%。其中：第一产业增加值1.66亿元，比上年增长4.0%；第二产业增加值1.52亿元，比上年增长21.3%；第三产业增加值2.07亿元，比上年增长13.4%。三次产业构成为32.84∶30.0∶37.2。人均GDP由上年的1.64万元提高到1.90万元。固定资产投资完成8.5亿元，比上年增长34.8%。农户投资完成5780万元，比上年增长96.5%。社会消费品零售总额7046万元，比上年增长7.2%；城镇消费品零售额5333万元，比上年增长5.7%；农村消费品零售额1713万元，比上年增长12.3%。完成财政收入2544万元，比上年减少15.2%，财政支出5.65亿元，比上年增长11.1%。金融机构各项存款余额8.13亿元，比上年增长7.7%。农牧民人均纯收入达5091元，比上年增长18.1%。城镇居民人均可支配收入2.28万元，比上年增长14.3%。全年累计接待游客16.7万人次，实现旅游收入1.47亿元。全年支出各类民生资金2.8亿元，比上年增长30%。完成公路货物周转量5.3万吨公里，公路旅客周转量3.2万人公里。

【农业经济平稳发展】 2013年，全面启动农村土地承包经营权确权登记工作，完成种植业保险全覆盖，兑现惠农补贴757万元；依靠科技帮助农牧民年人均增收320元，对农业的贡献率达49.8%。完成农作物播种3166.67公顷，其中：粮食作物播种面积2733.33公顷，比上年增长1.8%，良种推广2600公顷，良种覆盖率达96%，粮食总产量达1.1万吨，比上年增长9.16%；粮食总产量达110554吨，比上年增长5.1%。畜牧业生产平稳增长。完成畜种改良1788头，各类牲畜年末存栏数控制在7.08万头（只、匹）以内，牲畜总增、出栏、商品率分别达到40%、42%、27%；实现牧业产值0.99亿元。全县酿酒葡萄基地达686.67公顷，其中446.67公顷通过州级验收，19.07公顷挂果，平均每亩产量475公斤，总产值达68万元；推广树椒74公顷，实现产值201万元；以核桃为代表的特色干果总规模达2866.67公顷，其中2013年新发展200公顷，产量0.07万吨，产值1400万元，帮助农牧民年人均增收600元。农业生产条件有所改善。年末全县拥有农业机械总动力20000千瓦。拥有农用拖拉机25台，农用运输车24台机，耕整机1683台。

【积极应对地震灾害】 2013年8月28日04时44分在四川省甘孜藏族自治州得荣县、云南省迪庆藏族自治州德钦县、香格里拉县交界地区（北纬28.2度，东经99.3度）发生5.1级地震，震源深度9千米。2013年8月31日08时04分又在同一地区发生5.9级强烈地震。这两次地震是得荣县有记载以来等级最高、破坏性最强、波及范围最广的地震灾害，由于应急及时有效，实现百分之百成功避险，无一人死亡。年内，先后数次投入各类资金2003.1万元，组织抢险队伍1500余人，调配各类机具车辆300台次，发放帐篷1970顶、棉被1999床、大米49805公斤、清油7960公斤。启动《得荣县灾后恢复重建实施方案》《城镇规划》《瓦卡4A级景区规划》《产业发展规划》的编制，围绕农房建设、基础设施、产业发展和生态修复四大类别共申报项目33个，估算投资达7.98亿元。制订《灾后恢复重建监督检查审计工作方案》《灾后重建资金物资使用管理办法》制度。争取农业恢复项目总投资5255万元，争取灾后重建专项补助资金3000万元（1000万元/年，共3年）。

【社会事业继续进步】 2013年，农民工技能培训952人，农村实用技术培训21650人次，转移农村劳动力3170人，实现劳务收入3409万元。新增就业240人，支出就业再就业补助专项资金157万元，城镇登记失业率控制在4.2%以内。不断提高城乡居民社会保险水平，全县城乡居民养老保险覆盖9744人，城乡居民参加基本医疗保险22043人，新农合参合率达97%。支出各类保险待遇1577万元。8276名城乡居民、困难僧侣纳入城乡低保，发放最低生活保障金890万元，廉租房租赁补贴48.3万元；城乡困难群众医疗救助8695人次，救助支出185万元。126名农村孤寡老人全面纳入五保供养范围，95%的60周岁以上农村老年人纳入农村低保，145名85周岁以上老年人纳入长寿保险；支出资金286.2万元，315名孤儿生活进一步得到保障。发放优抚资金121万元。投资2200余万元建成子庚、茨巫片区2所寄宿制学校和因都坝、日龙2所双语幼儿园，完成茨巫、白松2所村小改建幼儿园工作，改善日龙、徐龙、八日3所中心校基础设施条件。资助非义务教育阶段贫困学生614人，资助金额达46万元，帮助114名贫困大学生享受助学贷款优惠政策，免费为义务教育阶段学生提供营养餐；农村寄宿制贫困学生生活补助标准提高到每月每生170元，全年共兑现补助金380.2万元。全县51人参加高考，32人考入本、专科院校。输送初、高中学生150名赴各大、中专院校学习；兑现退休教师奖补资金50万元；提高97名“后勤三员”工资水平，每人每月增长工资500元。1月，投资2050万元的得荣县人民医院医技、住院综合楼项目全面建成并投入使用；投资950万元的县中藏医院综合楼正在抓紧施工；完成3个乡镇卫生院扩建。全面启动居民健康档案电子化管理工作，免费治疗结核病29例、包虫病患者1人。农村孕妇住院分娩率达到78.3%。免费为全县12乡镇11279名农牧民群众进行了健康体检，开创全新的藏区医疗援建模式。积极开展藏草药采集和成品研制，采集中藏药15个品种758公斤，加工藏药制剂12个品种423公斤，115种藏药已完成申报注册。兑现人口计生“三项制度”奖励资金80万元。人口自然增长率和人口出生率分别控制为5.44‰、9.44‰。为奔都、斯闸综合文化站及八日、茨巫牧民定居点配送价值32万元的文化服务设备。开展送文化下乡活动50场次，免费为农牧民群众放映电影1488场次。成功申报“藏族民间车模技艺”为国家级非物质文化遗产，并与瓦卡学羌一并获得第四届国际“非遗节”组委会“优秀表演”奖。

【基础设施大力推进】 成功将县境内主要干线乡得路、竹茨路、二得路纳入G215、G549，完成八日乡通乡油路12公里，卡日公路64公里及格子达桥、冉绒桥等5座桥建设。投入资金758万元设置道路安全警示标示170个，安装波形护栏46.5公里，清理疏通公路180公里。成立农村客运经营管理公司，统筹青羊区援建资金购置客运车6辆，新开通县城至徐龙、日龙、白松3条通乡客运班线，实现农村客运运营路线覆盖全县11个乡镇。

（曾明友　刘文霞　何　微）

·海螺沟景区管理局·

【概况】 海螺沟景区位于贡嘎山主峰东坡，地处甘孜州泸定、康定、九龙和雅安市石棉4县交界处，辖区面积906.13平方千米，辖2个乡镇、21个行政村、1个街道居委会、1个广场社区、44个村民小组，总人口12489万人。2013年，实现地区生产总值3.95亿元，比上年增长1.28%；固定资产投资2.35亿元，比上年增长21.69%；地方公共财政收入完成2270万元，比上年增长2.00%；农牧民人均纯收入3723元，比上年增长12.14%；接待游客63.49万人次，比上年减少3.77%，旅游综合收入4.13亿元，比上年减少3.95%。景区管理局被省政府授予四川省“金熊猫”奖先进集体荣誉称号。

【社会事业全面推进】 2013年，投入1147万元，致力改善教育教学水平、学习就学环境、办学质量和教职员工待遇；积极开展困难救助，救助城乡低保对象3083人，发放生活保障金650.29万元，救助失地农民生活补助1574人，救助金额478.76万元；全年城乡医疗救助5744人次，救助资金152.20万元。加强农业产业结构调整，建成蔬菜基地核心示范片153.33公顷，年生产蔬菜约30000吨，年收入1500余万元；注重农业市场拓展，海螺沟大白菜顺利进入泸州汇通公司旗下18家连锁超市销售；加强特色养殖业发展，为旅游市场提供优质产品和服务；切实抓好扶贫济困、新型农民培训等惠民行动及民生工程项目推进。逐步完善市政设施，推进金山花园、景区安心工程二期，全面实施磨西自来水改造工程，景区基层政权建设项目、磨西老街建设项目（一期）风貌改造；完成毛泽东驻地旧址修缮及配套设施建设项目主体工程及外部装饰。有序推进水电开发，共和电站建成发电，新增水电装机2.4万千瓦；海子凼电站主体完工，启动验收工作。

【旅游事业平稳推进】 2013年，景区按照“有利于海螺沟景区加快发展、有利于带动景区群众脱贫致富奔小康、有利于海螺沟景区规范管理”原则，积极稳妥推进景区体制改革，突出景区旅游重点发展方向。加快旅游交通建设，通过招商引资，采取BT模式，投入3000余万元，加速推进景区公路改造；加大旅游基础建设，完善旅游产品线路设计；完善接待服务设施，完成贡嘎神汤、明珠花园、长征大酒店升级改造、冰川饭店四星级评定。积极开展接待、服务礼仪、操作规范等旅游服务培训。积极发展特色乡村农家乐；加大旅游宣传力度，参加各类旅游交易会和营销座谈会，邀请中央和各地区多家电视台赴景区拍摄旅游宣传片。积极加入康东旅游联盟营销体系，加强同周边旅游景区交流合作；活跃旅游文化市场，组织开展“海螺沟欢乐赛猪会”“自由之夏”“醉美金秋——海螺沟千人自驾游”、黄金周节庆等系列宣传活动。启动实施“诚信景区、和谐海螺”活动，实施景区诚信经营责任制，全力规范景区旅游市场秩序。

【积极应对自然灾害】 受“4·20”芦山强烈地震影响，景区道路、房屋、桥梁等接待设施受到很大损毁，经济损失达1.29亿元。汛期景区连续遭受山洪泥石流灾害，特别是“7·12”特大山洪泥石流灾害，景区及时疏散转移入住二号营地的游客员工150余人，无一人伤亡，灾害导致景区公路、桥梁、部分接待设施受到很大程度损毁，迫使景区在黄金旅游接待季节停运近2个月，直接经济损失2.3亿元。

（张邦弟）

ཨི་རྟ་མཚན་རྟགས།

人物·荣誉

·州、县组织机构和领导人名录·

（2013年内在任）

一、中共甘孜州委员会

中国共产党甘孜州第十届委员会

书　记　胡昌升
副书记　益西达瓦　刘坪　向秋
常　委　汪洋　段毅君　杨凯
赵荣（12月免）　陈忠义
毕世祥　相洛　段内开
徐芝文　吕芙蓉（女）
王春（12月任）
秘书长　徐芝文
副秘书长　刘宗建　东风（4月任）
陈泽明　邓薇（女）
夏永志　高才宏（兼）
泽仁翁姆（女，兼）
杨俊（兼）　张家志（兼）

州委办公室

主　任　刘宗建
副主任　李灿　李德强　尼马

保密办（州保密局）

主　任（局长）　郭秀英（女）
副主任（局长）　舒大有

机要局

局　长　木得古合
副局长　张森林
总工程师　谢培诚

州纪律检查委员会

书　记　刘坪
副书记　王强　卢登　袁明光　宁凯
常　委　谢平　黄建国　王昌荣
张全康　段含国（7月任）
晓蓉（女）

州委组织部

部　长　陈忠义
副部长　扎西翁加　倪全安　仁青（女）
何文才（6月免）　祝邦文
李林华　王爱军

州委宣传部

部　长　毕世祥
副部长　拥措（女）　格绒追美
王光达　陈明凯　王丹（女）

州委统战部
部　长　段内开
副部长　昌嘎次称　高尔布　敖武晋美
　　　　蒙兴甫　赵霞（女）
部务委员　熊军（4月任）

州政法委
书　记　向秋
副书记　尹天飞　董邓康　戴斯林
　　　　徐贵强
政治部主任　向国恩

州委州政府目标督查办
主　任　兰芝
副主任　杨慧（女）　杨兴　谢雨农

州委州政府接待办公室
主　任　泽仁翁姆（女）
副主任　王平　方一舟

州委政研室
主　任　杨俊
副主任　张林　赵刚（7月免）

州委农办
主　任　张家志
副主任　李鹏　罗淑玉（女，12月免）
　　　　吴运凌（12月任）

州直属机关工委
书　记　徐芝文
常务副书记　王兴丽（女）
副书记　王虹（10月免）　赵静
　　　　黄晓梅（女，11月任）

州委群众工作局
局　长　高才宏
副局长　刘小凤　牛麦青云（10月免）
　　　　张建国

州委编办
主　任　谢培勇
副主任　肖志明　王松

州事业单位登记管理局
局　长　王莉（女）

州委老干部局
局　长　裴嘉（女）
副局长　伍建忠　王斌斌

二、州人大常委会

甘孜州第十一届人大常委会
主　任　李康
副主任　李致民　香根·巴登多吉
　　　　胡德明　廖才坤　杨国元
　　　　陈德贵　白苏英（女）　杨煜康
秘书长　郑显峰

办公室
主　任　田龙
副主任　泽里拥忠（女）　张运旻
副秘书长　付林（女）

法制委员会
主任委员　叶萌
副主任委员　李友才　陈昊

财政经济委员会
主任委员　林志伟
副主任委员　殴春萍（女）　刘锦

人事代表工作委员会
主　任　赵玉玲（女）
副主任　朱亚军　李靖

民族宗教外事工作委员会
主　任　鲁建康

教育科技文化卫生工作委员会
主　任　杨贵平
副主任　黄树军

农业与农村工作委员会
主　任　兄兄
副主任　扎西彭措

城乡建设环境资源保护工作委员会
主　任　蒋晓蓉（女）
副主任　张祯平

预算工作委员会
主　任　黄建军
副主任　柏云

常委会办公室纪检组长　李建林
常委会信访办主任　袁剑

三、州人民政府

甘孜州十一届人民政府
州　长　益西达瓦
副州长　汪洋　杨晓东　许春秀（女）
　　　　张平森　舒大春　葛宁　唐强
　　　　舒文
秘书长　王方霖
副秘书长　袁亮（5月免）
　　　　　刘俊明（兼）　周雪峰（兼）
　　　　　陈荣（兼）　张世旭
　　　　　程永红　王虎
　　　　　叶绍军（9月任）
　　　　　高见（9月任）
　　　　　李言明（9月任）
　　　　　易武（兼）　查心刚
　　　　　牛麦青云（兼，9月任）
　　　　　陈文（挂职）

办公室
主　任　程永红（11月任）
副主任　高见（9月免）
　　　　李言明（9月免）　马传勇
　　　　友珍（女）
　　　　陈应轩（11月任）

研究室
主　任　陈荣

金融办
主　任　周雪峰

人防办
主　任　易武
副主任　谭伟

法制办
主　任　刘俊明
副主任　胥晓莉（女）

采购中心
主　任　张立
副主任　杨建　喜江鹏

州发展和改革委员会
主　任　黄河（5月免）
　　　　王成康（6月任）
副主任　廖命福　苏久泽古　四郎翁吉
　　　　唐代胜（挂职）　罗本彬
　　　　陈志勇　李樱（女）
　　　　黄晓靖（挂职，3月任）
纪检组长　翟光远
信息中心主任　刘屹

州教育局
局　长　嘎绒拥忠
副局长　杨思微（女）　刘康飞
　　　　洛绒倾培（3月免）　尹创　王方文（挂职）
　　　　李玉刚（3月任）
纪检组长　蒋琳（女）

谢永华（4月任）
党工委副书记　何利（女）
总督学　尔恩木沙（3月任）

州科技局

局　长　邱发国
副局长　泽朗格西　汪洋
纪检组长　陈咏红
州科情所所长　岳宇

州经济和信息化委员会

主　任　何康军
副主任　唐林　张涛　蒋飚
杨炯（挂职，11月任）
阿期约约（8月免）
总经济师　张建波
纪检组长　赵志刚

州民委

主　任　扎西
副主任　乌尼合几　陈中华　高绒布鲁
纪检组长　向锋

州公安局

局　长　舒文
党委副书记　王建（3月任）
副书记　太学军
副局长　多军　敬阳　扎巴　杨勇隆
向学马（兼）　杨兆全（挂职）
纪委书记　罗德双
政治部主任　黎军（5月免）
刘堰（8月任）
交警支队长　骆勇（10月任）
特警支队长　向学马
特警支队政委　牟其万（1月任）
国保支队长　罗德双（8月免）
阿成（10月任）
刑侦支队长　成伟（10月任）
警务督查支队长　唐永孝（10月任）
警卫处处长　蓝辉（10月任）
禁毒缉毒支队长　王建平
经侦支队长　袁伟
治安支队长　所呷（10月任）
反恐怖工作支队长　朗加（10月任）

州监察局

局　长　王强
副局长　谢平　晓蓉（女）

州民政局

局　长　刘小康
副局长　黄九利　徐平静　白鹏
纪检组长　窦零

州司法局

局　长　李春兰（女）
副局长　黄俊勇　格桑居勉
丹达瓦（3月任）　扎西彭措
吴廷海（挂职）
纪委书记　王有兰（女）
政治部主任　杜明亮

州财政局

局　长　格绒（女）
副局长　李晓蓉（女）　成岗　刘绣峰
纪检组长　朱旗
总会计师　方荣
监督检查局局长　夏益军
国库支付中心主任　刘树安

州人力资源和社会保障局

局　长　郑天强
副局长　杨成君　苏久拉铁
仁真拥措（女）　杨永华（女）
陈勇　陈代康（兼，3月任）
纪检组长　蹇明燊
社保局局长　陈代康

州国土资源局

局　长　昂波

副局长　胡忠平　王忠靖　张洪生
李玉琼（挂职）　王充（挂职）
纪委书记　罗布
总工程师　胡修林

州环境保护局

局　长　邓立军（5月免）
袁亮（6月任）
副局长　罗雪英（女）　徐建国
李富华（女，挂职）
谢礼（12月任）
纪检组长　毛雪梅（女，12月任）
总工程师　周旋

州住房和城乡建设局

局　长　扎西彭措
副局长　刘竑　王健　宋清洪　王淑健
总工程师　张刃
纪检组长　吴勋良

州交通运输局

局　长　冉义
副局长　倪子文　丁虹　夏晓敏
闻琼（女）　李王斌
权全（挂职）
郑雨晴（兼，3月任）
政治部主任　康秀英（女）
总工程师　刘军儒
纪检组长　唐劲松
运管处处长　刘进军
路政支队队长　曲美降措
安全总监　周道良

州水务局

局　长　肖捷
副局长　唐静（女）　毛进明　马丽涛
林建勇
纪检组长　谢朝章
总工程师　刘宁

州农业局

局　长　杨志贵
副局长　罗永红　刘忠　叶兆鸿　甲措
王波（挂职）
纪检组长　罗文明
总农艺师　达瓦

州畜牧局

局　长　松呷
副局长　杨树农　刘志辉　何阿富
纪检组长　李康华
州畜科所所长　蒋忠荣
总畜牧师　王大成

州林业局

局　长　杨庆华
副局长　洛绒泽仁　潘华　付达荣
政治部主任　曾在明
森林防火指挥部专职副指挥长　刘森林
总工程师　代学冬
州林科所所长　刘大建

州商务局

局　长　李凡
副局长　孙雪毓　王能宏（女）
张良勇
拥塔拉姆（女，11月任）
纪检组长　徐明全

州文体广局

局　长　龚建忠
副局长　向国华　阿莲（女，8月免）
蒋敦安　许志东　谭茂良
刘世雄（挂职，12月任）
纪检组长　杨苏斌
州电视台台长　肖勇
州歌舞团团长　刘力夫

州卫生局

局　长　桑郎泽仁

党工委专职副书记　杨庆东
副局长　卫林（女）
　　　　李伟（兼州疾病控制中心主任）
　　　　何云华　聂全江（挂职）
　　　　刘刚（挂职）
纪检组长　许惠明（女）
州人民医院院长　多吉
州卫校校长　杨建军
州藏医院院长　白玛卓嘎
州皮防院院长　王康平

州人口计生委
主　任　童波
副主任　唐冬梅（女）　黄荣斌
纪检组长　曲珠（女）

州审计局
局　长　辛勤（女）
副局长　陈军　吴建刚　唐文瀚
纪检组长　梁红（女）
总审计师　何琼英（女）

州国资委
主　任　马国忠
副主任　余涌　龙野　刘启殿（12月任）
纪委书记　刘启殿（10月免）
　　　　　李晓涛（11月任）
政治部主任　陆文光

州安全生产监督管理局
局　长　徐杰
副局长　彭措　肖志超　贡嘎绒波
安全专员　赤乃贡布
纪检组负责人　肖兴庆

州统计局
局　长　杨正勇
副局长　甄康新　杨慧青（女）
总统计师　陈林
纪检组长　邓明勇

州旅游局
局　长　肖锋
副局长　王秋蓉（女）　刘洪
　　　　彭建君（11月任）
　　　　任啸（女，挂职）
纪检组长　鄢琴章

州宗教事务局
局　长　肖志洪
副局长　降拥赤来　洛绒泽仁
　　　　汪秋平德　苏圆明
纪检组长　何康富

州扶贫和移民工作局
局　长　周道君
副局长　黄建国　穆撼　曹阳　安真
　　　　范军（挂职，9月任）
纪检组长　丁晓华
总工程师　扎西彭措

州防灾减灾局
局　长　李德
副局长　李小林　龚泳铨（3月免）

州外事办
主　任　张平林（女）
副主任　叶绍军（9月免）　泽尔加
　　　　杨康华（12月任）
纪检组长　卫东

州食品药品监督管理局
局　长　曲梅（女）
副局长　邹治平　周泽安
纪检组长　刘季敏

海螺沟国家森林公园管理局
局　长　谭智泉
副书记　洼西彭措
副局长　王光志　高茂平
　　　　张丹（挂职，5月任）

政治部主任　龚自毅
纪委书记　李绍霖

稻城亚丁景区管理局
副局长　黄文俊（5 月免）
　　　　孙亮（3 月任）
　　　　肖电珠（3 月任）

驻蓉办
主　任　伍秀英

驻京联络处
主　任　高国强

四、州政协

政协甘孜州第十二届委员会
主　席　易凡
副主席　刘昌泽　范文华
　　　　甲登·洛绒向巴　周冬秀（女）
　　　　多吉扎西　洛绒曲批
　　　　蒋秀英（女）　赵斌　孙飞
　　　　杨学康
秘书长　刘勇
副秘书长、办公室主任　冯柏清
副秘书长　戈教·云登嘉措
　　　　　小卓玛（女，7 月免）　谢明
经济科技委员会主任　王笑迟
提案法制委员会主任　陈英（女）
民族宗教联谊委员会主任　周扎巴
文教医卫和群团委员会主任　泽仁友珍（女，11 月免）
文史资料和学习委员会主任　其美多吉
人口资源环境委员会主任　小卓玛（女，7 月任）
农业委员会副主任　刘文进（7 月任）

五、驻军及武警部队

甘孜军分区
司令员　刘忠（4 月免）
　　　　王春（3 月任）
政　委　赵荣（11 月免）
　　　　王卫红（11 月任）

武警甘孜州支队
支队长　陈荣华（12 月免）
　　　　陈孟才（12 月任）
政　委　彭涛

武警四川总队第二支队
支队长　黄天云（3 月免）
　　　　田晓东（3 月任）
政　委　石汉循

武警甘孜州森林警察支队
支队长　侯正余
政　委　杨浩

甘孜州公安消防支队
支队长　张涛
政　委　刘中树

六、法检机关

州中级人民法院
院　长　邓庆国
副院长　彭涛　刘国建　易兵
　　　　王明奎（挂职）
纪检组长　卢有康
政治部主任　杨洪波

州检察院
检察长　吴长福
副检察长　张文光　董平　桂荣
　　　　　杨小莉（女）
　　　　　黎军（6 月任）
纪检组长　乌尼乌沙
政治部主任　王华（女）

七、群团机关

州总工会
主　席　相洛
常务副主席　丹珍志玛（女）
副主席　岳国荣　熊维权

团州委
书　记　洛绒拉珍（女）
副书记　陈琳娜　袁雅逊

州妇联
主　席　穆黎（女）
副主席　充芬（女）　钟色（女）

州文联
常务副主席　格绒追美
副主席　李琴英（女）

州科协
主　席　罗振远
副主席　章全　胡德友

州工商联
常务副会长　张健泉
副会长　王永生

州残联
理事长　戴旭
副理事长　李明其　阿六古合

州佛教协会
会　长　甲登·洛绒向巴
副会长　多吉扎西　洛绒曲批
　　　　格达·扎西绒布
　　　　戈教·云登嘉措
　　　　旦增·龙多尼玛　巴迦　洛呷
　　　　俄色·洛绒登巴　泽旺吉美
　　　　夏坝·降央克珠
　　　　图布丹确吉坚赞　尼玛降真
秘书长　仁孜

州红十字会
常务副会长　王旭初

州社科联
常务副主席　代刚
副主席　王韩玉

八、州委直属事业单位

州委党校
校　长　陈忠义
常务副校长　肖福荣
副校长　易诚　代文辉

州委党史研究室
主　任　张敏
副主任　王佐

甘孜日报社
总　编　东风（4月免）
党委书记、社长　阿莲（女，4月任）
副书记　黄良福
副总编　根秋多吉（11月免）
　　　　田杰　周华
党委委员　辜贞洁（女）

州藏学研究所（州编译中心）
所　长（主任）　柏萍（女）
副所长（副主任）　落比罗布

九、州政府直属事业单位

州公路局
局　长　刘江
副局长　更登格西　肖星义　罗卜泽里
总工程师　闻琼（7月免）
　　　　　罗成和（7月任）
政治处主任　廖虎

甘孜州行政学院（州民族干部学校　州社会主义学院）

常务副院（校）长　蒋耀原

副院（校）长　周素平　孙强　龙跃海

党委副书记、纪委书记　陈明有

州档案局

局　长　黄仁钰

副局长　熊剑

州地方志办公室

主　任　刘启蓉（女）

副主任　韩广富

州住房公积金中心

主　任　安世辉

副主任　谢宏

州政务中心

主　任　查心刚

副主任　张小平

十、省驻州行政机构

甘孜州国税局

局　长　罗科

副局长　白蕾（女）　李敏（女）
　　　　吕贵荣

纪检组长　秦志勇

总经济师　何全富

总会计师　尼杜伟哈

甘孜州地税局

局　长　文建国

副局长　向定祥　徐波　郑玉峰
　　　　张瑞钧

党委书记　高德明

纪检组长　王雪峰

总经济师　何国平

总会计师　高德富

甘孜州工商行政管理局

党组书记　王益西吉村

局　长　丁淑娟（女，9月任）

副局长　格桑泽仁　张昉　徐洪江
　　　　席小康（9月任）

纪检组长　高长明

国家统计局甘孜调查队

队　长　张维（女）

副队长　蔡启军　陈华南（女）

纪检组长　张子安

州质量技术监督局

局　长　王葆春

副局长　张春钰　张大军（4月任）

纪检组长　阿姆（女）

中国人民银行甘孜州中心支行

行　长　刘建康

副行长　王凡志　席建生　叶宏伟

纪委书记　杨庆环（女）

甘孜州烟草专卖局（公司）

经　理　谌泽俊（3月免）
　　　　陈志学（3月任）

副经理　青志勇（6月免）

副局长　易海波

党组书记　陈志学（3月免）
　　　　　青志勇（6月任）

纪检组长　郝渠源

甘孜州邮政管理局

局　长　郑雨晴

副局长　帅军（4月任）

十一、省驻州事业单位

四川民族学院

党委书记　李继平

党委副书记、院长　李能武

纪委书记　刘瑛（女）
副院长　黄正刚　凌立　郭庆义
　　　　詹先友

中国银行业监督管理委员会甘孜监管分局
局　长　王军（11 月免）
副局长　黄先明（11 月主持工作）
　　　　姜洪波
纪委书记　魏荣

州气象局
局　长　蒲强
副局长　陈朝勇　唐磊
纪检组长　谭绍华（1 月任）

甘孜监狱
党委书记、监狱长　陈凉
党委副书记、政委　李远康

省藏文学校
书记、校长　齐呷
副校长　高志安　降措
　　　　罗江龙（11 月任）

康定地震站
站长　张绪奇

十二、企业

中国农业银行股份有限公司甘孜分行
行　长　林庆
副行长　毛树德　扎西泽仁
　　　　李学红（3 月免）
　　　　范君（1 月任）

中国建设银行股份有限公司甘孜分行
行　长　谷运风
副行长　王俊熙　秦国武

中国农业发展银行甘孜州分行
行　长　周志坚
副行长　易平　曾学东　李闯（3 月任）

中国工商银行甘孜直属支行
行　长　王林
副行长　古卫

四川省农村信用社联合社甘孜办事处
党委书记、主任　钟小林
党委副书记　王虎（9 月任）
副主任　昂钦
纪委书记　易清

四川省邮政公司甘孜州分公司
总经理　李显华
副经理　曾华

中国邮政储蓄银行甘孜州分行
党委书记、行长　李康遂
纪委书记、副行长　孟纯

中国电信甘孜分公司
总经理　汤骏（5 月免）
　　　　张世敏（5 月任）
副总经理　许康元　唐正彬　张韧
　　　　　张世敏（5 月免）
　　　　　刘运刚（5 月任）
　　　　　李光荣（11 月任）

州长传局
局　长　徐忠华
副局长　陶清良　邱长勇

中国移动甘孜分公司
总经理　江凌（10 月免）
　　　　陈可（10 月任）
党委书记　陈久伦
副总经理　李晏林　黄平（10 月免）

中国联合网络通信集团有限公司甘孜州分公司

总经理　汪剑洪

副总经理　巴蓉（女，3月免）

　　严继周　李华（4月任）

中国人民财产保险股份有限公司甘孜州分公司

总经理　文祺麟

副总经理　姜芝文（兼纪委书记）

　　李建康

中华联合财产保险股份有限公司甘孜州中心支公司

总经理　兰国柱

总经理助理　刘斌

平安财险甘孜中心支公司

总经理　蔡剑（3月免）

　　赵成勇（3月任）

副总经理　赵成勇（3月免）

四川甘孜州电力有限责任公司

董事长　钟利军（4月免）

　　罗辉（4月任）

总经理　罗辉

党委书记　刘友志

州国资公司

总经理　刘华

副总经理　温登明

康定机场集团公司

董事长、总经理　谭亨（5月任）

州林业工程处

处　长　肖体华

力邱河林业局

局　长　朱国明

康定新川藏运业有限责任公司

董事长、总经理　刘汉民

四川里伍铜业股份有限公司

董事长　陈道前

总经理　祝军

十三、各县（局）党政主要领导名录

康定县

县委书记　段毅君

人大常委会主任　马昌华

政府县长　甲么

政协主席　张定贵

泸定县

县委书记　陈廷全

人大常委会主任　胡林

政府县长　蒲永峰

政协主席　杨晓刚

丹巴县

县委书记　杜德清

人大常委会主任　温绍安

政府县长　刘宾

政协主席　阿根

九龙县

县委书记　赵景强

人大常委会主任　罗凡

政府县长　尹江涛

政协主席　王琦

雅江县

县委书记　阿基布珠

人大常委会主任　刘进顺

政府县长　旦灯

政协主席　杨双寿

道孚县
县委书记　徐芝文
人大常委会主任　高林中
政府县长　洛绒土登
政协主席　蔡景荣

炉霍县
县委书记　汪堆
人大常委会主任　康玲（女）
政府县长　巴登
政协主席　吴小平

甘孜县
县委书记　张永德
人大常委会主任　仁孜
政府县长　龙明阿真
政协主席　阿日

新龙县
县委书记　公纠
人大常委会主任　徐康玉（女）
政府县长　董德洪
政协主席　泽翁

色达县
县委书记　王永康
人大常委会主任　秋他
政府县长　巴登
政协主席　所波

德格县
县委书记　何晓春
人大常委会主任　吴忠贵
政府县长　黄杰
政协主席　四郎益西

白玉县
县委书记　康光友
人大常委会主任　喻建强
政府县长　陈天康
政协主席　周玉红（女）

石渠县
县委书记　伍强
人大常委会主任　文晓军
政府县长　仁青降措
政协主席　伍强

理塘县
县委书记　雷建平
人大常委会主任　曲批
政府县长　格勒多吉
政协主席　小斯郎泽仁

巴塘县
县委书记　刘志东
人大常委会主任　代龙
政府县长　汪玉琼（女）
政协主席　格绒

乡城县
县委书记　何康林
人大常委会主任　杨建
政府县长　黄进
政协主席　丁淑群（女）

稻城县
县委书记　王成康（4月免）
　　　　　邓立军（4月任）
人大常委会主任　唐晓庆
政府县长　曾关和
政协主席　龙农

得荣县
县委书记　陈洪暴
人大常委会主任　阿郎
政府县长　普呷
政协主席　阿当扎西

·先进个人·

一、全国先进个人

【全国敬业奉献模范1人】

菊美多吉（藏族） 生前系道孚县瓦日乡党委副书记、乡长

【“全国优秀共青团员”称号1人】

程娟 色达县色柯镇政府科员

【全国轻工行业劳动模范1人】

王文松 康巴情人食品有限责任公司经理、党委书记

【全国法律援助“优秀服务标兵”1人】

刘世健 州法律援助中心主任

【全国“模范人民调解员”3人】

阿扎 白玉县山岩乡劣巴村人民调解委员会调解员

江继萍 巴塘县章谷镇五里牌社区人民调解委员会主任

贾婧 理塘县甲洼乡人民调解委员会调解员

【2013年度践行当代革命军人核心价值观新闻人物1人】

沈阳军区某旅特战一营一连一班班长降巴克珠（藏族）

二、省级先进个人

（排名不分先后）

【第三届四川省道德模范2人】

（一）诚实守信模范

邓开华 生前系甘孜州康定民族贸易有限责任公司董事长、总经理；

（二）敬业奉献模范

菊美多吉（藏族） 生前系甘孜州道孚县瓦日乡乡长

【追授全省民族团结进步模范个人1人】

菊美多吉（藏族） 生前系道孚县瓦日乡党委副书记、乡长

【全省五一劳动奖章2人】

杨黎（女） 甘孜州康定中学教师

郑云太 色达县疾病预防控制中心主任

【全省“扫黄打非”工作先进个人4人】

谭茂良 州文化体育和新闻出版广播影视局副局长

陈荣昊 州公安局国保支队专业侦察大队科员

布日西（藏） 丹巴县文化旅游和广播影视体育局主任科员

罗红（女，藏） 乡城县文化旅游和广播影视体育局电视台台长

【四川省优秀共青团干部7人】

杨其刚（藏） 团甘孜州委工农青年部部长

沈文治（彝） 团道孚县委书记

邓琳（女） 团雅江县委副书记

方媛（女） 康定县舍联乡团委书记

王旭（藏） 甘孜州团校办公室主任

邵琪（女） 甘孜州职业技术学校团委办公室干部

李新贵 丹巴县半扇门中学团总支书记

【四川省社会管理综合治理先进个人15人】

刘学林（满） 州综治办副主任

罗清华（女，藏） 甘孜县民族中学党支部书记、校长

王明鸿（藏） 道孚县政法委副书记、综治办主任

贡呷多吉（藏） 德格县温拖区工委主任

张晓勇 稻城县委防邪办主任

江水蓉（女） 雅江县综治办主任

李天宾 泸定县泸桥镇党委副书记、派出所所长

白玛次登（藏） 得荣县茨巫乡党委书记
张学斌（藏） 巴塘县竹巴龙乡党委书记
达雪松（藏） 乡城县香巴拉镇综治专干
洛伍七扎（藏） 炉霍县旦都乡乡长
宁春梅（女，藏） 康定县炉城街道党工委书记
赵正林（藏） 丹巴县岳扎乡党委书记
王树海（藏） 色达县综治办副主任
杨国军（藏） 新龙县麻日乡党委书记

【四川省"4·20"芦山强烈地震抗震救灾先进集体2个】

甘孜州交通运输局 甘孜州公安局特警支队

【四川省农村卫生拔尖人才4人】

何艳清 康定县炉城镇卫生院
杨兴勇 康定县姑咱人民医院
格桑邓珠 得荣县白松乡卫生院
桂德银 泸定县冷碛镇中心卫生院

三、州级先进个人

（排名不分先后）

【追授甘孜州优秀共产党员3人】

毕世祥（藏族） 生前系州委常委、宣传部部长

郑立军 生前系九龙县政协党组成员、副主席兼省道215线瓦九公路九龙段建设协调指挥部副指挥长、办公室主任

勒白（藏族） 生前系石渠县真达乡党委副书记、纪委书记

【见义勇为行为予以嘉奖1人】

丹林（藏族） 丹巴县巴底乡齐鲁村村民

【2012－2013年度全州群众工作先进个人】

（一）优秀县委书记
张永德 中共甘孜县委书记
（二）优秀县长
甲么（藏族） 康定县委副书记、县长
（三）优秀乡（镇）党委书记（20名）
欧莉萍 任义 东周 邓成兴 多登
白玛次来 扎西泽仁 布珠 甲花多吉
降呷 泽仁根布 青美多吉 尼玛
降错 文君键 何建新 洛绒次称
仁青扎西 格绒泽真 贾瑞东
（四）优秀乡（镇）长（19名）
贺冬 刘洪 扎波 牟晓光 邢小东
冬孜 陈强 达瓦绒波 洛绒达瓦
泽旺仁真 尼麦降错 康清华 安世勇
阿充 泽加 志玛拥宗 扎姆尼玛
电登 泽仁多吉
（五）爱民村党支部书记（60名）
范康友 刘定德 陈德学 陈昌
李春明 王直洪 安厚林 卡德尔加
沙加扎什 王成德 西尔甲参 张双泉
罗木止 张国富 王双林 勒布
扎西汪堆 俄孜降泽 土所 丹珍洛吾
松自多吉 忠真 四郎降村 呷绒郎加
普巴泽仁 昂伍 土登迟勒 也江
刘七 充翁邓邓 他郎 土登 泽仁
嘎瓦 切达 达热 阿拉 丁洋
呷绒登孜 仁孜尼玛 尔吉下 洛亚
阿多 阿让 降央泽让 格桑朗吉
贡布 格绒 罗绒邓珠 洼西格绒
布久铁比 丹珍 扎西俄姆 亚中向巴
伍金 扎西吉村 忠称 忠次仁
达瓦 刘清茂
（六）模范村委会主任（60名）
蒋国志 汪都 王绍学 张虎君
余春霖 田永明 高红 张国琼
陈昌斌 各达阿布 降初泽郎 格西
李洪明 王晓彦 邱友华 唐福友
呷它 启米 热科 多吉次灯
洛绒达瓦 何长生 飞托 泽翁
泽巴多登 彭措 陈国刚 志麦
切铁儿 果周 穷呷 泽公 呷玛郎加
多吉 朵呷 青白 左直 其呷扎西
泽仁塔新 呷绒彭措 松批 阿布达尔
呷尼玛 罗绒 中它 阿拥 益西扎西
达泽仁 刀吉 扎俄丹巴 多登
扎姆达洼 泽仁多吉 呷它 乌拉汪堆
扎西邓珠 降巴次村 白玛多吉 苟勇

·先进集体·

一、全国先进集体

【全国“三八”红旗手1人】

谢晓君　康定县木雅祖庆学校副校长、教师

【全国五一劳动奖章1人】

陈德丽（女）　州公路管理局炉霍分局局长

【全国法院先进集体1个】

州中级人民法院刑事审判第一庭

【全国卫生系统先进集体1个】

州人民医院

【荣获国家卫计委“四川芦山‘4.20’地震抗震救灾工作中表现突出的单位”1个】

州人民医院

【全国税务系统先进集体1个】

色达县国家税务局

【全国“模范人民调解委员会”1个】

九龙县小金乡洋桥村人民调解委员会

二、省级先进

（排名不分先后）

【四川省最佳文明单位称号1个】

国网四川甘孜州供电公司

【四川省森林灭火先进集体称号1个】

州气象局

【授予“四川省绿化模范县”称号1个】

九龙县

【全省工人先锋号2个】

州国土资源局土地管理科

甘孜州昌台种畜场工会

【芦山地震抗震救灾工人先锋号1个】

四川甘孜州电力有限责任公司

【第十七届“四川青年五四奖章集体”荣誉称号1个】

甘孜州公安局特警支队

【2013年度全省公共机构节能先进主管部门1个】

州发展和改革委员会

【四川省爱国卫生先进集体3个】

州卫生局　州疾病预防控制中心

乡城县卫生局

【四川省“4·20”芦山强烈地震抗震救灾先进集体2个】

州交通运输局　州公安局特警支队

【四川省社会管理综合治理先进集体4个】

州综治办　乡城县综治办

丹巴县章古镇　理塘县雄坝乡

三、州级先进

（排名不分先后）

【2013年度教育目标考核先进县6个】

道孚县　白玉县　巴塘县　甘孜县

稻城县　色达县

【2013年度全州安全生产工作先进单位16个】

巴塘县政府　稻城县政府　九龙县政府

丹巴县政府　德格县政府　色达县政府

州委宣传部　州总工会　州监察局

州商务合作局　州公路管理局

州财政局　州农业局　州国土资源局

州安全监管局　州公安局交警支队

【州级计划生育优质服务先进县5个】

新龙　甘孜　色达　德格　雅江

【2013年度州级最佳文明单位23个】

州发改委　四川省广播电影电视局531台

泸定县检察院　泸定县气象局

丹巴县烟草专卖局（分公司）

九龙县人大常委会

九龙县政府办公室　甘孜县公路分局

色达县教育局　色达县气象局
德格县委宣传部　德格县委组织部
白玉县委宣传部　白玉县公安局
新龙县检察院　新龙县地税局
巴塘县纪委监察局
巴塘县人力资源和社会保障局
乡城县检察院　乡城县城区小学
稻城县人民法院　得荣县检察院
四川革什扎水电开发有限责任公司

【甘孜州社会管理综合治理工作先进集体 55 个】

一等奖：27 个
中共康定县委、县人民政府
中共炉霍县委、县人民政府
中共色达县委、县人民政府
中共理塘县委、县人民政府
中共乡城县委、县人民政府
中共稻城县委、县人民政府
中共丹巴县委、县人民政府
州纪委　州委办　州政府办
州委统战部　州委组织部
州委宣传部　州委政法委
州直工委　州发改委
州教育局　州公安局
州司法局　州财政局
州农业局　州统计局
甘孜国安局　州质监局
州公路局　甘孜银监分局
二等奖：28 个
中共泸定县委、县人民政府
中共雅江县委、县人民政府
中共甘孜县委、县人民政府
中共德格县委、县人民政府
中共白玉县委、县人民政府
中共石渠县委、县人民政府
中共巴塘县委、县人民政府
中共得荣县委、县人民政府
州法院　州检察院　州委老干局
州经济和信息化委　州商务合作局
州民政局　州林业局
州文化体育广播局　州审计局
州食品药品监管局　州国资委
州宗教局　海螺沟管理局　州国税局
人行甘孜中心支行子　州地税局
州档案局　州总工会　团州委
州邮政局

【甘孜州维护社会稳定工作先进集体 48 个】

（一）一等奖：22 个
中共丹巴县委、县人民政府
中共炉霍县委、县人民政府
中共色达县委、县人民政府
中共理塘县委、县人民政府
中共乡城县委、县人民政府
中共稻城县委、县人民政府
州纪委　州委办公室　州政府办公室
州委组织部　州委宣传部　州委统战部
州委政法委　州委群工局　州公安局
州司法局　州财政局　甘孜国安局
州武警支队　武警二支队　武警 38 师
电信甘孜分公司
（二）二等奖：26 个
中共康定县委、县人民政府
中共泸定县委、县人民政府
中共雅江县委、县人民政府
中共甘孜县委、县人民政府
中共德格县委、县人民政府
中共白玉县委、县人民政府
中共石渠县委、县人民政府
中共巴塘县委、县人民政府
中共得荣县委、县人民政府
州法院　州检察院　州直工委
州发改委　州教育局　州民政局
州人力资源和社会保障局　州交通运输局
州农业局　州商务合作局
州文化体育广播局　州国资委
州宗教局　州扶贫移民局　州公路局
移动甘孜分公司　联通甘孜分公司

【2013 年度全州目标绩效考核获先进单位】

表 13

类别 奖项	各县	州委党群部门	州政府部门	省属部门
先进	稻城县 康定县 雅江县 丹巴县 甘孜县 理塘县 白玉县 色达县	州委办公室 州委政法委 州委宣传部 州委组织部 州委统战部 州纪委监察局 州委农办 州佛协 州妇联	州政府办公室 州公安局 州统计局 州发改委 州财政局 州教育局 州交通运输局 州林业局 州审计局 州文化体育广播局 州农业局 州人力资源和社会保障局 州食品药品监管局 州扶贫移民局 州经济和信息化委	国网甘孜供电公司 州国税局 州地税局 州气象局 人行甘孜中心支行 省联社甘孜办事处 甘孜国安局 国家统计局甘孜调查队 州质监局

【2012～2013 年度全州群众工作先进集体】

（一）全州先锋基层党组织 100 个

康定县纪委监察局党支部
康定县委办公室党支部
康定县发展和改革局党支部
康定县捧塔乡机关党支部
泸定县人大常委会机关党支部
泸定县委办公室党支部
泸定县发展和改革局党支部
泸定县德威乡机关党支部
丹巴县委组织部党支部
丹巴县委宣传部党支部
丹巴县教育局党支部
丹巴县工商局党支部
九龙县人大常委会机关党支部
九龙县委办公室党支部
九龙县委组织部党支部
九龙县魁多乡机关党支部
雅江县委办公室党支部
雅江县委组织部党支部
雅江县国税局党支部
道孚县委办公室党支部
道孚县财政局党支部
道孚县地税局党支部
炉霍县政府办公室党支部
炉霍县更知乡机关党支部
炉霍县斯木乡机关党支部
甘孜县人力资源和社会保障局党支部
甘孜县扎科乡机关党支部
甘孜县昔色乡机关党支部
色达县财政局党支部
色达县杨各乡机关党支部
色达县大章乡机关党支部
德格县检察院党支部
德格县委组织部党支部
德格县龚垭乡机关党支部
白玉县政协机关党支部
白玉县人大常委会机关党支部
白玉县委办公室党支部
石渠县人大常委会机关党支部
石渠县委组织部和老干局党支部
石渠县卫生计生局机关党支部
新龙县人大常委会机关党支部
新龙县委组织部党支部
新龙县甲拉西乡机关党支部
理塘县农牧和科技局党支部
理塘县委组织部党支部
理塘县环保局党支部

巴塘县人力资源和社会保障局党支部
巴塘县委宣传部党支部
巴塘县医院党支部
乡城县委办公室党支部
乡城县政府办公室党支部
乡城县委组织部党支部
乡城县林业局党支部
稻城县委组织部党支部
稻城县蒙自乡机关党支部
得荣县委组织部党支部
稻城县俄牙同乡机关党支部
得荣县农牧科技局党支部
得荣县工商局党支部
海螺沟磨西镇小学党支部
州人大常委会机关党总支
州纪检监察党支部
州检察院第一党支部
州委办公室秘书一科党支部
州委宣传部党支部
州政府办公室机关党委第二党支部
州委组织部机关党支部
州直工委机关党支部
州委统战部党支部
州委政法委机关党支部
州发改委第一党支部
州委老干局党支部
甘孜日报社汉文报党支部
州教育局机关党支部
州公安局第二党支部
州民政局机关党支部
州司法局机关党支部
州财政局党第一党支部
州人力资源和社会保障局机关党支部
州国土资源局第一党支部
州环境保护局机关党支部
州住房和城乡建设局机关党支部
州畜牧局机关党支部
州林业局机关直属事业党支部
州商务合作局机关党支部
州文化体育广播局第一党支部
州卫生局机关党支部
州人口计生委党支部
州审计局机关党支部
州统计局机关党支部
州扶贫移民局党支部
州食品药品监管局党支部
州国税局第一党支部
州地税局直属分局党支部
甘孜国安局政治部党支部
四川民院旅游系党支部
州公路局机关党支部
州科协党支部
州路政支队党支部
里伍铜业公司里铜电力党支部
（二）红旗示范村党组织 98 个
康定县甲根坝乡日欧村党支部
康定县时济乡庄上村党支部
康定县金汤乡先锋三村党支部
康定县捧塔乡和平村党支部
康定县炉城镇大河沟村党支部
康定县前溪乡前溪村党支部
泸定县冷碛镇团结村党支部
泸定县兴隆镇和平村党支部
泸定县烹坝乡油房村党支部
泸定县德威乡磨子沟村党支部
泸定泸桥镇山岔村党支部
泸定县得妥乡马列村党支部
泸定泸桥镇沙坝社区党支部
丹巴县中路乡呷任依村党支部
丹巴县巴旺乡齐村党支部
丹巴县格宗乡川主庙村党支部
丹巴县东谷乡牦牛村党支部
丹巴县革什扎乡俄洛村党支部
丹巴县太平桥太平桥村党支部
九龙县汤古乡崩崩冲村党支部
九龙县三岩龙乡柏杨坪村党支部
九龙县乃渠乡七日村党支部
九龙县踏卡乡耳朵村党支部
九龙乌拉溪乡石头沟村党支部
九龙县湾坝乡高碉村党支部

雅江县八衣绒乡木灰村党支部
雅江县河口镇三道桥村党支部
雅江县红龙乡措柯二村党支部
雅江县瓦多乡中古村党支部
道孚县八美镇雀儿村党支部
道孚县各卡乡加拉宗村党支部
道孚县红顶乡向秋村党支部
道孚县维它乡维科村党支部
道孚县七美乡白日山村党支部
道孚县色卡乡扎瓦村党支部
炉霍县新都镇俄日村党支部
炉霍县旦都乡加郎村党支部
炉霍县宗塔乡甲中村党支部
炉霍县上罗科玛乡五村党支部
炉霍县宜木乡虾拉沱党支部
甘孜县呷拉乡夺拖村党支部
甘孜县来马乡马达村党支部
甘孜县下雄乡洛戈一村党支部
甘孜县呷拉乡呷拉村党支部
甘孜县茶扎乡德西村党支部
甘孜县斯俄乡斯俄二村党支部
甘孜县卡龙乡六组一村党支部
色达县歌乐沱乡草坡村党支部
色达县翁达镇吉日村党支部
色达县塔子乡蚌蛛村党支部
色达县大章乡嘎志玛一村党支部
德格县白垭乡日火村党支部
德格县浪多乡生巴村党支部
德格县龚垭乡龚垭村党支部
德格县然姑乡麻邛村党支部
白玉县金沙乡播欧村党支部
白玉县建设镇亚通村党支部
白玉县盖玉乡德沙孔村支部
白玉县阿察乡昌托村党支部
石渠县阿日扎乡八村党支部
石渠县长沙贡玛乡胜利一村党支部
石渠县格孟乡格孟一村党支部
石渠县新荣乡蒙沙一村党支部
石渠县真达乡志瓦村党支部
新龙县甲拉西乡曲格村党支部
新龙县如龙镇城区村党支部
新龙县尤拉西乡洛足村党支部
新龙县麻日乡麦坝村党支部
新龙县孜拖西乡呷戈村党支部
新龙县和平麻西村党支部
理塘县禾尼乡禾然色巴村党支部
理塘县德巫乡日瓦村党支部
理塘县雄坝乡古君村党支部
理塘县拉波乡然东村党支部
理塘县上木拉乡旺达村党支部
理塘县曲登乡额和村党支部
巴塘县波戈溪乡党恩村党支部
巴塘县党巴乡鱼卡通村党支部
巴塘县夏邛镇四里龙村党支部
巴塘县亚日贡乡白日贡村党支部
巴塘县中咱乡中咱村党支部
乡城县青麦乡仁堆村党支部
乡城县青麦乡巴斗村党支部
乡城县沙贡乡达根村党支部
乡城县定波乡开村党支部
乡城县然乌乡纳木村党支部
乡城县水洼乡白格村党支部
稻城县各卡乡思子村党支部
稻城县蒙自乡瓦路格村党支部
稻城县香格里拉镇仁村党支部
稻城县桑堆乡桑堆二村党支部
稻城县吉呷尼公村党支部
得荣县日龙乡日堆村党支部
得荣县斯闸乡尼日村党支部
得荣县松麦镇格绒村党支部
得荣县茨巫乡绒贡村党支部
得荣县徐龙乡莫丁村党支部
海螺沟磨西镇咱地村党支部

【2013 年度州级文明单位 31 个】

国家统计局甘孜调查队
州总工会
康定县交警大队
康定县烟草专卖局（分公司）
康定机场集团公司（本部）
泸定县法院

泸定县信用合作联社
九龙县委统战部
雅江县移动通信公司
甘孜县委宣传部
色达县纪委监察局
德格县林业局
白玉县住房和城乡建设局
白玉县人民法院
石渠县烟草专卖局（分公司）
九龙县法院
新龙县纪委监察局
新龙县文旅广体局
新龙县工商局
巴塘县人民法院
巴塘县财政局
乡城县委宣传部
乡城县藏医院
稻城县政协
得荣县委宣传部
得荣县档案局
雅江县委宣传部
炉霍县扶贫移民局
甘孜县人民医院
色达县烟草专卖局（分公司）
德格县文旅广体局

【2013 年度州级文明村 9 个】

泸定县杵坭乡杵坭村
色达县色柯镇姑咱二村
白玉县麻绒乡德来村
巴塘县夏邛镇红光村
得荣县子庚乡子实村
甘孜县呷拉乡呷拉村
德格县玉隆乡玉隆绒青村
巴塘县夏邛镇独角龙村
乡城县热鸟乡纳木村

【“新甘石”电网联网工程协调工作先进表彰】

一、协调工作先进单位（28 个）
中共康定县委、县政府
中共道孚县委、县政府
中共炉霍县委、县政府
中共甘孜县委、县政府
中共德格县委、县政府
中共石渠县委、县政府
州委宣传部
州发改委
州公安局
州国土资源局
州环境保护局
州交通运输局
州畜牧局
州林业局
州卫生局
省电力公司甘孜分公司
康定县瓦泽乡党委、政府
道孚县龙灯乡党委、政府
炉霍县朱倭乡党委、政府
甘孜县庭卡乡党委、政府
德格县龙灯乡党委、政府
石渠县龙灯乡党委、政府
康定县“新甘石”协调领导小组办公室
道孚县“新甘石”协调领导小组办公室
炉霍县“新甘石”协调领导小组办公室
甘孜县“新甘石”协调领导小组办公室
德格县“新甘石”协调领导小组办公室
石渠县“新甘石”协调领导小组办公室

二、协调工作先进个人（18 人）
王丹　州委宣传部副部长
苏久泽古　州委改委副主任
所呷　州公安局副县级调研员
张华　州发改委电力科科长
周丽华　州卫生局医政科科长
扎西邓珠　康定县塔公乡派出所所长
洛绒尼玛　康定县塔公乡干部
李春元　道孚县人大常委会副主任
晓勇　道孚县麻孜乡副乡长
次里　炉霍县人大常委会副主任
阿吉曲批　炉霍县政府副县长
夏自强　甘孜县发改局副局长
周林勇　甘孜县医院副院长
洛绒扎西　甘孜县庭卡乡党委书记

扎西措　德格县人大常委会副主任
周更生　德格县发改局副局长
董珉　石渠县委办公室副主任
曲多　石渠县尼呷镇党委书记

·逝世人物·

阿称

（1945.05—2013.12.08）

男，藏族，四川省理塘县人，1959 年 4 月参加工作，1965 年 10 月加入中国共产党。参加工作初期，先后在理塘县拉波区、县委组织部、县委党校、城关区、红旗公社、毛垭区、曲登乡工作。1973 年 7 月起历任共青团甘孜州委书记、州群团党组副书记，州委副书记（其间：兼任白玉县委书记、县革委会主任、县武装部第一政委、县人大常委会主任，挂职任农业部农业司副司长），州委副书记、州人民政府州长，政协四川省委员会第八、九届副主席等职务。2013 年 8 月退休，2013 年 12 月 8 日因病逝世。

毕世祥

（1960.06—2013.12.16）

男，藏族，四川省丹巴县人，毕业于西南民族大学政史系。1982 年 7 月参加工作，1984 年 8 月加入中国共产党。历任甘孜州直属党委干部，甘孜州直属团委工作（主持工作）、州直属团工委书记，共青团康定师专委员会书记，康定县委宣传部部长、县委常委，甘孜县委副书记，甘孜州外贸局副局长兼外贸公司副总经理，甘孜州旅游局局长，州人民政府副秘书长、州旅游局局长，州人民政府副州长，甘孜州委常委、州政府副州长、州委宣传部部长。2013 年 12 月 16 日毕世祥同志在前往新龙县开展群众工作途经高尔寺山时，因发生车祸因公殉职，终年 53 岁；12 月 19 日，中共甘孜州委决定，追授毕世祥同志为全州优秀共产党员，并号召全州各级党组织和广大共产党员向毕世祥同志学习。

郑立军

（1965.10—2013.6.10）

男，汉族，四川九龙县人，1965 年 10 月出生，1990 年 12 月参加工作，1994 年 6 月入党，大专学历。生前为九龙县政协党组成员、副主席。2013 年 6 月 10 日，在前往 S215 线瓦九公路协调建设所需石灰岩采挖事宜、排查工地施工用电线路安全，到村民家协商解决发现的安全隐患等问题后，于 23 时返程途中失足落水，不幸遇难，年仅 48 岁。郑立军同志参加工作以来，长期在乡（镇）一线工作，他倾力指导农牧民群众调整产业结构，拓宽增收渠道；将自己的工资作为抵押，为村民担保赊购农资；长期资助孤儿上学，照顾卧病在床的孤寡老人；积极帮助农牧区富余劳动力协调联系打工、就业等问题，增加群众收入。在便道建设施工现场的危险面前，他挡住其他同志，自己冲锋在前，排除“哑炮”；在装载机即将翻入河中的危急时刻，他跳上车将司机从驾驶室拽出来。调入机关工作后，一直从事水电资源开发移民工作，期间，调解民事纠纷 1000 余起，被老百姓誉为水电开发“铁人”。2014 年 1 月，中共甘孜州委决定，追授郑立军同志为“全州优秀共产党员”。

勒白

（1964.02—2013.2.07）

男，藏族，四川石渠人，1964 年 2 月出生，1994 年 6 月参加工作，1996 年 7 月入党，2013 年 2 月 7 日在村开展群众工作返回驻地的途中突发脑溢血，经抢救无效去世，年仅 49 岁，生前系石渠县真达乡党委副书记、纪委书记。在近 20 年的基层工作中，勒白同志始终忠诚党的事业，始终把群众利益放在首位，以感恩之心回报组织，以务实举措推动工作，忠实履行一名基层干部的职责使命，被当地干部群众誉为“活地图”“好大哥”“好干部”。他因长期超负荷工作，积劳成疾患上高血压，多次晕倒在工作岗位上。他亲自踏查寻找水源，解决甲日村农牧民群众的饮水难问题；耐心细致做好政策宣传和群众思想工作，将全乡适龄儿童入学率提高到 99%；奋力抗击玉树地震灾害，连续走访核查受灾群众，扎实开展灾后重建工作，出色完成灾后重建任务。7 月，中共甘孜州委决定，追授勒白同志为“全州优秀共产党员”。

དཀར་ཆག
索 引

一、本索引采用内容分析索引法，按索引条目汉语拼音字母顺序排序。

二、年鉴中的“特载”“专文”“大事记”“州情概貌”“县·公园管理局”“人物·荣誉”均未作索引。

三、索引标目后的数字表示内容所在的页码，数字后的拉丁字母 a、b 分别代表正文中第一栏、第二栏。

0～9

A

B

C

J

K

L

M

N

P

Q

R

S

T

W

X

Y

Z